反套路经济学

为什么常识会撒谎?

[美]史蒂夫·兰兹伯格 著
(Steven Landsburg)

王艺璇 译

北京联合出版公司
Beijing United Publishing Co.,Ltd.

图书在版编目（CIP）数据

反套路经济学：为什么常识会撒谎？/（美）史蒂夫·兰兹伯格著；王艺璇译. -- 北京：北京联合出版公司，2024.5
ISBN 978-7-5596-7488-3

Ⅰ.①反… Ⅱ.①史…②王… Ⅲ.①经济学—通俗读物 Ⅳ.①F0-49

中国国家版本馆CIP数据核字(2024)第054939号

Simplified Chinese Translation copyright ©2024
By Hangzhou Blue Lion Cultural & Creative Co. Ltd
THE ARMCHAIR ECONOMIST: Economics & Everyday Life, Revised and Updated for the 21st Century
Original English Language edition Copyright © 1993, 2012 by Steven E. Landsburg
All Rights Reserved.
Published by arrangement with the original publisher, Free Press, a Division of Simon & Schuster, Inc.

反套路经济学：为什么常识会撒谎？

作　　者：[美]史蒂夫·兰兹伯格
译　　者：王艺璇
出 品 人：赵红仕
责任编辑：李艳芬
封面设计：王梦珂

北京联合出版公司出版
（北京市西城区德外大街83号楼9层100088）
北京联合天畅文化传播公司发行
北京美图印务有限公司印刷　新华书店经销
字数225千字　880毫米×1230毫米　1/32　10印张
2024年5月第1版　2024年5月第1次印刷
ISBN 978-7-5596-7488-3
定价：49.80元

版权所有，侵权必究
未经书面许可，不得以任何方式转载、复制、翻印本书部分或全部内容。
本书若有质量问题，请与本公司图书销售中心联系调换。电话：010-64258472-800

再版序言

1991年的一天，我走进一家中等规模的书店，数了数，发现这家书店有80多本与量子物理学和宇宙史相关的书。走过几个书架后，我找到了理查德·道金斯的畅销书《自私的基因》（*The Selfish Gene*），它与其他几本解释达尔文进化论和遗传密码的书摆在一起。

通过阅读这些书中的"佼佼者"，我被自然界的奇观深深吸引了，我感受到了大自然神秘的力量，了解了新的思维方式。我深深觉得，自己在这些令人眼花缭乱的想法中经历了一场伟大而又奇幻的智力冒险。

学习经济学也是一场伟大的智力冒险。但在当时，我找不到任何一本能够与普通读者分享这一冒险经历的书籍，也没有任何能够展现经济学家独特思维方式的书。经济学家总能用简单的理念阐述人类的全部行为，动摇我们的一些先入为主的观念,让我们以全新的方式观察世界。

所以,我下定决心写作本书。本书于1993年出版后,吸引了大批忠实粉丝。在之后的20年间,本书赢得了广泛好评。最让我自豪的是,每当经济学家想要和母亲解释自己每天都在做些什么时,本书是他们送给母亲的不二之选。

当然,这20年里发生了很多变化。现在,没有一家书店的顾客会抱怨大众经济学读物太少,这些年里出了很多相当不错的新书。我敢说,有些书的灵感正是源于本书。最近几年,最畅销的经济学大众读物是史蒂芬·列维特和史蒂芬·都伯纳的《魔鬼经济学》(*Freakonomics*)系列,我认为这是一系列引人入胜的好书,在为《华尔街日报》(*The Wall Street Journal*)撰写评论时我也这么说。尽管《魔鬼经济学》系列有其优点,但它更像是一本精彩且富有启发性的逸事集,而不是一本理解经济学的指南。《魔鬼经济学》系列通过描写人们身边发生的事情引来读者的赞叹,而本书力图通过严谨的逻辑让读者有所收获。

逻辑很重要,它能引导我们从简单的想法中得到出乎意料的结论。比如一个简单的想法是,人们会对激励做出反应。一个令人惊讶的结论是,当司机知道自己受到安全气囊的保护时,他们在驾驶时会更加肆无忌惮,从而导致更多交通事故的发生。一个简单的想法是,当某种东西的价格下降时,供应量也会相应减少。一个令人惊讶的结论是,回收纸张降低了木材的价格,从而导致树木数量减少、植被覆盖率降低。一个简单的想法是,垄断者可以为他们的产品定市场能够接受的任何价格。一个令人惊讶的结论是,当石油的供应量减少时,石油价格大幅上涨是竞争的结果,而不是垄断的结果。一家具有垄断地位的石油公司绝不会等到石油供应量减少时才提高价格。

事实依据当然很重要，但逻辑本身的能量已足够强大。再次回到回收纸张和植被覆盖率的例子。如果我说，美国拥有大量牛群的原因是人们需要消费很多牛肉，几乎不会有读者要求我列出详细的数据支持这一结论，因为这是毋庸置疑的事实。同理，我们种植大片森林的一个原因是人们需要消耗大量纸张。当然，我们的想法经常会误导我们——数字也一样。尽管如此，我们还是应当寻找新的思维方式，不断思索，即使这些新的思维方式也并非万无一失。

1991年以来，世界已经发生了翻天覆地的变化。当我写作本书的第一版时，我设想过一个"虚拟人生"的电脑游戏，在这个游戏中，没有人告诉你结局是赢还是输。玩家会在游戏中度过自己的一生，玩得好，就会得到奖励。如果玩家觉得不值得为了一个游戏大费周章，那也没关系。后来，现实生活中真的出现了类似的游戏，它已经拥有超过2000万的玩家，它就是"第二人生"。1991年时，我想写一个创业狂热者最终徒劳无功的案例，于是我编了一个想要制造能够装进人们口袋的微型电脑的首席执行官（Chief Executive Officer，CEO）的故事，也许你现在正在这种电脑上阅读面前的文字。

当然，这些年来也有很多事情没有改变。经济学的基本原理还在不断启发我们创造惊喜。尽管新的应用层出不穷，但这些应用背后的经济学基本原理仍然与1991年时大致相同。

在为21世纪写就的升级版中，我将同样的经济学原理应用于互联网、媒体，还有我自己的生活经验。结果就是，那些包含了"老皇历"的章节基本都重写了。在另外一些章节中，我添加了当下人们比较关注的案例，删除了所有关于磁带、宝丽来胶卷和沃尔特·蒙代尔的相关内容。

这一版本极大地受益于丽莎·塔尔佩的批判性建议。她反复阅读了每一章的草稿，敦促我不断修改，直到达到她所认同的极高的简洁标准。多亏了丽莎，否则我还不知道自己的文章有这么大的改进空间。

1991年以来，还有一件事发生了变化，那就是整个世界变得更加意识形态化了。如今，经济学家几乎不可能给出毫无争议的经济学论证，每个人都会怀疑这些论证背后是否潜在某种意识形态目的。所以请允许我坦率地说：我确实有自己的观点。总体上，我相信市场的力量。不可否认，本书中的一些片段带有我自己的偏见，抱歉我没能克制住自己，但我的观点并非为了强调某种意识形态。无论经济学家自己持哪种意识形态，都不应该影响他们的研究。几乎所有的经济学家都是依靠一些基本原则开展工作的，至于这些基本原则中哪些是最重要的，经济学家之间也存在分歧，但很少有人反对这些基本原则的正确性。经济学家几乎都称赞本书的初版准确地描绘了我们共同的想法，在新的版本中，我的目标是继续获得这种称赞。

序言

在我进入芝加哥大学开始研究生学习时，《华尔街日报》发表了一篇文章，名为《难倒经济学家的问题》这篇文章是一个名叫约翰·特雷西·麦格拉思的人写的。他提出了一系列令人尴尬的常见问题，自认为经济学家无法做出解答：为什么自动售烟机里卖的香烟比杂货店里的更贵？为什么赛马场赌注的最小单位是20美分？为什么橙味汽水的价格是汽油的4倍？某天晚上吃饭时，我和我的朋友们（研究生一年级的学生）不停地嘲笑麦格拉思。因为只需用一丁点儿的经济学知识，就可以轻松解答他所谓的"难题"。

今天，在继续累积了30多年的经济学知识后，我认为麦格拉思的问题让人沉迷又困惑。当时，我们在餐桌上略微思考后就给出的答案其实并不严谨，更像是一种逃避。我们用"供给和需求"的理论打发了绝大部分问题，好像它真的能解释一切。无论我们当时对这个理论有着怎样的理解,我们都确信那就是经济学的意义所在。

而现在,我对经济学的看法是:首先,我们要带着好奇心观察世界并承认世界充满了未解之谜;其次,我们要将一般命题设定为人类的行为总有其目的,并尝试做出解释。有时候,谜团本身(就像麦格拉思的问题一样)非常复杂,于是我们会在虚拟世界中尝试探索,寻求与之类似的谜团的正确解法,也就是所谓的模型。如果我们的目标是理解为什么橙味汽水比汽油更贵,那我们可以想象这样一个世界:在这个世界里,人们能购买的商品只有橙味汽水和汽油;如果我们的目标是理解为什么有人想要取缔硅胶隆胸手术,那我们可以从构思一个男人完全根据胸围大小选择婚姻伴侣的世界开始。

之所以构建模型,并不是它们可以代表现实,而是思考抽象模型是思考真实世界前的热身,我们的目标始终是了解自己所在的复杂世界。走向理解的第一步——也是我读研究生时尚未迈出的一步——就是承认理解这个世界并非那么容易。

这本书是关于经济学家如何思考的随笔集,囊括了很多我们认为的神秘事件,探究了它们为什么神秘,以及我们该如何正确理解它们。书中描述了一些我认为已经解决的谜团,还有一些谜团悬而未决。有很多很好的理由支持我们学习经济学,但我在这本书中试图强调的是经济学可以作为一种解开谜团的工具,解谜的过程也十分有趣。

在过去几十年里,我有幸每天都能与一群非凡的经济学家共进午餐,他们的敏锐、奇思妙想和创造奇迹的能力一直激励着我。几乎每天都有人在午餐时提出新谜团供大家讨论,并且总能得到十几个精彩又新颖的解决方案,继而收到十几个直击痛点的反对意见。真理总是越辩越明，对此我们乐此不疲。

这本书记录了我在午餐时参与的一些受益匪浅的讨论。有些观点是我的原创，但我已无法确定具体是哪些了。我从马克·比尔斯、约翰·博伊德、马尔文·古德弗兰德、布鲁斯·汉森、哈南·雅各比、吉姆·卡恩、肯·麦克劳林、艾伦·斯托克曼以及这些年一路走来的其他人那里学到了很多东西，获益良多。谨以此书献给我们的午餐小组，衷心感谢他们带我一起经历过山车般的奇幻思考之旅。

关于各章的说明

本书各章向读者展示了经济学家是如何看待世界的。绝大多数情况下，没有固定的阅读顺序。有些章引用了前几章的部分内容，但不妨碍读者对该章的理解。

本书旨在客观真实地描述主流经济学家的思维方式。当然，在细节上还存在许多讨论的空间，任何经济学家都可能对我的某些叙述提出异议。但我相信，大多数读过本书的经济学家都会认为，这本书还是准确地反映了他们的普遍观点。

细心的读者也许会注意到，本书将经济学论证应用于大量人类行为（有时是非人类行为）。并且，当经济原理的适用范围出现问题时，作者更愿意冒过分包容的风险。我深信，经济学原理放之四海而皆准。它们与种族无关，也与性别无关。所以，当我使用"他""他的"和"他们"时，均为第三人称的客观叙述，并不是特指男性，细心的读者请不要误解。

目录

第一部分 人生的意义

一 激励的力量:"安全带"如何成了"致命带"／003

二 理性的谜题:为什么U2乐队的演唱会门票总是一票难求／013

三 真相还是推论:如何拆分账单或挑选电影／026

四 无差别原则:谁在乎空气是否干净／039

五 模拟人生的电脑游戏:洞察其中的真谛／054

第二部分 善与恶

六 明辨是非:民主的误区／061

七 税收的两难选择:效率的逻辑／075

八 为什么价格是好的:亚当·斯密vs达尔文／091

九　药品与糖果，火车与火花：法庭上的经济学／103

第三部分　如何有效阅读

十　在毒品战争中选择立场：《大西洋月刊》是怎样站错队的／117

十一　赤字迷思／130

十二　喧哗与骚动：媒体的伪智慧／144

十三　统计数据如何撒谎：失业也有好处／167

十四　政策钳制：我们需要更多的文盲吗／179

十五　一些温和的建议：两党合作的终结／188

第四部分　市场是如何运作的

十六　为什么爆米花在电影院卖得更贵？为什么显而易见的答案总是错的／199

十七　求爱和合谋：约会博弈／215

十八　"赢家的诅咒"和"输家的郁闷"：为什么生活充满了失望／223

十九　随机漫步和股价：投资者入门／232

二十　　关于利率的想法：扶手椅上的预测／242

二十一　爱荷华州的"汽车作物"／250

第五部分　科学的陷阱

二十二　爱因斯坦可信吗：科学方法经济学／255

二十三　新改进的橄榄球：经济学家是如何出错的／266

第六部分　信仰的迷思

二十四　我为什么不是环保主义者：经济学的理性与生态学的信仰／277

附录

关于资料来源的说明／293

第一部分
人生的意义

一 激励的力量:"安全带"如何成了"致命带"

大部分经济学理论可以用一句话概括——人们会对激励做出反应,其余都是对这句话的解释说明。

人们会对激励做出反应,这句话看起来平平无奇,但几乎所有人都承认这是一个普遍的原则。经济学家与其他人的不同之处在于,任何时候他们都坚持认真对待这一原则。

我清晰地记得,在20世纪70年代末,为了以美国政府规定的价格加满一整箱汽油,我足足排队等了半个小时。实际上,经济学家普遍认为,如果允许汽油价格自由浮动,人们购买的汽油量就会减少。不懂经济学的人当然不这么认为。事实证明,经济学家是对的。取消价格管制后,排长队加油的现象消失了。

也许每一代人都要重新学习这一课。2008年夏天,汽油价格飙升,记者们预测,依赖汽油的美国人将不计代价地维持他们旧有的习惯。经济学家却笃定,汽油消耗量一定会减少。经济学家又一次说对了。到2008年8月,美国的汽油消耗量下降了约8.5%,恰好与经济学家的预测一致,这并非巧合。

经济学家坚信,激励的力量可以让自己收获颇丰,这也是他们在陌生领域探索时的指南。安全带(或者安全气囊、防抱死制动系统)首次出现时,所有经济学家都能预测到一个后果:交通事故的数量将会增加。交通事故有可能导致死亡这一威慑,是司机谨慎驾驶的强大动机。但有了安全带或安全气囊后,这种威慑就变小了。新的激励因素改变了司机的行为,他们不再像原来那样谨慎驾驶,结果就是交通事故更多了。

这个例子背后的原理与经济学家预测汽油消耗量时完全相同。当汽油价格降低时,人们会购买更多的汽油。当交通事故的代价(例如死亡的概率或预期的医疗费用)降低时,人们在驾驶时将不再那么谨慎,这样反而会导致更多车祸的发生。

你可能会反对,车祸与汽油完全不同。在任何时候,车祸都不会是人们想要的"好东西",但速度在某种意义上似乎又是一些人追求的"好东西"。选择将车开得更快或更鲁莽等同于选择更多的交通事故,至少在概率上如此。

还有一个有趣的问题:哪种后果更严重?安全带、安全气囊和其他安全措施究竟增加了多少本不应该发生的交通事故?一个比较简洁的思考方式是:安全带会减少死亡人数,因为它会保护司机,让司机在交通事故中更易幸存。与此同时,安全带往往会导致司机做出鲁莽的行为,从而增加死亡人数。那么,哪一组的数字更大?最终死亡人数是增加了还是减少了?

我们不能只进行逻辑思考,必须知道实际的数字。第一个做到这一点的是芝加哥大学的萨姆·佩尔兹曼。他发现这两种效应大致相同,因此可以相互抵消。当安全带(连同填充式仪表盘和可折叠转向柱）出现后，交通事故变多了，但事故中司机的死亡人数降低了，因此司机的死亡人数基本上没有发生变化。行人的死亡人数似乎有所增加，毕竟行人没有配备填充式仪表盘。随后的研究发现，安全气囊和防抱死制动系统的效果也是如此。

我发现，当我告诉非经济学人士佩尔兹曼的研究结果时，他们几乎都不相信人们会因为自己的车更安全，就在驾驶时不自觉地疏忽大意。但是经济学家恪守"人们会对激励做出反应"这一原则，因此不会放松警惕。

如果你很难相信这一点，那么不妨这样考虑：当车变得更危险时，人们驾驶时会更加谨慎。当然，这不过是用另一种方式表达同一件事情，但这样描述可能更易于人们理解：如果车里没有安全带，你开车时会不会更小心？如果我把车门都拆掉了，你会不会特别小心？

如果将这一逻辑推演到极致，假设给每辆新车的方向盘上方都安装一根长矛，直指司机的心脏，车祸发生的概率恐怕会急剧下降，我估计连追尾的情况都会大大减少。

另一个极端的例子是纳斯卡赛事。车手座驾的安全性能极高，即使在高速飞驰的情况下撞上水泥墙，也能保证赛车手毫发无伤地下车。这些纳斯卡赛事的赛车手如何看待安全问题？用经济学家罗素·索贝尔和托德·内斯比特的话来说："他们以200英里[1]每小时的速度在小型环形赛道上比赛，与旁边的赛车只有几英寸[2]的距离。即使如此，车祸依然频频发生，现场触目惊心。"当赛车本身变得更安全时，事故反而更多。纳

---

[1] 1英里约为1.6公里。——编者注

[2] 1英寸为2.54厘米。——编者注

斯卡赛事每年都会更新数百条与安全相关的规则，这使得索贝尔、内斯比特和其他人都能反复验证这一论断。

2001年，在经历了老戴尔·恩哈特死亡的悲惨车祸后，纳斯卡赛事的规则有了重大调整——赛车手被要求佩戴可以保护头部和颈部的汉斯装置，该装置在赛车发生碰撞时可以为车手提供必要的防护。经济学家亚当·波普和罗伯特·托里森研究后表示，汉斯装置使车祸概率提高了两个百分点。赛车手的伤亡人数下降了，但维修补给站工作人员的受伤人数却增加了。

系了安全带后，人们开车时会甘愿冒更大的风险，听起来似乎有点匪夷所思。鲁莽驾驶有代价，但也有好处。你可以更快地到达你想去的地方，而且你可以在驾驶过程中获得更多乐趣，比如在危险的情况下抢行、驾驶时心不在焉或摆弄你的平板电脑。这些行为都可以让驾驶的过程变得更加惬意，与此同时，这些行为都会增加事故发生的风险。因此，得出安全带一无是处的结论是错误的。对司机来说，安全带是有利的，只是不一定在你预期的方面。

有时候，人们会说没有什么东西（包括我在上面列出的东西）值得我们甘冒死亡的风险。但经济学家发现，这一想法尤其令人沮丧，因为提出这一想法的人和其他人实际上都不相信这一点。每一天，所有人都在为微不足道的乐趣而甘愿冒死亡的危险。开车去星巴克喝一杯摩卡星冰乐显然是存在风险的，待在家里就可以避免这种风险，但人们还是会开车去星巴克。我们需要提问的不是这种小乐趣值不值得我们冒风险，因为答案显然是肯定的。正确的提问是：为这些小乐趣值得冒多大的风险？我可以很理性地说："我愿意在开车时摆弄我的平板电脑，如果这种做法导致死亡的概率是百万分之一。但如果这一概率是千分之一,那我就不愿意了。"这就是很多人在时速25英里而不是时速70英里时玩平板电脑的原因。

佩尔兹曼的观察表明,驾驶环境会影响司机的驾驶行为。有些司机的行为还可能影响其他。《辛普森一家》(*The Simpsons*)的粉丝可能还记得,霍默和玛姬曾经在他们的后车窗上贴过一个"车内有婴儿"的贴纸,这样其他司机就会格外留意,避免剐蹭或追尾他们的车。现实中,人们也会用这些标识示意其他司机要格外小心。然而,有些司机认为这些贴纸具有侮辱性,仿佛在说他们没有规范驾驶。经济学家不会同情他们的感受,因为经济学家知道没有人会时刻保持警惕(你每次去杂货店之前都会重新安装刹车吗?)。经济学家知道,大多数司机的警惕性会随周围环境的变化而变化。一般来说,司机并不想伤害其他车上的乘客。如果一辆车里有孩子,司机就更不想有事故发生。所以,司机在注意到婴儿贴纸时,会选择更加小心地驾驶,并且很高兴有标识能够提醒他们。

这个发现意外引发了一项有趣的研究。经济学家提出假设:许多司机在看到"车内有婴儿"的贴纸时会更加谨慎地驾驶。这项研究旨在通过观察有提示贴纸和没有提示贴纸的汽车的事故率,以此判断司机的谨慎程度。可惜的是,至少有三个原因可能会导致事故率的偏差。首先,那些贴了贴纸的家长可能本身就非常谨慎,他们在驾驶时很少发生事故只是因为他们本就是谨慎的司机,与他们的贴纸如何影响其他司机无关;其次,那些贴了贴纸的家长知道该贴纸会引起他人的注意,因此他们自己反而会不那么谨慎,这往往会让他们卷入更多的事故当中,从而抵消其他司机小心驾驶带来的有利影响;最后,如果"车内有婴儿"的贴纸真的有用,那么没有孩子的司机也会在自己的车上张贴同样的贴纸。而如果司机们意识到这些贴纸具有欺骗性，他们就不会对此有所反应了。

这意味着车祸的原始统计数据并不能直接反映司机对"车内有婴儿"贴纸的态度。问题是找到一种更高明的统计方法并揭示其中的关联性。我不打算在这里赘述如何解决这个问题，只是用它来说明实证经济学研究中会面临的典型困难。许多经济学研究项目围绕这些困难提出了各种富有创造性的解决方案。

实证研究所面临的挑战有点偏离本章的内容，所以让我们回到主题：激励的力量。解释这种力量是经济学家的第二天性。更安全的避孕工具会减少意外怀孕吗？答案是不一定。更安全的避孕工具降低了性交的代价（意外怀孕只是代价的一种），从而诱使人们沉溺性爱。性行为导致怀孕的概率降低，但随着性行为数量的上升，最终意外怀孕的概率可能下降也可能上升。节能汽车会减少我们对汽油的消耗吗？答案是也不一定。节能汽车降低了驾驶成本，所以人们会更频繁地开车出行。立普妥等他汀类药物降低了成为电视迷的代价，但也可能提高心脏病的发病率。正如低焦油香烟会增加肺癌的发病率，更好的橄榄球头盔可能导致更多的伤害，低热量、低脂肪食品可能是导致肥胖的一大原因。

刑法是研究人们对激励做出反应的关键领域。严厉的惩罚能在多大程度上遏制犯罪活动？死刑引起了研究者的特别关注。政府设立的多个委员会和众多学者都对死刑的威慑影响进行了深入研究。通常，他们的研究是比较执行死刑和豁免死刑的美国各州的犯罪率。因为这些研究经常忽视决定谋杀率的其他重要因素，所以经常遭到经济学家的严厉批评。（例如他们经常不考虑执行死刑的严格程度，尽管这在美国各州之间有着明显差异。）

另外，计量经济学的精密统计技术可以为精确衡量激励的力量做出贡献。因此，计量经济学很自然地被用来考察死刑的威慑效果。纽约州立大学布法罗分校的艾萨克·埃利希是这类研究的代表人物之一，由他领衔的开创性研究得出了一个惊人的结论：在20世纪60年代（美国最高法院宣布暂停执行死刑前的十几年），每一宗死刑预防了大约8起谋杀。在恢复死刑后，随后的研究也得出了类似的结论。

埃利希的研究方法，尤其是细节方面遭到了其他经济学家的广泛批评，但我认为这有点过于苛刻了。大多数涉及统计技术的批评都晦涩难懂。这些批评和质疑是重要的，但经济学界普遍认为，埃利希进行的这类实证研究能够揭示有关死刑效果的重要真相。[1]

加利福尼亚大学洛杉矶分校的爱德华·利默曾发表过一篇有趣的文章，题为《将质疑从计量经济学中赶走》（"Let's Take the Con out of Econometrics"）。在这篇文章中，他警告说，研究人员的偏见会极大地影响他的研究结果。他列举了一个简单的计量经济学实验。如果研究者本人支持死刑，那么他的研究结论可能是每执行一次死刑可以预防多达13起谋杀。同样的实验，如果研究者本人反对死刑，那么他的结论可能是每执行一次死刑实际上只会遏制3起谋杀。尽管如此，除非对死刑

---

[1] 在课堂上，我用这些研究来表达几个观点，其中最重要的是：我们可以在事实层面达成一致，但在政策层面存在分歧。艾萨克·埃利希虽然一直在说服经济学界相信死刑对谋杀具有威慑性，但他本人是死刑的强烈反对者。

抱有极大的偏见，否则大多数计量经济学研究都揭示了死刑的确具有实质性的威慑作用，谋杀犯会对这种威慑做出反应。

为什么会这样？大多数谋杀不是激情犯罪或者非理性行为吗？也许事实是这样，但我至少可以找到其中的两处缺陷。首先，埃利希的研究结果表明，每执行一次死刑可以预防8起谋杀，但他的研究没有说明预防了8起怎样的谋杀。只要谋杀犯收手，死刑就起到了威慑作用。其次，我们为什么想当然地认为激情谋杀犯不会受到死刑的威慑？我们不妨想象一位憎恨妻子入骨的男人，一般情况下，如果他认为自己有90%的机会逃脱死刑，那么他很有可能会杀掉自己的妻子。但在某个愤怒时刻，他完全丧失了理智，即使知道自己只有20%的概率免受死刑，或许他还是会杀了她。也就是说，即使在愤怒的时候，他依旧会思考自己逃脱死刑的概率是15%还是25%。

（请允许我顺带提及第三个缺陷。"8"这个数字并不是埃利希凭空杜撰的，而是他通过复杂的数据分析得出的。持怀疑态度不是一件坏事，但严肃的怀疑论者应当以开放的心态看待研究，并指出推理中的哪一步是可疑的。）

有证据表明，即使在我们认为人们的行为没有经过深思熟虑或者理性思考时，人们依旧会受到激励的显著影响。心理学家发现，如果你不小心递给人们一杯很烫的咖啡，如果他们认为这个杯子很便宜，他们通常会选择松手；但如果他们认为这个咖啡杯很贵，他们就会想方设法拿稳杯子。

因为身患关节炎（我很难把头转向右边）和一些不负责任的侥幸心理，我有一个多年的习惯，就是在倒车时经常会把车的右后方撞到路灯柱、树或其他静止的障碍物上。车辆修理厂的老板经常开玩笑说应该给我打折。每次修理保险杠要花180美元，我渐渐认为这是一笔必要的开支。2002年，我买了一辆新车，保险杠使用的是玻璃纤维，某次倒车时我撞到了一棵树，这次维修花费了500多美元。从那以后，我再也没有撞到过任何东西。即使是经济学家，也会对激励做出反应。

事实上，人们会对激励做出反应可能和其他任何下意识的行为一样是天生的。在得克萨斯农工大学的一系列实验中，研究人员让老鼠和鸽子通过推动杠杆来"购买"各种食物和饮料。每件商品都有自己的价格，比如一滴根汁汽水需要推3下杠杆，一块奶酪需要推10下杠杆。动物每天都可以得到推杠杆的次数，这就是它们的"收入"。在收入耗尽后，动物就不能再操纵杠杆了。在另外一些版本的实验中，动物可以通过执行各种任务来赚取额外的"收入"。它们每完成一项任务，都会获得额外操纵杠杆的机会，就像固定工资一样。

研究人员发现，老鼠和鸽子会根据价格和收入的变化做出适当的反应。当根汁汽水的价格上涨时，它们购买的根汁汽水就会减少。当收入上升时，它们会更加努力地工作，除非收入已经足够高。在这种情况下，它们会选择享受更多的闲暇时光。这正与经济学家在人类社会中观察和预测的一致。

激励很重要。经济学文献中有数以万计的实证研究证实了这一命题，并且没有一项研究能有效反驳它。经济学家在不停地验证这个命题（私下里，他们也许希望自己能成为第一个推翻它的人并因此声名远扬），扩大它的适用范围。过去，我们只考虑了买家对肉价的反应，而现在我们想到了司机对安全带的反应，杀人犯对死刑的反应以及老鼠和鸽子对收入和价格变化的反应。经济学家还研究了人们如何选择婚姻伴侣和家庭规模、应该在多大程度投身宗教活动，以及是否要昧良心做一些坏事。［这些趋势发展得如此之快，以至于《政治经济学期刊》（Journal of Political Economy）发表了一篇充满讽刺意味文章，研究主题是关于刷牙的经济效应，这篇文章"预测"——基于牙齿清洁程度能够影响工资的假设——人们愿意将醒着的一半时间都花在刷牙上。作者揶揄道："没有任何社会学模型能得出如此精确的结论。"］尽管世界千变万化，但万变不离其宗：激励很重要。

二　理性的谜题：为什么U2乐队的演唱会门票总是一票难求

经济学中有一个假设——所有人的行为都是理性的。当然，这个假设并非完全正确，大多数人都能用自己身边的人和事举出反例。

但是，假设是否合理从来不是科学研究的先决条件。如果你问物理学家，把保龄球从屋顶扔下去，它多长时间才能落地？物理学家会很高兴地假设你的房子位于真空当中，然后计算出理想状态下的正确答案；如果你请工程师预测以某一角度击中台球后它的路径，工程师想必不会考虑摩擦力，并且对自己的预测结果深信不疑；如果你让经济学家预测上调汽油税的影响，经济学家会假设所有人都是理性的，然后得出一个精确的答案。

对于假设，我们检验的不是它们在字面意义上的真实性，而是它们的可靠程度。根据这一标准，"理性"一贯表现出色。

它告诉我们，人们会对激励做出反应，这方面的例子不胜枚举。与11盎司[1]的粮食相比，人们更愿意为26盎司的粮食支付更高的价格；技术好的工人通常比技术差的工人挣得更多；热爱生活的人不会从金门大桥一跃而下；饥饿的婴儿会用哭闹的方式表达诉求。通常情况下，诸如此类的事情都是正确的。

当我们假设人是理性的，通常就会忽略他们的偏好。口味各异，难言好坏。[2]品味无须多做解释，这是经济学家的指导原则之一。一些喜欢看音乐剧的人更喜欢绝妙的乐谱、优美的歌词、精彩的表演、令人难忘的角色、对生活的赞美以及探索看待世界的新方式。其他人则更喜欢看木偶剧，听剧中人说一些野蛮的粗话能让他们获得更大的满足。对此，我们没有办法评判哪个群体是理性的。当人们为了顾虑同伴的感受，选择观看在自己心目中排名第二、第三甚至最后的演出时，我们不会觉得这是非理性的。我们认为人是理性的，是因为总体来说，一个人既不会过于妥协也不会刻意隐瞒自己的真实偏好。如果一个人喜欢音乐剧《Q大道》（Avenue Q），在没有其他理由购买《小夜曲》（A Little Night Music）时，他就会去看《Q大道》。大多数时候，这都没错。

如果一个女人花1美元买了一张彩票，这张彩票有千万分之一的机会让她赢得500万美元的大奖，我们不能说她是非理性的。同样，如果她的双胞胎妹妹选择不买彩票，我们也不能说她妹妹就是非理性的。人们对风险持有的态度不同，行为也有所不同。但是在中奖概率相同的情况下，选择买500万美元而不是800万美元奖金的彩票，我们会认为她是非理性的，但这种行

---

[1] 盎司，英制计量单位，1盎司约为28.350克。——译者注
[2] 原文为拉丁语De gustibus non disputandum est。——译者注

为十分少见。

尽管如此，人类的许多行为从表面上看似乎都是非理性的。当名人为一款产品代言时，即使代言没有传达任何有关产品质量的信息，这款产品的销售额也会增加。我们知道，摇滚演唱会和百老汇演出的门票总是提前几周就会售罄，即使主办方提高票价，门票也会销售一空，但他们并没有这样做。地震保险的销售额总是在地震之后迎来增长高峰，即使未来发生地震的可能性并不会发生改变。总统大选时，人们都会抽出时间投票，尽管没有证据表明自己手中的那一张选票会影响选举的最终结果。

面对这样的现象，我们应该如何解释？一种非常明智的思考方式是：通常情况下，我们认为人都是理性的，但并非总是如此。经济学能够解释人的某些行为，但不是所有行为，总有一些例外情况。

另一种思考方式是坚持假设所有人在所有时候都是理性的，并坚持为所有看似非理性的行为寻找理性的解释，无论这些解释有多么古怪。

经济学家选择了后者。

为什么？

想象一下，有一位精通万有引力定律的物理学家，他相信万有引力定律就是几近完美的终极真理。一天，他遇到了一个氦气球，在此之前他从来没见过充满氦气的气球，这与他所熟知的真理不符。于是，他面临两种选择：他可以认为，"在一般情况下，万有引力定律是正确的，但并不总是如此。现在这里就有一个例外"；他也可以认为，"让我看看在不放弃原有的科学认知的前提下，有没有办法解释这个奇怪的现象。"如果他选择了后一条路，并且他足够聪明，最终，他会发现有些物质的质量比空气还轻，继而认识到这种现象与万有引力定律并不冲突。在这个过程中，他不仅会更了解氦气球，还能对万有引力定律有更深入的了解。

也许，万有引力定律真的存在例外，而我们的物理学家总有一天会遇到这种例外。如果物理学家不放弃他的理论，坚持寻找一个好的解释，他就会失败。当失败累积得足够多，最终会产生新的理论并取代现有的理论。但至少在最开始的初期阶段，明智的做法是考察令人惊讶的事实能否与现有的理论共存。对科学家来说，这种尝试本身就是一种很好的思维锻炼，有时还会收获令人惊讶的结果。此外，如果我们轻易就放弃现有的合理理论，很快我们就会一无所有。

因此，经济学家花费大量时间相互挑战，为那些看似非理性的行为寻找合理的解释。当两位或更多的经济学家共进午餐时，正是讨论这种谜题的绝佳时刻。我自己也经历过无数次这样的午餐会，我想和大家分享几个例子。

摇滚巨星的演唱会门票总是提前很久就销售一空。刚一开票，抢票的窗口期就转瞬即逝。为了抢到一张门票，你必须在开票之际连接网络，不断刷新浏览器，或许能幸运地抢到一张门票。如果门票的定价比较高，抢票的窗口期可能会长一些，但门票仍然会售罄。那么，主办方为什么不涨价呢？

在经济学家中，这个问题属于老生常谈了。最常见的答案是，关于一票难求的报道是一种免费的营销手段，可以维持乐队热度，延长其受欢迎的时间。主办方不想为了短期的门票利益牺牲这种宣传带来的长期利益。

我个人觉得这个回答不怎么令人满意。在我看来，让公众知道即使一张门票高达300美元但仍然会全部售罄也是一种有价值的宣传。为什么快速销售一定是比高价销售更好的宣传方式呢？

我听到的最好的答案来自我的朋友肯·麦克劳林。他的答案是：主办方其实不想要有钱的观众，他们想要狂热的观众，也就是那些会购买摇滚乐队CD、T恤和其他周边商品的观众。这群人总是密切关注乐队动向，知道什么时候开票，并且会为了演唱会调整自己的日程安排。换句话说，他们是那些为了参加U2乐队的演唱会克服重重困难的人。票价低意味着门票很快就会售罄，而快速售罄能保证那些买到票的观众都是主办方想要的人。

这个解释听起来很有说服力，为主办方的行为提供了一个合理的解释。不幸的是，我认为它没能解释其他类似的现象：百老汇热门剧目的门票在不涨价的情况下总能快速卖光，电影大片在刚上映的头两周也是如此。[1]这套理论能解释类似的情况吗？我无从知道。

我们常玩这个游戏的目的之一，就是找到像麦克劳林这样的理论。除此之外，还有一个目的。我们知道，一套理论应该适用于非常规的预测，原则上，预测可以反过来检验这套理论。在这个例子中，我们预测门票定价较低时，销售窗口期短，并且可以卖出大量CD和T恤；门票定价较高时，销售窗口期会有所延长，但未必能卖出如此多的CD和T恤。我不知道这个预测是否成立，我期待它能够得到检验。

---

[1] 以百老汇演出为例，高价座位通常比便宜的座位卖得更快。我怀疑，这是为了防止人们买低价票。

我想要谈的下一个谜题有关产品代言。不难理解为什么人们会喜欢罗杰·艾伯特[1]推荐的电影，他的事业与他精准点评的声誉是分不开的，这也是电影宣传喜欢引用他的点评的原因。

但许多产品都是由不懂该产品的名人代言的。知名演员为互联网服务商代言；前政客为处方药代言；教皇利奥十三世曾为一种以可卡因为原料的专利药代言，就连获得诺贝尔奖的经济学家也不例外。人们相信这些广告，产品的销售业绩因此突飞猛进。

如果你知道行李箱制造商支付了6位数的代言费用，让名人拍摄宣传片并分发给各个渠道进行传播，其中有价值的信息是什么呢？在这种情况下，如何保证自己购买行李箱是理性的消费呢？

我可以提供一种解释。行李箱制造商追求成功的方式各有不同。有些行李箱制造商急功近利，生产出的产品廉价且质量差，当大家知道他们的产品质量不行时就撤出市场。还有一些行李箱制造商则奉行长期策略：生产高质量的产品，让市场逐渐了解并认可其产品，最终获得超额回报。后一类行李箱制造商希望消费者了解其产品的与众不同。

奉行长期策略的行李箱制造商采取的一种做法就是公开设立保证金，以确保其长期存在。行李箱制造商将50万美元存入银行账户，并预期在未来5年内每年收回10万美元。如果行李箱制造商在此期间倒闭，就会损失这笔保证金。只有重视品质的

---

[1] 罗杰·艾伯特，资深电影评论家，首位因分析电影得到普利策奖的影评人，被誉为"影评之王"。——译者注

行李箱制造商才愿意认缴这类保证金。理性的消费者更愿意购买这些行李箱制造商的产品。

聘请名人为产品代言就像是缴纳保证金。公司在前期投入一大笔资金，期待在很长一段时间内获得回报，预计一年内会消失的公司不会进行这样的投资。当我看到名人代言时，就知道该公司对其产品的质量有足够的信心，这家公司还将持续运转一段时间。

这一理论还提出了另一个尚待检验的预测：对于无法立刻判断质量好坏的商品，名人代言会更加普遍。

同样的论证方式还可以解释为什么银行的建筑总是倾向于使用大理石地板和希腊式石柱，特别是那些在美国联邦存款保险公司成立之前建造的银行大楼。想象一下，有一个骗子在相邻的几个小镇开设银行，但几个月后就卷款潜逃了。与计划长久经营的富国银行不同，骗子无法在他去过的每一个地方都建造一座宏伟的建筑。在其他条件相同的情况下，理性的市民会选择有宏伟建筑的银行，于是富国银行出于理性考虑，会建造宏伟的大楼。

这就解释了为什么银行的建筑比杂货店更宏伟华丽，因为知道银行下周还会营业比知道你常去的杂货店下周还在重要得多。

还有一个经久不衰、一直被人提起的经典问题：为什么这么多商品的定价都是2.99美元，而不是3美元？人们很容易从消费者的非理性出发解释这种现象，即消费者只会注意到价格的第一位数字，并以为2.99美元是"大约2美元"而不是"大约3美元"。事实上，这种解释看起来很能自圆其说，甚至许多经济学家都信以为真。说不定，他们是对的。也许有一天，针对这种行为的审慎分析将成为某种改良经济学的基础，在这种经济学中，人们的行为会系统性地偏离理性。[1]但在我们摒弃现有知识前，也许应该先考虑一下其他具有启发性的解释。

碰巧，我可以提供至少一个有趣的解释。"99尾数定价法"首次出现于19世纪收银机刚发明后不久。收银机是一项了不起的创新发明，它不仅会做简单的算术，还可以记录每一笔交易。这一点很重要，尤其当老板怀疑员工可能偷钱时，老板只要在结束营业后检查当天的交易记录，就能知道收银机里应该有多少钱。

收银机其实也有一个小缺陷：它记录的并不是每一笔交易，严格来说，它记录的是打开收银机的每一笔交易。如果顾客购买了一件1美元的商品，他将1美元的钞票交给收银员，收银员完全可以不使用收银机，直接将钞票装进自己的口袋，瞒天过海，不让别人发现。

但是，当顾客以99美分的价格购买一件商品，并将1美元的钞票交给收银员时，收银员必须给顾客找零。这就迫使收银员必须打开收银机，在此过程中交易就会自动被记录。99美分的定价迫使收银员使用收银机，并让他们不得不做一个诚实的人。

尽管如此，还是会存在一些问题。收银员可能会从自己的口袋里掏出零钱给顾客找零，或者在打开收银机时输入错误的商品总额。这时，在一旁等待的顾客很有可能注意到这些奇怪的行为，并报告给老板。

---

[1] 目前处于萌芽阶段的行为经济学正在逐渐填补这一空白。

这种解释的真正问题在于，它忽略了销售税。在一个销售税为7%的州，价格标签上的0.99美元和1美元表现在收银机上就是1.06美元和1.07美元的差别。无论哪种情况，都需要找零。也许在销售税不同的州，价格会相差一两美分，因此每个州最终的收银价格有所不同？这一结论还有待验证。还有另一个可能：99美分的定价在店主自己收银的商店里应该不常见。

许多原始农业在发展过程中都具有一个奇怪的特征——农民很少拥有大块的土地。相反，每个农民都拥有分散在村庄各处的几小块土地（这种模式在中世纪的英格兰十分普遍，如今在部分第三世界国家依旧存在）。长期以来，历史学家一直热衷于讨论造成这种特征的原因，这种分散的土地分配被认为是农业效率低下的根源。也许是继承和婚姻形成了这种特征，每经历一代人，家族土地就会被细分到不同人手中，因此土地面积越来越小，而婚姻又将广泛分散的土地重新归拢于一个个大家庭。这不是一个好的解释，因为它假定了一种非理性的模式：为什么村民之间不定期交换土地，从而将自己的土地归拢在一起？

这个问题引起了经济学家和历史学家戴尔得丽·麦克洛斯基的注意，她构建巧妙的经济学解释的本领无与伦比。她提出的问题不是"怎样的社会机制导致了这种非理性行为？"而是"为什么这种做法是理性的？"。仔细研究后，她得出结论，之所以会形成这种特征，是因为它为农民提供了一种可能的保障。拥有一整块土地的农民在发生局部洪涝灾害时很容易颗粒无收，将土地分散在各处确实增加了一些不便和成本，但能够换取粮食不被局部灾难完全摧毁的保障。这样看来，这种特征并不奇怪，每一个具有保险意识的现代人都会这样做。

检验麦克洛斯基理论的一种方法是，以人们在传统保险市场中愿意支付的保费为标准，询问保险"保费"（即因分散而牺牲的产量）是否与"购买"的保障相匹配。以这个标准来衡量，这套理论运行得很好。

然而，这套理论依然遭到了非常严苛的批评：如果中世纪的农民想要获得保险，他们为什么不像我们今天这样直接买保单呢？我认为，这就像是在问他们为什么不把交易记录保存在个人电脑上。答案很简单，当时还没有人想到如何才能做到这一点，设计一份保单需要考量的事情不亚于设计一台电脑。但那些严苛的人认为，如果麦克洛斯基的理论不能对此做出解答，那这个理论就不够完美。我们应该尽力回答这个问题，这没错。真理总是越辩越明，理论应该接受最大程度的检验。

类似的谜题不胜枚举。为什么商业人士如此看重着装，甚至都出现了如何"穿出成功"[1]的畅销书？我怀疑，时尚和有魅力的着装是一种技能，而我们这些习惯穿牛仔裤和T恤的人往往小瞧了这种技能。懂着装的人要在不超越时尚边界的前提下对自己的搭配进行创新，让其中的分寸恰到好处需要敏锐的洞察力。这些特质在很多情况下都很有价值，因此，公司寻找有这些特质的员工非常合理。

为什么男性在医疗保险上的支出比女性少很多？这可能是因为男性比女性横死的概率更高。如果一个人被卡车撞死的概率很高，那么为自己可能罹患癌症投保就没有太大的意义。因

---

[1] 职场穿衣指导丛书，影响了整个欧美地区职业着装的走向。——译者注

此，男性比女性更少购买预防性的保险是理性的。

为什么人们总在自己喜欢的球队上下注？如果对其他球队下注，不管比赛的最终结局如何，都能保证自己有一个局部良好的结果，即局部均衡。在生活的其他方面，我们都知道对冲风险。但在体育比赛中，我们总是把所有鸡蛋都放在同一个篮子里。我们是想确保在家乡的球队获胜时，可以举行昂贵的庆祝活动吗？

在英国，当两个人共住旅馆的标准间时，通常要支付两个单人间的价格。在美国，这么做的花费则小得多。造成这种差异的原因是什么？如果你不是经济学家，可能对这和传统有关的解释感到满意，但经济学家想知道为什么这种定价是理性并且是利润最大化的。如果读者有什么好的想法，我很高兴能听到它。

许多普通人认为理所当然的行为，经济学家反而会感到非常困惑。比如，我不知道人们为什么会投票。2008年，有1.3亿美国人在总统大选时投票。我敢打赌，这1.3亿人中没有一个人会天真地相信他那一票在势均力敌的选举中能起到决定性作用。

人们常常引用2000年的总统大选，乔治·布什在关键的佛罗里达州以537张选票的微弱优势击败了阿尔·戈尔。[1]但是，

---

[1] 2000年总统大选，时任得克萨斯州州长、共和党候选人的小布什对阵民主党候选人阿尔·戈尔。当时，两位候选人在关键的佛罗里达州都没有获得足够多的选票，并且双方的选票差距微乎其微。按照佛罗里达州的法律，自动触发了该州的机器重新计票。在机器重新计票后，小布什仅以537票的微弱优势获胜。经过1个月的法律斗争，最高法院结束了重新计票。小布什赢得了佛罗里达州，并因此当选总统。耐人寻味的是，当时的佛罗里达州州长是小布什的弟弟杰布·布什。——译者注

即使按照传统经济学的精度衡量，1张选票与537张选票的差距也不能相提并论。在类似情况下，一票之差其实没有什么意义。除非你恰巧是最高法院的大法官，否则你那一票永远不会决定总统选举的结果。

同样流行的另一种说法是，"如果每个人都认为自己的一票意义不大，都待在家里不投票，那么我那一票就显得尤为重要"。这种说法本身没问题，但这和说"投票站是宇宙飞船，选民去投票就像去月球旅行"一样毫无意义。在实际生活中，人们并不会在大选时待在家里，他们会前去投票。每个选民面临的唯一选择就是去不去投票。我敢打赌，即使下次大选时你待在家里，少了你的这一票也不会影响最终结果。[1]

有人说，人们投票是出于"公民义务"。但他忽略了一个事实，投票浪费了我们做其他事情的时间，包括那些比履行这种公民义务更有效果的事情。你可以花15分钟参与一次对结果毫无影响的投票，或者用这15分钟把购物车从停车场送回到超市。如果你选择了后者，那么你的行动确实有让世界变得更美好。

那么，人们为什么要投票呢？我真的不知道。

我不知道为什么人们要互相赠送在商店里买的礼物，而不是直接给对方现金。现金不会存在挑错大小、颜色等问题。有人说，送礼物是因为它可以证明我们用心精挑细选过。但现金也一样，钱也是我们花了时间才赚到的，不是吗？

---

[1] 20世纪最伟大的数学家之一安德烈·韦伊曾写道："当我告诉人们我从不在选举中投票时，已经数不清有多少次听到过这样的反对意见，'如果每个人都像你一样……'通常我会回答，这种可能性在我看来微乎其微，以至于我觉得完全没有考虑它的必要。"

我的朋友戴维·弗里德曼认为，我们相互赠送礼物的理由恰恰相反：因为想表达我们根本没有太多时间去购物。如果我真的在意你，那么我了解你的品位，很容易就能找到合适的礼物。如果我不在意你，找到合适的礼物就成了一件苦差事。并且，因为你知道我的购物时间有限，如果能找到合适的礼物送给你，那就证明我很在意你。我喜欢这个解释。

我不知道为什么人们会在餐馆留下不具名的小费，虽然我也经常这样做，但这丝毫没有减少我的疑惑。

每当经济学家对投票、赠送礼物或不具名小费等做法提出疑问时，初衷绝不是质疑这些做法。恰恰相反，我们的设想是，无论人们做什么，他们都有这样做的充分理由。如果作为经济学家，我们不能看透其中的根源，那么这就成了等待我们解开的谜题。

三 真相还是推论：如何拆分账单或挑选电影

如果你是想买人寿保险的非烟民，那你应该感谢香烟，因为它帮你降低了保费。

这个世界上有两类人——实际上毫不夸张地说，这个世界上有多少人，就有多少类人，为了方便分析，请允许我在此简化一下——一类人谨慎，另一类人莽撞。那些谨慎的人喜欢在健身俱乐部锻炼，从不过量饮酒，从不吸烟，并且总是安全驾驶。而莽撞的人会不计后果地吃棉花糖、熬夜、骑摩托车不戴头盔、经常抽烟等。

如果保险公司没有办法区分这两类人，谨慎人群将被迫为莽撞人群的不节制"买单"。有时候，我们面临的正是这样的现实。

但是，如果保险公司可以为每一类客户分别设计保费，那么那些莽撞的人就要承担自身生活方式的全部后果。保险公司要做的就是分辨出买保险的客户是哪一类人。

是否吸烟是判断一个人健康意识的快速而简单的指标，它以一种公众可见的方式揭示了你是哪一类人。保险公司可以利用这些信息，向非烟民提供更低的收费标准。如果你获得了更低的保费，你的保险折扣反映的不仅仅是不吸烟对健康的好处，同时也反映出作为一个不吸烟的人，你可能比一般人更关注自己的胆固醇水平。

保险公司知道人们会作弊，所以他们在设定非烟民的保费时会考虑到这一点。如果你真的不吸烟，可能仍然要多付一点保费，因为一些"非烟民"会在保险公司看不到的地方偷偷吸烟。但不要妄下结论，认为禁烟可以降低你的保费。作为一个不吸烟的人，其实你明确地向保险公司传递了这样的信息：你在其他很多他们无法观察到的方面都很谨慎。而在一个没有香烟的世界里，作为一个不吸烟的人，你和其他人没有什么区别，所有人的保费都会是一样的。

主张强制骑摩托车佩戴头盔的人认为，不戴头盔的人会增加每个人的保费。实际上，情况完全相反。那些选择佩戴头盔的人普遍具有安全意识，这有助于降低他们的保费。强制佩戴头盔则剥夺了他们彰显自己这种特质的机会。

如果保险公司愿意向戴头盔的骑手提供保费折扣，那么这不仅是出于头盔本身具有安全特性的考虑，还因为选择佩戴头盔的骑手本身就很注重安全：他们不愿在行驶中频繁变道，也不会酒后驾驶。如果法律规定所有骑手必须佩戴头盔，保险公司在设计保费时还是会继续考虑头盔的好处，但骑手谨慎的个性就没有那么重要了。当佩戴头盔成为强制性规定，谨慎骑手的保费反而可能会上涨。

保险市场有一点很奇怪，买卖双方的信息是不对称的，买方总是比卖方掌握的信息多。如果你在自己的房间铺满电线，再盖上地板，你当然知道自己做了什么，但你的保险经纪人对此一无所知，他可能会好奇，为什么你突然想买3份火灾保险。信息不对称通常会引发出乎意料的结果，这是因为一方总在努力猜测另一方究竟隐瞒了什么。

在某些情况下，信息不对称有可能威胁到整个保险行业的存亡。我们将投保人的风险级别划分为10个等级，等级越高，风险越高，平均风险等级是5级。如果保险公司设定的保险费率反映了平均风险水平，那么风险等级为1级、2级和3级的投保人可能会觉得自己被多收了钱，或者干脆放弃投保。假设现在的平均风险等级是7级而不是5级，保险公司试图提高保费进行补偿，那么这将导致风险等级为4级和5级的投保人放弃投保。若将平均风险等级提高到8级，就会引发保险费率再次上调。这种恶性循环持续下去，每个人都不会再购买保险了。

如果保险公司能够正确判断每个人的风险等级，就可以向每个投保人收取合理的保费，问题也将迎刃而解。如果投保人无法准确判断自己的风险水平，那么风险等级为1级、2级和3级的投保人就不会放弃投保，问题同样也能得到解决。正是由于信息的不对称——投保人比保险公司更了解自己——整个保险市场才存在崩盘的风险。

更糟糕的是，人们可能会因为投保而甘愿冒额外的风险。比如，房子的主人投保后就放弃使用安全系统，有车险的司机反而开车更快。在获得充分信息的情况下，保险公司可以阻止这种行为，并对不配合的人停止提供保险服务。但事实上保险公司并不是无所不知的，所以他们只好寻求其他方式。

其中一种方法是保险公司帮助自己的客户规避风险。你的汽车保险公司可能很愿意为你购买的防盗装置提供补贴，你的医疗保险公司无疑愿意为你提供关于健康饮食和身体锻炼的免费资讯，你的火灾保险公司愿意赠送你一个灭火器。然而，保险公司能做到的事情还是非常有限的。如果你一开始就不想买灭火器，即使你从保险公司免费得到一个，你也可能会到旧货市场上出售它们。

雇主通常对员工在忙什么并不完全了解。如果你没有科学的观察方法，你就很难给员工制定正确的激励机制。

劳动力市场充斥着旨在解决激励问题的各种机制。我执教的大学"提供"给我一间办公室，但不允许我把那间办公室卖给出价最高的人。在许多情况下，这些机制是没有效率的。我有一些同事，他们所有的工作基本是在家里和图书馆里完成的，他们很乐意接受较低的薪水，以换取将办公室改成类似汉堡王餐厅的权利（如果汉堡王因其喧闹的环境而不是一个好主意的话，那么改成电脑专卖店也不错）。如此，大学可以节省资金，教授的工作效率也不会受到影响。这一结果可以说是皆大欢喜，但还是会有一点小漏洞：即使是教授层级也难免会有一些投机取巧的人，他们愿意牺牲一些工作效率以换取部分盈利机会。如果大学能够识别他们，并对工作效率的下降做出相应惩罚，那么这个问题也就不是问题了。在现实生活中，信息是不对称的——我们知道自己什么时候埋头苦干，什么时候浑水摸鱼，但我们并不会告诉院长自己的工作效率——所以我们最终只好接受了一种不完美的激励机制。

许多公司会为员工购买超出法律规定额度的医疗保险，公司愿意为员工额外提供价值500美元的医疗保险,而不是直接给员工涨500美元工资。起初,这种做法让人百思不得其解:都是一样的钱,为什么不给员工现金,让他们想怎么花就怎么花呢?其中一种答案可能是员工更喜欢免税的福利,而不是需要纳税的福利。另一种可能的答案是,良好的医疗保险可以提高员工的生产力。如果员工的生产力很容易被观察和预测,雇主完全可以据此为员工奖励,员工可以用奖金来购买足够的医疗保险。但在信息不对称的世界里,员工福利计划可能是奖励优秀员工的最佳方式。

如果你是受雇于通用电气公司的员工,你迟早会发现一些可以为公司节省100美元的地方,这并不难。但如果你需要为这件事付出一点点努力,而你的上司看不到你的努力,你可能会觉得,那就算了吧。

公司希望为员工制定的激励机制是正确且有效的,因此不断寻求合适的途径。其中一种就是员工间的利润共享。但在一家拥有50万名员工的公司里,利润共享并不是一个很好的激励方法。假设你为公司做出100美元的贡献,公司将利润全部平均分配给所有员工,那么最后进到你口袋里的就只有0.02美分。除非通用电气能够完美地观察每个员工的表现,否则只有一种机制才能确保激励是完全正确的——公司把全部利润用作员工薪酬。如果通用电气今年的利润是10亿美元,那么每个人——从董事会主席到看大门的——都赚到10亿美元,不多也不少。这样一来,你为公司省下的每一块钱都可以变成你自己口袋里的一块钱,你就有动机采取每一项成本合理的措施以提高企业的生产力了。

这个方案有一个小问题，只要员工数量大于1，就无法实现上述的平衡状态。10亿美元的利润不足以支付50万名工人每人10亿美元的工资。好在这个问题比较好解决。年初的时候，每个员工为他的工作投资一笔大额预留款项，以弥补公司利润与其工资之间的差额。可以设定每个岗位的价格，以便在当年内保持账面平衡。长此以往，工作应获得的收入正好弥补利润与工资之间的差额。

这种安排是这一重要问题的理想解决方案，但每个听到它的人都觉得不可思议。为什么这种方案让我们觉得荒唐？事实上，没有一家大公司在实践这个方案，这就是它并不具备可行性的最好证明。但这不足以成为我们停止思考的理由。如果我们要在未来设计出更好的机制，我们应该停下来问一问：这个方案到底哪里出了问题？

只有一个明显的结论是远远不够的。通常，最先冒出来的反对意见都是以问题的形式出现的："一名流水线上的普通工人怎么可能付得出10亿美元来购买他的工作岗位？"我的回应是，他可以借钱。于是对方会紧接着说，他不太可能获得那么高的信贷额度。

乍一看，这种反问似乎是无懈可击的，但仔细想想就会发现，它完全站不住脚。如果工人们借不到足额的钱，他们至少可以借一小部分。如果通用电气不能以10亿美元的价格卖给你工作，并在年底给你整个公司的利润，那么它至少可以以10亿美元的零头卖给你工作，并在年底给你同样比例的公司利润。这种类比的方式有点糟糕，但有总比没有好。

如果你的理论是工人的借款能力阻碍该方案的实施，那么据此可以推测，工人将竭尽所能地贷款，并部分参与到这一方案中。但大多数工人并没有这样做。你的推测和现实情况不符，所以你的理论也是错误的。

还有另一个难点，不太明显但很难忽略："购买工作计划"对员工来说是正确的激励，但对股东来说却是完全错误的。一旦员工买下了他们的工作，股东就会支持金融灾难。因为对于股东来说，公司每赚到1美元就要付50万名员工总共50万美元的工资。但如果公司没有收入，就不需要支付工资了。

在股东能够影响公司决策的情况下，这种激励机制的后果显然是灾难性的。没有人会愿意在一家工资取决于利润、管理层尽一切可能压低利润的公司里工作。其实，这个问题可以通过一种新的公司结构来规避，该结构可以避免股东插手任何层级的管理决策。即便如此，不道德的股东仍然可以接近并收买核心员工，让他们不必努力工作。

这里有一个教训：你为解决一个问题而想出的办法，可能是另一个问题的来源。的确，股东无法完全观察到员工的表现，但同样，工人也无法完全观察到股东的行为。当信息不对称时，我们需要警惕意外的后果。

"购买工作计划"与一类谜题有异曲同工之处。10个人去一家餐厅用餐，而这家餐厅的付款方式不支持AA制。甜点很贵，所有人都觉得它不值这个价。不幸的是，每个用餐者都认为，如果自己点了甜点，他只需支付1/10的费用，所以每个用餐者都点了甜点。结果就是每个人都有甜点，所以每个人都得为10份甜点付钱。每个用餐者的成本恰恰就是他最初不愿意支付的高价。如何才能避免这种本不应该发生的情况？

解决方案是让每位用餐者都支付全价账单。现在，点一份

10美元的甜点，你要支付的部分不再是1美元，而是10美元，除非你真的愿意出那么多钱，否则就别点。当然，餐厅通过收取10倍以上的账单获得了巨额利润，于是经理会付钱让你来餐厅消费。这样一来，餐厅只是损失了超额利润[1]（如果存在超额利润，竞争对手的餐厅就会向你提供更好的优惠活动）。

完美的解决方案是什么呢？有一个近似完美的解决方案是，当你的一个同伴从洗手间回来时，经理悄悄地把他引到一边，塞给他20美元让他点甜点。

为什么高管工资这么高？为什么股东们每年都会批准一些薪酬最高的公司高管获得4000万美元甚至更高的薪酬补助？更令人不安的是，为什么这么多的薪酬方案都包括"黄金降落伞"[2]条款，看起来似乎是在奖励失败者？

20世纪90年代，当哈佛大学经济学家迈克尔·詹森和凯文·墨菲着手研究这些问题时，他们改变了提问方式，将问题重新表述为"为什么高管薪酬如此之低？"。

詹森和墨菲的研究表明，高管薪酬与公司业绩关系不大。当一名高管设法为公司增收1000美元时，他可能只能获得3.25美元的奖励。他们认为，股东支付平均水平更高但更依赖业绩的工资，可能会更好。

在某种程度上，詹森和墨菲可谓"如愿以偿"。CEO的工资在过去30年里增长了6倍，增加的部分大多是以股票期权或限

---

[1] 超额利润又称"额外利润"，指由商品的个别生产价格低于社会生产价格的差额所构成的利润，即超出平均利润的那部分利润。——译者注

[2] "黄金降落伞"指的是雇用合同中按照公司控制权变动条款，对失去工作的管理人员进行补偿的规定。——译者注

制性股票（要求管理人员长期持有股票）的形式发放的。因此至少在这些方面，工资水平的高低已经变得与业绩联系更加紧密了。但为公司节省1000美元的奖励（或让公司损失1000美元的惩罚）大约只翻了一番，从3.25美元增加到6.50美元。

这就引出了两个问题：为什么工资增长了这么多，奖励与业绩仍然是脱钩的？

首先是工资：有些人将企业高管工资激增视为企业任人唯亲的证据。他们指出，高管薪酬方案通常是由高管在薪酬委员会中的朋友制定的，这些朋友可能更看重他们之间的友谊，而不是他们对股东的责任。这种解释存在一个问题，它无法解释为什么企业任人唯亲的问题在1990年反而比今天更少呢？

另外一些人指出，CEO薪酬增长了6倍与公司规模扩大了6倍相匹配。一个特别优秀的决策者打理的公司规模是之前的6倍，因此他的价值增长了6倍，应该获得6倍的薪酬，这听起来似乎很有道理。

也有人认为，全球化的兴起加剧了公司间的竞争，从而提升了管理技能的价值。事实上，的确有证据表明，当企业面临更多来自进口商品的竞争时，工资水平增长最快。

但高管薪酬和高管业绩之间的脱钩又该如何解释呢？一种可能的解释是，股东们不小心犯了一个错误。如果接受这种解释，就意味着我们已经失去以经济学眼光看待世界的方式。即使在一个人们总是犯严重错误的世界里，经济学家也不会满足于"因为有人犯错，所以才会如此"的说辞。我们应该尝试假设所有人的行为都是出于某种目的，然后试图推测出这些目的是什么。

以下是我听过最好的答案：对股东而言，高管只是另一个员工，和其他员工一样，也需要激励他们履行职责。但在他们身上，有一个需要额外刺激的点，那就是冒险精神。股东通常都喜欢高回报、高风险的项目。这是因为股东通常是分散投资的，如果项目失败，这个项目的股票可能会变得一文不值，但当这只股票只占据股东整个投资组合的一小部分时，这种风险完全可被接受。

相比之下，高管们的大部分职业生涯通常都贡献给了某一家公司，因此当有风险的项目出现在他们面前时，他们会小心翼翼。从股东的角度来看，这是一种不好的行为，应该劝阻。最直接的劝阻方式就是观察执行者的表现，惩罚其过度谨慎的行为。但如果股东们要监督每一项行政决策，他们就不需要聘请高管了，在现实中，股东没有足够的信息来直接执行他们偏好的决策。

这一解释可能对解释奖励与业绩的脱钩大有帮助。当耐克公司的总裁批准开发一款由火箭提供动力的跑步鞋项目，而这个项目失败并损失了数百万美元时，股东们很难分辨以下两种解释：这个想法从一开始就愚蠢透顶？还是这本是一个值得冒险的项目，但它碰巧失败了？前者是根本性的，如果失败原因是前者，他们会想要解雇这位总裁；如果是后者，那他们不想过于严厉地惩罚他——那会向未来的总裁释放出错误的信号。因此，导致项目失败的公司高管拿着丰厚的补偿金退休了。这种做法经常被大众媒体嘲笑为缺乏常识，但经济学家总是会从当下的疯狂举动中寻找启发，比记者简单嘲笑自己不能立即理解的东西产生更多的洞察。

因此，高管为冒险项目担责，在很大程度上解释了为什么会有"黄金降落伞"。这也有助于回答我之前的问题：为什么高管的薪酬这么高？记住，因为股东希望高管承担更多风险。鼓励一个人去冒险的一种方法，就是让他变得富有。在其他条件相同的情况下，与那些担心如何供孩子上大学的人相比，千万富翁对失业的态度要温和得多。如果你想让你的公司总裁接受火箭动力跑步鞋的项目，你就需要鼓励他去冒险，而在这件事上，支付高薪非常有效。

高管薪酬的高水平与对失败高管的"不充分"惩罚一样，都是记者冷嘲热讽的话题。这种轻蔑背后的反智主义总是令我感到震惊。我们与动物的区别就在于我们能够思考事物为什么会这样。在经济学中，"为什么"的答案往往开始于对信息不对称的观察。高管对自己的决策依据了如指掌，但股东只能凭借猜测。于是，股东被迫通过不完善的激励机制来引导高管决策。我们有充分的理由相信，为了鼓励冒险，高薪是最优激励方案的一大组成部分。以上不是对这一问题的完整分析，但它至少表明对该问题进行分析是可能的，并且非常值得。

有这样一个逻辑谜题。有人来到了一座岛屿，这个岛上住着两种人，一种是说真话的人，一种是说假话的人。说真话的人总是说真话，说假话的人说的都是假话。不幸的是，这两种人很难分辨。解决方法通常是从不同岛民的话语中得出一些推论，或者设计一个问题从而帮你获得一些背后隐藏的信息。当你遇到一个岛民时，能让你分辨出他是哪类人的最简单问题是什么？"你是骗子吗？"——这样的问题根本帮不上什么忙，因为说真话的人和说假话的人都会回答"不"。常见的提问方法应该是："2加2等于多少？"

当我问我4岁的女儿应该如何提问时，她的解决方案是说：

"如果你不告诉我真相,我就不会当你的朋友。"我对此的结论是,她的年龄还太小了,不适合做这种逻辑谜题。

当与你打交道的人比你知道更多信息时,有两种方法可以减少你的劣势。一种是设计引导良好行为的机制——给不吸烟的人提供保险折扣,提供免费的灭火器,或者设计能够发挥正确激励作用的薪酬体系;另一种是设计能让信息本身显露出来的机制。与你的直观感受不同,近年来,经济学家发现,生活中有大量可以诱导人们透露他们所知道的一切的机制存在。

在约瑟夫·康拉德的小说《台风》(*Typhoon*)中,许多水手将金币存放在船上保险箱个人的盒子里。船遇到了暴风雨,盒子裂开了,所有人的金币无差别地混在一起。每个水手都知道自己的盒子里有多少金币,但对其他人有多少一无所知。船长的任务是把正确数量的金币返还给每个人。

这个问题看起来很棘手吧?其实有一个非常简单的解决方案:让每个水手在纸条上写下他应该被返还的金币数量,根据收集到的纸条分发金币。但是得提前告诉水手们,如果收集的纸条上的数字加总后与总数不符,那么所有的金币都会被扔进海里。

这个解决方案其实是一套精心设计的复杂理论的高度抽象,它至少表明了"真理是可以接近的"。故事中的船长掌握了一条关键信息——金币的总数。这个故事告诉我们,即使决策者一无所知,他仍然可以设计出一套机制从所有相关人员那里获取真相。

某天晚上,我和我的妻子无法决定看哪部电影。我们中的一个(我记不清是她还是我了)想看《英国病人》(*The English Patient*),而另一个则更倾向看《女生联谊会的美女粘球》（*Sorority Babes in the Slimeball Bowl-o-rama*）。我们一致认为，有更强观看意愿（以金钱来衡量）的人可以选择最终看哪部影片。于是，这个问题从选择哪部影片变成了确定谁的意愿更强。事情变得复杂起来，因为我们都愿意为了达到自己的目的而撒个无伤大雅的小谎。

事实上，我们也是这样做的。我们各自在一张纸上写下了我们愿意为此付出的价格。出价高的人可以选择观看的电影，但必须捐赠一笔慈善捐款，金额即输掉那方的出价。

我的心理价位是8美元。如果我妻子的出价低于8美元，那么我很乐意获胜，并支付给她8美元。如果她出价更高，我也很乐意认输，获得更高的全价补偿。我能够通过出价8美元来确保无论结果如何，我都乐享其成。换句话说，我那纯粹自私的动机反而令我做出了一个诚实的选择。妻子也是如此，意愿更强的人赢得了影片的选择权。

这个方法非常奏效，我们决定更频繁地使用它。不过，我们不打算将这笔钱捐给慈善机构，而是交给我们认识的另一对经济学家夫妇。他们也同样会把钱交给我们。平均下来，随着时间的推移，我们预计双方支付的金钱将会趋向于一样多，因此在这种机制设计下，没有人会遭受经济损失。

经济学家就是这样一群人。他们也会困惑：为什么其他人没有采用这种方式选择观看哪部影片呢？这个问题值得深思。

四 无差别原则：谁在乎空气是否干净

你愿意住在旧金山，还是内布拉斯加州的林肯市？旧金山拥有魅力四射的购物天堂、世界一流的博物馆、舒适宜居的气候，还有金门公园；林肯则有很多富丽堂皇的老房子，这些老房子的价格相当于旧金山的一套一居室公寓。你会选择吃到世界上最美味的海鲜，还是选择拥有足够的空间？

每隔几年，《居住评级年鉴》（*Places Rated Almanac*）就会发布一份关于美国最宜居城市的报告。旧金山因其国际化魅力而备受赞誉，林肯市则因其房地产市场的吸引力而获得称赞。研究者主要按照大家普遍看重的条件进行排名，权衡教育、气候、高速公路、公交系统、安全和娱乐的重要性。其中隐含的假设是，研究人员已经确定了大多数人关心的因素，并且我们几乎都同意这些因素的相对重要性。

如果这个假设正确，且你的品位又不算独树一帜，那么你大可以省下买这本年鉴的钱。因为如果把所有因素都纳入考量,各个城市一定都具有同等的吸引力。如果不是这样,大家就都住到最宜居的城市了。

如果旧金山比林肯好,林肯人就会搬到旧金山。他们的出走会抬高旧金山的房价,压低林肯的房价,从而扩大林肯的相对优势。不久之后,要么这两座城市变得同样宜居,要么林肯空无一人。

事实上,有很多人情愿住在旧金山,也有很多人宁愿住在林肯。这是因为,不同的人有不同的关注点,这与《居住评级年鉴》隐含的假设相反。如果你酷爱爬山,那么你在旧金山可能会更快乐。不过,如果有很多人和你一样热爱爬山,那你就没有必要以这个缘由来选择居住城市了,因为许多与你有共同爱好的人会涌向旧金山,把租金推高到一定程度,从而抵消这个城市的地形优势。

这就是所谓的无差别原则:除非你在某个方面与众不同,不然没有什么比次优选择更能让你快乐的了。你可能更喜欢切达干酪而不是波罗夫洛干酪,但如果你所有的邻居都和你一样,那么切达干酪的价格一定会上涨,以至于你情愿买波罗夫洛干酪。幸运的是,我们中的大多数人在很多方面都是与众不同的,这让我们总能在某些方面受益。无差别原则告诉我们:生活中最大的收获来自我们最不寻常的地方。

在晴朗的夏日,你愿意逛购物商场,还是愿意去户外复古集市?如果你和你的多数邻居有相似的偏好,那么这两种选择具有同样的吸引力。如果集市比购物商场更有趣,人们就会涌向集市,使得人群拥挤,直到集市不再比购物商场更有趣。

在落雨的夏日，你愿意逛购物商场，还是愿意去复古集市？答案是一样的。如果你和你的多数邻居有同样的偏好，那么这两种选择具有同样的吸引力。由此可以得出一个令人吃惊的结论：如果购物商场在雨天和晴天一样好，那么复古集市在雨天和晴天也一样好！被淋湿的坏处肯定正好被不用人挤人的好处所抵消。

再强调一次，这不适用于有特殊偏好的人。如果你是所有邻居中唯一一个喜欢被淋湿的人，下雨天你还是会去户外复古集市。另一方面，如果每个人都喜欢淋雨，那么下雨并不能使集市更有意思——相反，这会把集市搞得拥挤不堪，最终抵消其本身的乐趣。为了让一种活动比另一种活动对你产生更大的吸引力，你必须在某个地方与众不同。

独具一格的品位是一种优点，别具一格的天赋亦是如此。蒂姆·林塞克姆能够赚到很多钱，不是因为他是一名优秀投手，而是因为他比其他任何投手都优秀。相对而言，人人都有的能力很少能换得丰厚的回报。在伍迪·艾伦的电影《无线电时代》（*Radio Days*）中，有一个角色没有什么特别的手艺，但他想成为黄金雕刻师，因为他计划囤积雕刻产生的黄金屑来发一笔大财。但是他忽略了囤积黄金屑的机会成本：如果真的这么简单，这个行业一定会吸引像他这样没有手艺的人进入，导致工资或者工作条件被压低，直到黄金雕刻与其他选择相比不再更具优势。

汽车旅馆和加油站哪个更有利可图？在大多数情况下，它们的利润必须大致相当。否则，汽车旅馆就会被改造成加油站

（反之亦然），直到这两个行业的利润持平为止。[1] 这一论点假设（可能是正确的），大多数人既能经营加油站也能经营汽车旅馆，但这一论点可能并不适用于保罗·格林与威廉·贝克，这两位企业家创立了连锁汽车旅馆"莫泰6"；它也不适用于某些有着不同寻常诀窍的汽车旅馆老板，比如在让旅客开心或降低洗衣成本方面——前提是这种诀窍在某种程度上不能转移到加油站业务中；如果某个城市审批汽车旅馆执照格外严格，也不适用以上论点。但在以上所有特殊情况中，超额利润都会涌向那位拥有独特技能或者独特资源的经营者：与众不同的视野，非凡的才能，或者稀缺的汽车旅馆执照。

哪种选择更好：参加总统竞选还是不参加？总有候选人持观望态度。如果每个候选人都有强烈的参选意愿，那么所有人都会跃跃欲试地加入竞选，从而拉低获胜的概率，直到最新的竞选者对竞选兴趣缺缺（部分大牌政客在决定是否竞选之前花很长时间试水，部分原因就在于此）。

性丑闻已经成为现代政治竞选活动中的家常便饭。即使是尚未当众出丑的候选人，也总因担心自己私生活的细节被曝光而辗转反侧。评论家们认为，这一事态发展显然对候选人造成了损害。他们忽视了一个事实，那就是必须有什么因素让潜在的候选人对竞选兴趣缺缺。如果没有性丑闻，就会有更多的候选人参选，这对所有已经参选的候选人是不利的。[2]

---

[1] 如果加油站比汽车旅馆更有利可图，那么汽车旅馆就会变为加油站。随着加油站数量的增加和汽车旅馆房间数量的减少，汽油价格下降，汽车旅馆房间价格上升，导致加油站利润下降，汽车旅馆利润上升。这个过程一直持续，直到两个行业的利润相当。

[2] 这一论点不适用于在某些相关方面与众不同的候选人，例如需要隐藏的东西多得异乎寻常或少得异乎寻常的人。

如果获得理发师执照需要支付数千美元参加强制培训，谁会为此买单？绝不是理发师，而是那些在理发师职业和次好的职业选项间徘徊的那些人。培训费将有些想成为理发师的人挡在门外，并维持在某个水平以使人保持对该职业的兴趣缺缺。而负担最终都会落到顾客头上。

一个名为"尊重、提升和提拔洗碗工兄弟会"的组织鼓励餐馆顾客打破传统，给勤杂工小费。如果该组织成功地改变了公众的态度，谁会从中受益？肯定不是勤杂工。勤杂工的工作和看门人差不多，但看门人的收入没有因为这个组织而改变。所以当勤杂工可以收取小费时，看门人就会转行成为勤杂工。这会导致勤杂工薪资缩水。看门人不断转行，直到勤杂工从餐馆餐桌上得到的"额外利润"彻底消失。

那么谁是受益者呢？如果勤杂工的工资下降，你可以猜到，最大赢家其实是餐馆的老板。但这也不对，因为餐馆老板的工作和鞋店老板差不多，而鞋店老板的收入并没有因此增加。所以当勤杂工的工资下降、餐馆的利润增加时，鞋店就开始向餐馆转变。接着，餐馆菜单价格下降、利润缩水。鞋店老板不断转行，直到每位餐馆老板从勤杂工的工资里省下的钱完全被收银机吐出去。

如果每个用餐者给勤杂工留下5美元的小费，那么勤杂工每次的工资必然下降5美元；接着，顾客每餐饭的价格就会下调5美元。如果价格下调幅度更小，餐馆老板就能在这场博弈中胜利；但是只要有鞋店老板想转行经营餐馆，这就是不可能的。那么谁是受益者呢？没有人。顾客的小费会以菜单价格下降的形式返还给他们，没有人的财富真正发生变化。顾客可能真的想对勤杂工慷慨一些，但是无差别原则破坏了他们的美意。

只有拥有固定资源的人,才能避开无差别原则。演员需求的增加并不能使演员受益,因为这会吸引新入行者。但是,对本·斯蒂勒的需求增加会使本·斯蒂勒受益,因为本·斯蒂勒是一个固定资源——只有一个他。随着本的每部电影的收入达到数百万美元,那些渴望成功的演员努力模仿他的特点,但他们即使全力以赴也无法模仿得惟妙惟肖。当科学家有能力将一个人转变为另一个人的复制品时,才会有足够多的本·斯蒂勒的克隆人,让本·斯蒂勒本身变得无足轻重。

无差别原则保证所有的经济效益都属于固定资源的所有者。如果一个勤杂工的性格特别讨人喜欢,他能得到比一般水平更高的小费,那他就能从消费习惯的改变中获益——他的个性是一种固定资源。如果许多潜在的勤杂工都具有类似的个性,那这种个性就不会产生任何经济回报了。

在美利坚合众国,我们有一项《清洁空气法案》(Clean Air Act),对烟囱和排气管的排放进行管制。2011年3月,负责监管这项法规的美国环保署(EPA)发布了一份报告,评估了这项法规未来的成本和效益。根据美国环保署的数据,到2020年,《清洁空气法案》将使美国企业(即企业主、供应商、雇员和客户)每年损失约650亿美元——大致相当于每个美国家庭损失450美元。如果这一估计成立,那么这就是普通家庭因利润下降、工资下降和物价上涨而遭受的损失。另一方面,美国环保署估计,到2020年,《清洁空气法案》每年带来的效益将飙升至2万亿美元(主要是以改善健康的形式实现),650亿美元的损失与此相比相形见绌。一个不带批判性思维的观察者可能会认为,这些好处会被每一个呼吸的人分享。但是,呼吸的能力并不是一种固定资源，而人人都具备的技能通常不会获得很大的回报。

那么如果呼吸的人不能从清洁的空气中获得好处，谁会受益呢？理论告诉我们，要寻找固定资源的拥有者，所以获益最显著的是城市土地所有者：雾霾消散后，他们可以收取更高的租金。

《清洁空气法案》是一项极其复杂的立法，它在一个极其复杂的经济体中实施，要详细追踪它的每一个影响将是一项极其复杂的任务。但正如伊索发现的那样，现实的细节可以掩盖最重要的真相，而这些真相最好通过简单的小故事来揭示。伊索称之为寓言，经济学家则称之为模型。我来分享一个：

寓言故事1：双城记

在铁锈地带中心的某个地方有两个小城市：克利斯敦和格里米维尔。在这两个城市中，日常生活中的所有活动——购物、工作、逛公园——都同样令人愉快，只有一个例外，那就是呼吸。格里米维尔钢铁公司是罪魁祸首，没有哪个格里米维尔人醒来时，肺部就充满了清新的空气；而克利斯敦人则认为清早起来肺部充满清新的空气是理所当然的。格里米维尔的居民不仅觉得呼吸相对不顺畅，而且他们呼吸的频率也相对更低。格里米维尔人的预期寿命比克利斯敦人的预期寿命少10年。

为什么会有人住在格里米维尔？原因之一是它更便宜。在克利斯敦每年租金为1万美元的房子，在格里米维尔只需5000美元就能租到。5000美元的差价足够让人们留在格里米维尔。如果差价没有达到这个效果，人们就会离开格里米维尔，导致租金进一步下降。在这两个城镇之间，年轻人决定在哪里定居是无差别的。他们喜欢克利斯敦的空气，但他们也喜欢格里米维尔的房价。

上周，格里米维尔市议会通过了一项《清洁空气法案》，该法要求格里米维尔钢铁公司采取广泛的反污染措施，格里米维尔的空气很快就会像克利斯敦的空气一样纯净了。到那时，格里米维尔的房租将上涨到和克利斯敦一样的水平。

最终，格里米维尔的租客将住在一个克隆版的克利斯敦。这对他们来说是一种进步吗？显然不是，因为如果他们更愿意住在克利斯敦，那他们一开始就会住在那里。

那些决定在哪里定居的年轻人从《清洁空气法案》中得不到任何好处。早些时候他们在克利斯敦和格里米维尔之间做出了选择，现在他们要在两个克利斯敦之间做出选择，他们的情况并不比以前更糟，但也没有更好。

唯一能从整个事件中获益的人是格里米维尔的业主，他们现在可以要求比以前更高的租金。《清洁空气法案》相当于对格里米维尔钢铁公司征税，并将其效益全部分配给格里米维尔的业主。

结论显而易见，但公平地说，讨论过于简单了。当我们说人们认为克利斯敦和格里米维尔无差别时，我们隐含的假设是每个人都是一样的情况。实际上，世界要复杂得多。有些人可能有特殊的原因想住在格里米维尔，也有一些人认为支付更高的租金以换取更清洁的空气是一笔划算的交易。当《清洁空气法案》通过时，这些人都是赢家。另一方面，其他人认为住在原先的格里米维尔很划算，因为他比自己的邻居受到的污染更少。当格里米维尔变成克利斯敦的复制品时，这些人就是净输家。独树一帜的偏好也是一种固定资源，它可以使其所有者获得经济效益，也可能让他们蒙受损失。

因此，如果非业主之间存在重大差异，那么《清洁空气法案》会对他们中的一些人产生积极影响，也会对另一些人产生消极影响，但对于哪些影响占主导地位，我们却没有明确的假设。另一方面，如果《格里米维尔报》在社论中所说的"清洁空气是我们所有人都能平等欣赏的东西"是正确的，那么只有当地的业主才能从中获益。如果清洁空气对每个人来说价值5000美元/年，那么《清洁空气法案》的立法将每年的租金提高了5000美元，除了业主，这对任何人而言都没有净差异。

格里米维尔的《清洁空气法案》预计每年耗资1000万美元。这是一种无形的税收，而其效益几乎全部分配给格里米维尔的土地所有者。这当然是一种奇怪的税，因为可用于分配的效益不需要以任何直接的方式与征收的税金相关联，土地租金的增长可能超过也可能会低于1000万美元。

让那些碰巧在污染地区拥有房产的人致富，似乎是一个奇怪的公共政策目标，但鉴于几乎所有人都热衷于为清洁空气立法，我将其视为理所当然。那么，如果格里米维尔的土地租金上涨超过1000万美元，该立法委员会的表现就令人钦佩；但是如果租金只上涨800万美元，委员会就错过了一个做得更好的机会。与其通过《清洁空气法案》，他们还不如每年从格里米维尔钢铁公司没收900万美元，然后交给业主，这项政策对钢铁公司来说更便宜，对业主更有利，对其他人来说也无所谓——反正《清洁空气法案》对他们来说既没有好处也没有坏处。它还具有直截了当和诚实的"优点"：没有人能够声称这种为特殊利益而立法的做法是为广大公众或崇高事业服务的——这将是一股真正的"清流"。

格里米维尔的业主获得了《清洁空气法案》的所有好处，因为他们的土地是唯一的固定资源。土地的固定性使其所有者对经济环境的变化异常敏感，并使土地所有者有异常强烈的动机去游说对其有利的变化。

在世界各地，农民都设法从政府的慷慨援助中获得了不成比例的好处。在美国，农民通常会得到报酬，鼓励他们闲置土地进行休耕；但没有人会付钱给汽车旅馆经营者，让他们空置房间。这是一个谜：为什么不一视同仁？有人说，农民成功地利用了家庭农场的浪漫。但是，家庭农场就比夫妻杂货店浪漫吗？为什么我们要补贴正在消失的小农生活方式，而让街角的杂货店消失在怀旧的迷雾中？

无差别原则给出了答案：汽车旅馆老板和杂货店店主不会像农民那样费心进行游说，因为他们清楚地知道，他们能从政府补贴中获得的好处很少。如果付钱给汽车旅馆来保持房间空置，房价一开始可能会上涨，但新的汽车旅馆很快就会相应地出现。不久，汽车旅馆行业的利润将不再比以往更高。汽车旅馆不是一种固定的资源，所以它不会比加油站盈利更多。但是，耕地的数量是固定的，所以农民至少部分地不受无差别原则的约束，他们不能通过建立新的农场来获得更多的农业补贴。因此，农民可以从经济状况的变化中获益，朝着他们喜欢的变化而努力游说是值得的。

我的目标需要用三个步骤进行论证，我已经完成了其中两个步骤。首先是无差别原则：当一项活动比另一项活动更吸引人时，人们就会选择更有吸引力的那一项，直到它不再更有吸引力（或者直到所有人都转向它，如果这种情况先发生的话）。其次是由此产生的推论：只有固定资源才能产生经济效益，在没有固定资源的情况下，无差别原则保证所有的效益都会被竞争消耗殆尽。

最后一个步骤，是我下一个寓言中的推论和寓意：当一种固定资源不为任何人所有时，其经济利益就会被弃置。如果没有人拥有利益的唯一来源，那么就不可能产生利益。

寓言2：斯普林菲尔德水族馆

斯普林菲尔德市拥有一座广阔的城市公园，市民们周末可以在这里野餐、徒步旅行和打垒球。虽然这个公园很受欢迎——在美好的周六下午，几乎所有的市民都可能聚集在那里——但它很大，从不拥挤。

然而，斯普林菲尔德没有太多的活动可供消遣，虽然人们喜欢这个公园，但他们一直说需要一些多样化的东西。几年前，市议会响应民众的要求，授权建造一个市政水族馆，该馆由纳税人出资，免费向公众开放。

现在，斯普林菲尔德水族馆已经开业几个月了。这是一个一流的水族馆，展品美观大方、趣味十足，且内容丰富。这个水族馆唯一的缺点是自开业以来一直很拥挤。

斯普林菲尔德没有太多的多样性，所以每个人在生活中都有相同的偏好和相同的机会。因此，如果我们想了解水族馆如何影响斯普林菲尔德，我们可以关注它如何影响一个典型的斯普林菲尔德家庭。

辛普森一家是典型的斯普林菲尔德家庭。在最近的一个星期六，霍默·辛普森建议，和往常的周末野餐相比，去水族馆也是一个很好的选择。然而,他的儿子巴特很快提醒霍默,参观水族馆意味着漫长而不愉快的等待。经过一番协商,这家人同意开车经过水族馆,看看队伍有多长。如果排队时间少于45分钟,他们就留在水族馆;如果超过45分钟,他们就继续去公园。

辛普森一家没有学过经济理论,他们没有考虑到无差别原则。在斯普林菲尔德,像辛普森一家这样的家庭愿意在水族馆排队等上45分钟。只要等待的时间稍微缩短,就会有新的家庭加入队伍。当入口处出现了意想不到的瓶颈导致排队的队伍变得稍微长一点,队尾的人就会放弃排队,转向公园。水族馆的队伍总是要排45分钟,这是辛普森一家没有预料到的意外情况。他们无法决定是否留下,最后只好抛硬币来决定。

在特殊情况下,水族馆的排队时间不会正好是45分钟。例如,两个星期前的周六下雨了,雨天去公园看起来不太好,因此辛普森一家愿意等上90分钟进入水族馆。但当他们到达那里时,队伍正好要排90分钟,于是他们又抛了一枚硬币。

所以,斯普林菲尔德水族馆对斯普林菲尔德的生活质量毫无贡献。当辛普森一家为参观水族馆而等45分钟时,他们的整个出游体验既并不比去公园更愉快,也没有比去公园更不愉快。而公园是一个早在水族馆诞生之前就有的选择。在已经拥有的东西和一个同样有吸引力的东西之间做出选择,并不比在没有替代品的情况下的已有的东西更好。

辛普森一家无法从水族馆受益,因为他们没有相关的固定资源。唯一相关的固定资源是水族馆本身,而水族馆"属于"整个城镇,也就是说,它不属于任何人。因此,没有人是它的真正受益者。

斯普林菲尔德的市民花了1000万美元来建造水族馆，所以这1000万美元中的每一分钱都是纯粹的社会浪费。如果该市花1000万美元购买金条并将其扔进大海，居民的境况也不会比现在更糟。

斯普林菲尔德市长很可能会对邻近的格里米维尔的市长表示同情，他们最近的经历有很多共同之处。格里米维尔的《清洁空气法案》将成本强加给了当地企业，而斯普林菲尔德水族馆则让当地纳税人承担了成本。在这两个故事中，补偿效益都未能达到预期。格里米维尔的立法本应惠及全民，而不是只让业主受益；斯普林菲尔德的水族馆本应惠及所有有需求的人，而不是让任何人都无法受益。

从这个意义上说，斯普林菲尔德的错误比格里米维尔严重得多。在格里米维尔，至少还有业主是高兴的。

这为改善斯普林菲尔德的情况提供了一个方法：就像格里米维尔的业主有权收取土地租金一样，斯普林菲尔德的人也应被允许收取水族馆的入场费。

假设，斯普林菲尔德市决定将水族馆送给市长的表亲，以感谢其某项良好的公民行为，这位表亲随后立即设定了每个家庭10美元的入场费。

入场费对辛普森一家有什么影响？显然，最初这使得水族馆的吸引力下降。于是在一般情况下，辛普森一家进入水族馆的等待时间从45分钟降到了10分钟，他们的邻居也是如此。现在，参观水族馆的花费高了，但是时间成本降低了。最终，水族馆会达到和公园具有同等吸引力的平衡。辛普森一家一如既往地重视水族馆——在某种层面上,也可以说是一如既往地不重视。

考虑到等待时间缩短,辛普森一家的入场费实际没有损失,他们的邻居也不会为此付出代价,入场费唯一的好处是让市长的表亲变得富有。如果要在将水族馆作为免费但毫无价值的市政运营和允许市长表亲为自己的利益而运营之间做出选择,那么拒绝由市长的表亲运营将是不恰当的。

当然,市长的表亲并没有什么特别之处,任何收取入场费的业主都可以在不损害别人利益的情况下受益。也许市议会更愿意自己收取入场费,将经济效益用于改善城市服务或降低税收,这将给斯普林菲尔德的每个人带来好处,而不需要付出任何代价。这是经济政策中最受追捧却又常常难以实现的目标:真正的免费午餐。

或者,市政府可以将水族馆拍卖给出价最高的竞标者,如此,"午餐"依然是免费的。拍卖所得可以用来做好事,而新所有者的利益最大化行为,除了对他自己,对任何人都没有影响。

固定资源——特定位置的土地、独一无二的水族馆、独树一帜的技能或偏好——会给拥有它们的人带来经济效益。如果没有所有者,就没有效益。无差别原则确保所有效益要么转移给固定资源所有者,要么被快速地丢弃。经济学家认为,有人从资源中获利总比没有人获利要好,因此他们倾向认为财产制度是一件好事。

经济学家喜欢寓言,寓言不一定真实,甚至不一定现实,但却有深刻的寓意。从来没有一只乌龟真正和兔子比赛过,但

"稳扎稳打才能赢得比赛"仍然是一个深刻的教训。格里米维尔和斯普林菲尔德是虚构的,故事中剔除了现实世界分析的复杂性。但是,当错综复杂的事物被剥离时,简单而重要的真相就会显露出来。在任何特定应用中,无差别原则可能需要大量的限定条件——就像在特定情况下,快速但不稳定可能会战胜缓慢但稳定。不过,它提供了一个起点:我们的起点是期望人们对各种活动的态度是一致的。当我们的起点正确的时候,我们就能够得出卓有成效的结果;当我们错了的时候,我们可以发出疑问:"这种情况与格里米维尔或斯普林菲尔德的生活有什么本质上的不同?"寻找答案的过程很有启发性。一个有启发性的寓言有深刻的寓意,而一个深刻的寓意无论是否忠实于细节,都是有教育意义的。

五　模拟人生的电脑游戏：洞察其中的真谛

现在有这样一种观点颇为流行：如果你想让学生学习什么，最好将内容设置在某种电子游戏中。学生们可以在虚拟市场中作为企业首席执行官或铁路大亨或好莱坞大亨模拟竞争，通过出售股票或债券，为自己的公司募集资金、创造价值、服务客户。

这些游戏的设定和现实情况有出入，它们往往缺少现实中的很多细节，但这并不是问题，更多的时候反而是好事。抛开现实中不那么重要的方面，才能专注于更重要的事情。当我想让我的学生了解汽车的销售价格是如何影响钢铁价格时，我并不在乎他们是否知道印第安纳州加里市的钢铁厂距离底特律的汽车厂是不是252英里。

游戏的根本问题是它的计分系统。该系统通常只关注利润，排除其他一切不予考虑。将概念抽象提取是没错的，但它与我们知道的人类所追求的一切背道而驰。

如果让我来设计一款虚拟人生的电脑游戏，我想使用现实中经济学家衡量成功的方式来衡量游戏的成功：不是通过资产持有量或生产率，而是通过你在游戏过程中获得的乐趣。

游戏中会发优惠券奖励那些产生盈利的交易，玩家可以用这些优惠券换取现实中有实际价值的消费品——电影票或比萨。你可以在得到优惠券的时候就使用它，可以把它们存起来以后再用，也可以从其他学生那里租借优惠券。在未来的某一天，你会收到一条短信，通知你的游戏角色已经死亡，角色积累的储蓄和资产将被转移到指定继承人手中，你自己则将被限制，无法进行任何消费。

就是这样简单。你不会因为玩这个游戏而得到分数；没有人会监视你的一举一动，也没有人会告诉你做得好还是不好。你控制的角色在游戏中活着，然后死去。如果你玩得好，就会得到奖励。如果你认为玩游戏不值得绞尽脑汁、大费周章，那也没关系。[1]

学生们可以从这个游戏中学到很多东西。他们将了解到，你在生活中的成功不是通过与他人比较得来的，而是要通过你对自己的满意度来衡量。他们会明白，在人生的游戏中可以有很多赢家，某一位玩家的胜利不一定会减少其他人的胜利。他们会学到，努力工作就会有回报，但你也需要将时间分配给其他活动，而且不同的人会对奋斗目标做出不同的判断。最重要的是，他们将认识到，消费和享乐才是生活的真谛，而不是攒钱和拼命工作。

---

[1]《第二人生》(Second Life)是一款没有预设目标的在线游戏，拥有2000多万玩家。玩家在游戏中可以创建企业、雇用劳动力、在市场上买卖商品，并且永远不会被告知是赢了还是输了。

我在读大学时认识一位朋友，他的父母总是担心他的生活缺乏方向感。有一次，他的父亲同他来了一次推心置腹、开诚布公的交谈："米奇，你有没有想过10年后你想成为什么样的人？"米奇经过漫长的思考，故意回答道："我想成为一名消费者。我想去消费，体验各种不同的东西，越多越好。"我想，米奇一定会是我设计的这款游戏的热情玩家。

我还想创造另一种版本的游戏，让学生为彼此生产消费品。一个班级的学生烤布朗尼蛋糕，另一个班级的学生负责洗衣服。学期过半，我会降低交易难度（贸易壁垒），允许一个班级的学生与另一个班级的学生交换服务。

这个游戏的"国际"版本将传达两条有价值的教训：第一，贸易扩大了机会；第二，也是更重要的一点是，贸易是有益的，不是因为你可以出口商品和服务，而是因为你可以进口。出口业务是国际贸易最重要的一面。你并不喜欢为其他班级洗衣服，但你喜欢通过这种方式品尝到他们做的布朗尼蛋糕。

不论哪个党派的政客，似乎都忽略了这一点。当布什政府放松对日本皮卡的进口限制时，前总统比尔·克林顿抱怨说，美国不会从中获得任何好处。布什总统回应说，他的这一举措将帮助美国商品在日本打开市场。但显然两人都没有注意到，美国人在购买日本皮卡时得到的是什么——是日本皮卡！销售是一种避免不了的痛苦，而购买让一切变得更值得。

不要以为我是一个表面固执但内心懂得变通的经济学家，私底下认同生活比经济学更能说明问题。相反，我设计的模拟人生游戏是对经济学家所拥护的价值观的有力肯定。所有主流经济模型都假定，人们会努力进行更多的消费，减少工作；所有主流经济模型都认为，只有当一项经济政策帮助人们实现至少上述至少一个目标时，它才能算是成功的。从经济学的标准来看，一项只会鼓励人们更加努力地工作并富有地死去的政策，无疑是失败且糟糕的。

我们生活在一个很多人自诩是"政策专家"的时代，他们对政策的评判标准常常只有生产力、产出或成效。这些所谓"专家"的分析使用了经济学的行话，却忽略了这些术语在实际应用时的内涵。经济学家认为，"专家"对生产力的痴迷是一种既奇怪又不健康的执念，他们想让美国人去世时家财万贯——而经济学家希望美国人去世时安定快乐。

当实业家出身的政客罗斯·佩罗呼吁美国人生产电脑芯片而不是薯片时，他其实是被某种极端的"政策专家"主义影响了。即使我们承认电脑芯片比薯片的盈利空间更大（问问菲多利的创始人吧！这是一种错误观点），该想法还是忽略了一个事实，即生产薯片可能需要更少的劳动力，但有着更广阔的市场。[1]如果我们的目标是在不考虑成本的情况下实现利润最大化，那么大多数美国人应该被关进集中营进行强制劳动。在大多数人看来，集中营是个糟糕的坏主意，这一事实应该会让那些仅凭生产率指标迅速判断政策的人停下来。

2011年，经过5年的激烈辩论，美国国会批准了与哥伦比亚、巴拿马和韩国的自由贸易协定。在这5年中，反对者警告说，这些协议将减少美国的人均工资和就业率。占多数的支持者则不断提出反驳，从而守住了自己的阵营。一个更好的回应应该指出，这些协议有可能降低消费品的价格，并扩大可供选择的商品种类。如果自由贸易协定能够让美国人工作更少同时

---

[1] 学习生产和制造计算机芯片技术的过程，也应算作生产工作的一部分。

消费更多，那么美国就是赢家。

作为一种教学工具，我设计的模拟人生游戏还有一个很好的特点——没有开发成本。我们要做的就是向我们的学生指出：他们（和你一样）已经是玩家中的一员了。我希望你玩得顺利。

第二部分
善与恶

六　明辨是非：民主的误区

与我共进晚餐的那位女士非常坚定地认为，富人缴纳的税款低于他们应缴的合理税额。我不太明白她所说的"合理"是什么意思，所以我问了一个更明确的问题：假设杰克和吉尔从社区的水井中抽取等量的水。为维持这口井的运转，他们都要缴税。杰克的收入是1万美元，他要交10%的税，即1000美元；而吉尔的收入是10万美元，她要交5%的税，即5000美元。那么，哪个方面体现了税收政策的不合理呢？

我的同伴直截了当地回答说，她之前从来没有这样想过，她也不确定答案是什么。对此我表示理解，因为我之前也曾多次考虑过这个问题，但仍然无法确定自己的答案。这就是我不愿判断税收政策是否合理的原因。如果在一个只有两人和一口井的世界里，我都不知道什么是合理的，那我又如何知道在一个拥有3亿多人口和数以万计的政府机构服务的国家里，什么是合理的呢？

我的同伴从来没有想过抽象的"合理"是由什么组成的，就准备对具体的例子做出判断，她相信，如果自己不能给"合理"下个定义，至少在见到它的时候能分辨出它。可是如果她真的能分辨其中的合理性，她就肯定能够对上述杰克和吉尔的例子做出判断。

她缺少的是一套道德哲学。道德哲学的种类有很多，我认为评估其优劣的最有力工具就是经济学推理。任何道德哲学的最初试验场都是经济模型的人造世界——在这个世界里，一切细节都有着明确的规定，而这种完美假设在现实中不可能存在。

所以，如果我可以向每一位总统候选人提出一个问题，我的问题很可能是这样的：

你认为以下两个世界哪一个更好：一个每人每年赚4万美元的世界？还是3/4的人每年赚10万美元，而其他人每年赚2.5万美元的世界？

我不确定自己会如何回答这个问题，我也不会因为候选人选择任何答案而否定他们的候选人资格，但我很想知道，这种问题是否能让候选人感兴趣。

那些真正能采访到候选人的记者，似乎更倾向问有关医疗保健系统或产业政策的问题，他们探究候选人对细节的掌握而不是更普遍意义上的哲学见解，他们探究的是会让赫伯特·胡佛感到振奋、让托马斯·杰斐逊眼睛发亮的知识领域。总统候选人知道记者会抛出什么问题，并早已准备好了答案，他描述着自己的医疗保健计划并吹嘘其中的好处。但如果我有机会提

出后续问题,我会问:

为什么你相信你的医疗保健计划是一件好事?

候选人也许会认为,我一定是在他背诵议案优点的时候打瞌睡了,所以他又会耐心地重复一遍他的要点——换句话说,他完全忽略了我的问题本身。

政策分析的一条首要原则是,永远不能通过列举某项政策的好处来证明它是可取的(同样,你也不能通过列举政策要付出的代价来证明它是不可取的)。毫无疑问,任何人都能列举出某项政策的一些可取之处。如果你想为一项政策辩护,你的任务不是证明它有某些好处,而是要证明它的好处多于坏处。

如果你要论证一项政策的好处比坏处更多,你必须至少在一个基本的哲学问题上表明立场,说得更直截了当一些,这个问题就是:什么是"更多"?

假设可以证明:候选人的医疗保健计划将为美国最贫困的家庭提供价值10亿美元的额外医疗保健服务,同时,中产阶级和富裕阶级纳税人的纳税总额将增加15亿美元,那这项政策的好处比坏处更多吗?这完全取决于你所谓的"更多"是什么意思,衡量成本与效益的标准又是什么?

在现实世界中,有意义的政策议案往往要经过大量的、多方位的利弊权衡过程,其中涉及无数人的得失。任何对权衡这些得失有实质性看法的人,肯定也都会对上述这个虚构的简单建议有实质性的看法,这个提议除了让穷人增加10亿美元,让富人减少15亿美元之外,没有其他好处。能对根本性问题进行理性思考的人,一定会对想象世界中的理想收入分配有一些想法。

政策制定者需要有一定的抽象思维能力，才能让他们的头脑从纷繁复杂的现实世界中短暂抽离出来。人们很容易顺手就列出一份份长长的好处和坏处清单，然而这往往会让我们忘记，我们迟早得决定到底要承受多少代价（即坏处）才能实现我们想要的好处。我们可以委托专家来估算（某项政策的）成本和效益，但如果成本是用苹果而效益是用橘子来衡量时，单纯的算术并不能保证绝对公正。即使我们已经考虑了所有的事实，我们仍然需要一套道德哲学来指导决策。如果我们不能解释清楚一个简单的、抽象的、虚拟的收入分配问题，那怎么可能有足够完善的原则来指导我们挑出更好的医疗保健服务议案呢？

政客们不只是在谈论医疗话题时长篇大论、夸夸其谈，其他话题也是一样，而且他们普遍没有道德哲学的思考根基。在美国前总统乔治·布什执政期间，他有时会大声呼吁降低利率以减轻年轻购房者的负担。人人都知道低利率能减轻购房者的负担，但同时每个人也都知道，低利率会损害人们的退休储蓄金。呼吁人们关注成本效益分类账中的一方而忽视另一方，显然是不诚实的。如果一位政治家想要合法地主张降低利率，他需要解释的不是为什么帮助借款人是有好处的，而是要解释为什么在帮助借款人的同时伤害出借人的做法是有好处的。换句话说，他需要论证一种收入分配方案比另一种更好的理由有哪些。如果他不知道"更好"的收入分配方案大概由何构成，那么他就无权对利率应该如何变动发表意见。

与我的晚餐同伴以及多位美国前总统不同，虽然我仍旧不太明白什么是公平，但我相信经济学能够解释这些问题。

确保公平的其中一种方法是极端民主，因为掌权的永远是大多数人。但是我怀疑，在人类历史上，有没有人赞同过极端的少数服从多数原则。我不认识也不指望认识、更不想认识任何人——他们认为当51%的民众投票决定挖出其他49%的人的眼睛供他们消遣时，多数派应该占主导地位。通常，多数主义者会使用一些个人权利的概念来调和他们的观点，这些个人权利要么是不可剥夺的，要么只有在特殊情况下才能转让。这大体上和美国宪法的机制一样，它将少数服从多数的一种变体制度化，同时列举出某些人们不应该被剥夺的权利。

少数服从多数有一个问题是，它无法为多种选项的情况提供指导，因为这些选项有可能没有一个可以获得多数票。如果一项国家经济政策获得了4%的支持票，而与它相对的32项政策各获得3%的支持票，那么几乎没有人会选择执行这项政策。

任何投票程序都必须考虑到当有多项选择时该如何处理。如果有几项政策或几名候选人需要考虑，我们是否应该先进行一场预选，然后在两个或三个得票最多的选择之间进行决选？我们是否应该举行一场循环赛，让候选人之间两两竞争，胜出者继续两两竞争，以此类推，直到只剩下一名候选人？我们是否应该让人们不仅为他们的第一选择投票，还要为他们的前两个、三个或十个选择投票，看看是否会有更明显多数的赢家出现？

在上述这些备选方案中随机选择一种，结果通常也不会令人满意。用说不清楚的标准去随意选择，结果不会好到哪里去。一个更系统的做法是列出方案在投票过程中不受欢迎的特征，然后据此减少可供选择的方案。

首先，如果每个人都更喜欢廷克而不是钱斯，那么有廷克作为候选人的选举，钱斯就不应该获胜，这是没有异议的。任何选举程序，只要能让钱斯通过一些规则中的漏洞击败廷克，都是不应该被接受的。这就排除了一些比如"谁获得的最后一票最多，谁就获胜"的愚蠢程序。

其次，投票结果不应取决于出场顺序。这很武断，而且排除了循环赛的可能性。因为在循环赛中，运气不好的候选人被安排在前面参赛，比晚参赛的对手出局的可能性更大。

最后，没有获胜机会的第三方候选人不应该影响两两对决的结果。这就排除了"简单多数原则"。根据这种原则，当第三方候选人使得某位候选人的对手获得的选票减少时，该候选人获胜的可能性就会大幅提升。

20世纪50年代初，经济学家肯尼斯·阿罗（后来在1972年获得了诺贝尔经济学奖）列出了民主投票程序中的一系列合理要求，包含我列出的上述三条要求。之后，阿罗开始寻找所有符合要求的投票程序，事实证明，这并不多见。阿罗用纯数学绝对公平的方式证明，满足所有要求的唯一方法是只选择一位投票人，并将所有的选票交给他处置。唯一符合民主最低要求的"民主"选举程序，就是任命一个独裁者！

阿罗的发现至少使得任何想象有可能施行理想民主投票制度的人停顿了片刻。但在我看来，对民主持怀疑态度，甚至对给予不可剥夺的个人权利特权的民主持怀疑态度，还有更多的根本原因。比如，当我们继续回避"好"意味着什么的时候，我们完全没有理由期望民主会带来好的结果。

用态度温和的多数派的选择战胜热情的少数派的强烈反对，这样做对吗？大多数人认为不对，他们更愿意有一个可以避免这种结果的做法。人们经常断言，共和政体很好地解决了这个问题，因为热情的少数派可以联合起来对他们的代表施加压力，这样能够比不积极的多数派集合更多的力量。这种说法似乎有些道理，但似是而非的道理并不是严谨的证明。怎样才能证明共和党政府会带来"好"的结果呢？首先，你需要一套关于政治、政客和压力集团[1]的实证理论（我所说的实证理论是指对结果做出预测而不判断其可取性的理论）。你的这套实证理论会对政客的行为做出具体的假设。例如，"政客的行为是为了最大限度地提高他们的连任前景"，"政客的行为是为了在任职期间最大化他们的权力"或"政客的行为是为了让他们的朋友发财"，抑或这些目的的某种组合。经济学理论可以引导你从这些假设中推导出符合逻辑的结果，从而使你能够预测在不同情况下将颁布什么样的法律。在足够信任你的理论之前，你大概会希望根据现实世界的观察结果对其进行检验。

其次，你需要非常精准地描述你认为哪些结果是可取的。少数派需要多大规模或者达到何种激进程度，才值得推翻多数派的选择？像"相当大、非常激进"这样的回答是不合格的，你的描述必须在数学角度可以实现精准量化。这种描述构成了与实证理论相对立的"规范理论"；规范理论描述什么是可取的，而不是什么是必然会发生的。

最后，你可以将实证理论预测的结果与规范理论对理想结果所必须具备的条件做比较，尝试发现其中一些重合的地方。你将再次需要大量的理论，很可能要运用相当多的数学计算方式。

---

[1] 压力集团指通过经济等手段对政府施加压力，从而影响政府公共政策的利益集团。——译者注

压力集团的实证理论研究尚处于相对初级阶段。在过去30多年的时间里，出现了几篇论文试图解决这一问题，许多论文很有趣，但没有一个是能明确解决的。即使我们拥有足够成熟和经过充分检验的实证理论（目前还无法做到），我们仍然需要一套单独的规范理论来告诉我们，正在运转的系统是否可取。我们不断回到同一个问题上——我们需要一套道德哲学来判断对错。

现在，对民主、有限民主，或者对民主某种变体的偏好，已经是一种道德哲学或初级的道德哲学。然而，它不是一种结果主义哲学；它以一种武断的内在价值标准（"民主是好的"）来评判政治制度，而不是以其对人类幸福的影响来评判。而我在上文中提到的研究可以这样概括：首先确定民主的结果，然后确定这些结果（相对于民主理念本身）是否可取。

许多常见的政治叙述遵从的哲学是非结果导向的。任何对"权利"的主张都诉诸我们对特定规则的偏好，而不是这些规则导向的结果。辩论堕胎是否合理的双方——无论是游说"生命权"还是"选择权"——依据的都是某种结果主义之外的东西。

经济学并不反对权利哲学，但结果也很重要，而且经济学以系统的方式考虑结果是大有裨益的。因为我们关心的结果与人类的幸福有关，所以我们可以很自然地相信，幸福至少在原则上是可以被量化的。例如，我们知道说"杰克比吉尔幸福"是什么意思。许多经济学家对这种比较嗤之以鼻，声称杰克的幸福和吉尔的幸福就像完全不同的两种商品，不能做对比。但为了继续我们的讨论，我们暂时放下这些疑虑。

如果幸福是可被衡量的，那么就很容易列出一份以道德哲学为基础的幸福标准（或者用经济学术语表达，即规范性标准）。标准之一：为最不幸的人谋求最大的幸福。如果幸福可以等同于收入，这意味着一个大家都是中等收入的世界，比一个有人富有、有人贫穷的世界更幸福。但这也意味着只要能让最底层的人受益，人们就可以容忍不平等的存在。一个收入差距很大的社会里，只要最贫穷的人也有充足的食物，总比一个我们所有人都同样挨饿的社会要好。

第二个标准是：把人类幸福的总量最大化。我们的道德哲学责任现在变得更重了，因为我们不仅要比较杰克和吉尔的幸福，还要分别给他们配比。给杰克4个单位、给吉尔10个单位幸福（总共14个单位）的世界，比给杰克6个单位、给吉尔7个单位幸福（总共13个单位）的世界要更好。

一旦你接受了数值量化的方法，总量最大化就很好理解了。第三个标准是：把人类幸福的乘积最大化。这会推翻一些之前的结论。现在，给杰克4个单位、给吉尔10个单位幸福（乘积为40）的世界，比不上给杰克6个单位、给吉尔7个单位（乘积为42）的世界。

无论这些标准的优点是什么，这些标准都有明确的道德立场，与我们经常听到但没有实际意义的"为最多的人寻求最大的利益"相反（你会如何选择收入分配方案：每人4万美元，还是3/4的人10万美元，而其他人2.5万美元？哪一种选择构成了"多数人的最大利益"呢？你的选择和我的不分好坏）。这些标准也是高度抽象的，仅严格适用于高度理想化的虚构案例中。但正如我之前所说，如果我们不能理解高度理想化的虚构案例，我们就无法理解整个世界。

所有这些标准的问题在于，其中的选择似乎完全是武断的。幸福的总和最大化好，还是幸福乘积的最大化好，谁能得出确切的结论？据我所知，有两种方法可以尝试解决这一问题。

第一种方法，先列出规范性标准应该满足的一些合理要求。例如，我们可能要求：只要有机会使每个人都过得更好，我们的规范性标准就应该批准它。这就排除了诸如"总是试图让最不幸福的人持续不幸福的状态"或"最小化人类幸福总量"这样的标准。我们可以要求规范性标准平等地对待每一个人，而不应该更关心白人的福利胜过黑人，或是更关心女性的权益多过男性。

一旦我们在类似的要求上达成一致，就可以用纯数学的方式列出符合要求的规范性标准了。不幸的是，即使在达成一致的前提下列出简短的清单，最常见的结果也是没有任何规范性标准能同时满足它们。这就将争论的焦点转移到"你最愿意放弃你的哪些合理要求"了。我们是更关心人人平等，还是要更关心让每个人都过得更好？数学将协助我们理解其中的权衡取舍。它告诉我们，如果我们想要满足具有某些性质的标准，就必须愿意放弃其他某些性质。

尽管这种方法并不能解决问题，但它将问题的讨论带向了更高的层次。我们并没有依据来评判是最大化幸福乘积的方案好，还是最大化幸福总量的方案好。但我们似乎对对称性等标准有着深刻的内在偏好。对这些偏好的清晰认知，加上一些纯粹的理论，决定了我们必须选择的规范性标准。

还有第二种解决方法，最早是由经济学家约翰·海萨尼提出的。海萨尼受哲学家约翰·罗尔斯的不朽著作《正义论》

（*Theory of Justice*）相关理论的启发。在罗尔斯或海萨尼看来，我们必须想象自己处在"无知的面纱"[1]后面，甚至对自己的身份都一无所知。在面纱后面，我们知道我们注定要过某个人的生活，地球上所有的生命就都有同样的可能性。在罗尔斯看来，人们在"无知的面纱"后面选择的正义，才是真正公平的正义。

罗尔斯主义者认为，只有当我们对个人情况一无所知时，我们才能在世界应该怎样运转这样的问题上达成共识。观察实际行为甚至可以帮助我们预测会达成什么共识。我们知道，当人们能够以公平的赔率投保以预防保障灾难性疾病时，他们通常会这样做。我们可以合理地据此推断，如果我们有方法为自己的先天智力缺陷、残疾或其他不幸投保的话，我们也会这样做。在这层面纱之后，这样的保险是存在的：我们一致认为，那些天生聪颖和健康的人应该与其他人分享他们的收入，因为在面纱之后我们都愿意签署这样一份契约。所以罗尔斯主义者认为，这样的做法应该在现实生活中得到实践。在我看来，这个观点有很多可取之处。

然而，罗尔斯本人则更进一步。他认为，就某些基本自由达成共识后，我们将集中精力改善最不幸的人的福利。极端点说，这意味着，我们宁愿看到每个人都勉强维持生计的世界，也不愿看到有一个不幸的饿死鬼但其他人都是亿万富翁的世界。

罗尔斯和其他罗尔斯主义者已经用了大量的措辞，证明了

---

[1] 无知的面纱（又译为"模糊面纱"或"无知之幕"），最早出自美国著名哲学家罗尔斯的《正义论》，该书提出经典的"模糊面纱"原则，即只有当缔约各方对未来无知时，制定的游戏规则才合乎公平。——译者注

他们关于我们在面纱之后会达成什么共识的猜测是正确的。相比之下，经济学家采取了定量研究的方法。回到本章一开始的那个问题：你是愿意出生在一个每个人一年挣4万美元的世界，还是一个3/4的人挣10万美元而其余1/4挣2.5万美元的世界？这很像是在问：你是愿意一年挣4万美元，还是愿意用抓阄的方式来决定你的薪水？抓阄就是让你把手伸进一个罐子，里面装有三个标着10万美元的球和一个标着2.5万美元的球。与其漫不经心地猜测答案，我们可以参考人们在现实世界中面临类似选择的做法。这样我们就可以观察他们的喜好，而不是仅靠凭空猜想。

现实世界中有相当多的情况是这样的：人们可以选择薪水固定的职业，也可以选择从事高风险的创业；可以选择少买保险，也可以决定多买保险；可以选择将退休基金投资于有固定回报率的债券，也可以选择投资既有高效益又要承担高风险的股票。通过观察人们在各种情况下所做的选择，我们可以预测他们愿意承担多大的风险，继而可以预测他们在面纱后做出的选择。

详细地进行这项工作比我所说的要复杂得多——特别是如果你想做实际的政策分析，而不是纯粹的哲学研究。为了比较两种可能颁布的税法的优点，首先你必须预测每种税法及其所有的最优、次优和次次优的激励效应可能会如何影响收入分配。只有这样，你才能开始探讨哪种税法更可取。这方面的研究一直是诺贝尔经济学奖的涉猎内容。

虽然"面纱准则"有很多值得推荐的地方，但看起来确实不足以处理一些关键的道德问题，因为它没有具体说明到底谁在面纱之后。通常的答案是"每个人"，但总有一些情况，"每个人"不可能是完全清晰的利益无关者。应该允许人们屠宰海豹来做外套吗？如果我知道我即将出生为一个人，我可能会给出一种答案；但如果我知道我将要出生为一只海豹的话，我可能会给出相反的答案。堕胎应该合法吗？我在面纱后面的回答，很可能取决于我是否知道自己会成为其中某个"流产的胎儿"。讨论胎儿是否可以和我们其他人一样站在面纱后面，其实就是在讨论我们是否将他们视为完全的人类。这似乎又让我们回到了我们想要尝试解决的问题上。

我相信，从基本属性出发或在面纱背后进行论证，可以极大地帮助我们理清思路，并提醒我们要注意隐藏其中的矛盾点。不过，我怀疑，所谓的对规范标准的选择，最终是一个品位问题，而这一事实本身又会引出另外一个有趣的悖论。

请允许我用一个看似毫无意义的极端例子来说明这个悖论。假设我们一致同意使用规范性标准制定政策，该标准要求我们把世界上最不幸福的人的幸福最大化。经过大规模调研，我们找到了那个不幸的人，我们问他：能做些什么来让他更幸福？他的回答是，他更愿意生活在一个规范性标准不涉及为最不幸福的人谋福利的世界里。

鉴于他的回答，我们就不可能继续应用规范性标准——应用它的唯一方法就是放弃它。

再举一个例子。假设我们一致同意要将人类幸福的总和最大化，结果发现实现这一目标的实现路径居然是一致同意不要将人类幸福的总和最大化。再一次，我们的原本目的和实际结果又自相矛盾了。

在各种情况下，我们可以从数学上证明，几乎所有的规范性标准都会陷入这类悖论。[1]如果我们抛弃这些自相矛盾的悖论，规范性标准就会立刻将选择自动缩小到一个可控的范围，比问题刚被哲学化时简单得多。

这可能是最有趣的悖论。人们有时坚持认为，道德行为在很大程度上是受个人品位影响的，纯理论对问题讨论的帮助很小。事实上，正是因为道德行为本来就是一种个人品位，纯理论才能够帮我们解开悖论，从而排除大量不可能在实际中运用的规范性标准。

如果你对经济学家进行一次民意调查，你可能会发现，他们明显倾向一种我没有提及的规范性标准。这种标准被称为经济效率或成本效益分析，名字听起来很冷酷无情，但我认为它本身值得写上一章。

---

[1] 你可以在我的文章《论规范经济学的方法论》（"On the Methodology of Normative Economics"）[《公共经济学杂志》（*Journal of Public Economics*），2007年]中读到更多相关内容。

七 税收的两难选择：效率的逻辑

你对税的印象如何？常见的答案是，缴税可不是件有趣的事情。与之对应的另一种不言而喻的答案是，征税是一件非常有趣的事情。既然支付的每1美元都是被收取的1美元，你也可以争辩说，税的好和坏相互抵消了。

如果税务员从你这里收走1美元并把它作为社会保障金的一部分付给了我母亲，你如果因此抱怨，我完全可以理解。但我（关心母亲胜过关心你）会认为这件事很好。经济学研究无法判断你和我的母亲谁更应该获得这1美元，因此对于没有利害关系的旁观者来说，这种转移总体上无所谓好坏。

税收的真正问题不在于我们必须纳税，而在于我们总是想方设法避免纳税。避税的代价昂贵，而且对任何人都没有补偿效益。

以我的凉鞋为例。它在网上的售价是40美元，即使售价是50美元我也很乐意支付，所以对我来说，一种非常真实的感受就是买这双凉鞋让我赚到了10美元。更妙的一点是，我凭空赚到的这10美元没有让任何人遭受损失。所以整个世界增加了10美元的财富，这增加的10美元——即我愿意支付的价格与我实际支付的价格之间的差额——就是经济学家所说的消费者剩余。

现在，如果因为征收销售税，凉鞋的价格增加了6美元，我仍然会买它。在这种情况下，我会多损失6美元，但有人会多得到6美元，这样也还好。但是如果销售税继续增加，比如说，使凉鞋的价格增加了12美元，那我就会选择不买凉鞋（可以将此视为避税的一种情况）。这样我就失去了10美元的消费者剩余，而且没有人会从中获得好处。毫无疑问，这是一种糟糕的结果。

即使是征收小额的消费税，也可能会让一些人放弃购买凉鞋的想法。由此损失的消费者剩余就是经济学家所说的无谓损失（又称为福利净损失），因为它不会给任何人带来补偿效益。

税总是有利有弊的。为了收取1美元的税，要从别人那里拿走1美元。这个过程会潜移默化地影响别人购买凉鞋、翻盖房子、加班工作的意愿。当一项政策的弊大于利时——也就是说，当它造成无谓损失时——我们就认为它是效率低下的，并强烈反对继续执行。

唯一一种能完全避免无谓损失的税是人头税。人头税是每个人都要缴纳一定金额的税种，与纳税人的收入、资产、所购物品或纳税人可以控制的其他任何东西无关。理论上，经济学家非常推崇人头税；但在实际生活中我们认识到，人头税在解决税制的效率低下问题时总是显得非常极端。

因此，不管我们需要怎样的政府，如果不愿意通过人头税的方式走极端，那么我们将不得不接受一些无谓损失。但一项税收政策导致的无谓损失，可能比另一项税收政策要大得多。当某项政策造成的无谓损失特别大时，经济学家就会开始寻找替代方案。

分析的关键在于权衡对个人的利弊。比如，对进口汽车征收关税的影响是什么？没有接受过经济学训练的政策分析师解决这个问题的方式可能会是：评估关税对汽车行业就业的影响，评估通用汽车公司的资产负债表，甚至评估政府的贸易和预算赤字影响。这是很基础的，但根本而言，这种分析方法完全没有抓住重点，因为它没有提供衡量利弊的标准（让汽车价格下降3%，但汽车工人失业率上升4%，是值得的吗？让贸易赤字减少10亿美元又会带来哪些好处与坏处？），它甚至没能提供一个标准来决定哪些是利、哪些是弊（增加国内汽车产量往往意味着更大的能源消耗，那它究竟是一件好事还是坏事？）。

经济学家解决这些问题的时候，始终关注政策如何影响个体（当然，个体会受到汽车行业利润和政府赤字的影响，因此我们仍然需要将这些影响因素纳入考量——但只是作为中间步骤）。对经济中的每一个个体，我们会问：关税到底是让他获得了效益还是蒙受了损失，效益和损失各是多少？效益和损失包含在消费者剩余的变化、生产者利润的变化、关税收入中的转移支付，以及人们珍视的一切中。我们分别加总赢家的效益和输家的损失。如果赢家的效益大于输家的损失，我们就认为该政策是可取的；如果输家的损失大于赢家的效益，我们就宣布存在无谓损失，证明该政策没有效率，并以无谓损失的多少为依据，判断政策存在问题的严重程度。

还有一点非常重要：不要犯非经济学家常犯的错误，即过分强调纯粹物质的因素。当我们说要将人们珍视的一切纳入考量时，我们是认真的。

假设埃克森美孚公司获得了某偏远地区的石油开采权，当地人普遍认为开采造成的环境破坏是可以忽略不计的。然而，一群主张矿权的激进分子声称，他们个人的安危受到了威胁，因为他们知道石油正从地下自然存储的地方被转移走。他们提起诉讼，试图阻止埃克森美孚公司继续施工。按照经济效率的理性逻辑来分析，哪一方应该获胜呢？

按照经济效率的冷血逻辑，我们并不具备足够的信息来回答这个问题。如果埃克森美孚公司继续施工，赢家将是埃克森美孚公司的股东、员工、供应商和客户，输家将是主张矿权的激进分子。经济效率的标准告诉我们，要根据支付意愿来衡量所有的效益和损失，并将二者的总量进行比较。[1]

一名能从该项目中获益50美元的股东，可能愿意支付50美元的费用来支持让埃克森美孚获胜的裁决，这相当于为赞成开采石油的一方投50票。而坚定的反对者可能愿意支付高达3000美元的费用来阻止这一裁决，这相当于投了3000张反对票。

当地的一名失业者也投了赞成票。如果胜诉，他也许能在埃克森美孚公司找到一份年薪3万美元的工作。当然，他投的总

---

[1] 你也许有很合理的理由反对这样的标准，认为支付意愿并不是衡量一个人对结果关心程度的唯一标准。我保证在接下来的几个段落中，会讨论这一异议。

票数肯定不到3万张。为了得到这份工作，他愿意多付出一些，但他肯定不会愿意放弃所有的工资。我们假设他愿意支付高达1万美元来获得这份工作（这等同于说他愿意为最低2万美元但不少于2万美元的工资而工作）。因此，同意开采石油的一方可以再加上1万张赞成票。

原则上，每个关心结果的人都可以按其意愿为他想要的结果贡献一定数量的票数。根据定义，有效的决策即获得最多票数的决策。

埃克森美孚公司与其反对者之间的抗争，正是经济学家痛恨效率低下的核心原因。一个效率低下的决定意味着错过让每个人更快乐的机会。假设支持开采的人群的总支付意愿是1000万美元，而反对开采的人的总支付意愿是500万美元，但法官最终判决禁止开采，这就是没有效率的做法。其实，有一个让双方都获益的方案：允许开采，但让支持开采的人向反对开采的人支付750万美元，以补偿他们的失望情绪。

根据这一替代方案，支持开采的人们以750万美元的代价获得了价值1000万美元的效益，而反对开采的人们则获得了750万美元以补偿他们500万美元的损失。事实上，通过精心安排的征收和补偿机制，（至少在理论上）可以确保每个支持开采的人支付其所获效益的75%；而每个反对开采的人恰好获得对损失150%的补偿。如果举行一场全民公投，在这一方案和法官的实际判决中二选一的话，大概没有人会选择法官的判决。

在双向选举中，获得零票的提案一般会被视为存在严重缺陷。但在经济学中，任何经济效率低下的方案与适当设计的替代方案进行双向投票时，经济效率低的方案都将获得零票。

经济效率低肯定是不好的，经济效率高也不一定就是最好的。但是，效率高是效率低的唯一可替代方案，所以经济学家还是倾向支持效率高的方案。

请注意，如果我们不是根据支付意愿来分配投票权，上述说法就不会成立。不妨一试：假设允许开采石油，支持开采的人将获得1000万个"幸福单位"（不用纠结其具体含义），而反对开采的人将损失500万个"幸福单位"。然而，现在法官的最终判决是禁止开采。我可以说，这是一个糟糕的判决，因为我可以想到另一种让每个人都更开心的方案，但此时我的论证是不成立的。毕竟，另一种替代方案是什么呢？允许开采，并从支持开采的人那里转移750万"幸福单位"给反对开采的人？这种方案根本毫无意义，因为我不知道如何转移"幸福单位"，这就是我的论证失败的原因。

然而，我很清楚如何转移金钱。所以只有当效率的高低可以用美元来衡量时，高效率就是好的论点才能成立。[1]

对这种论证推理的逻辑，（至少）存在两种明显的反对意见，其中一种完全背离了讨论，可以忽略不计；另一种是实质性的，值得我们深思。第一种反对意见认为，法官不是万能的，他无法猜测一个劳动者对其工作的支付意愿有多少，更不用说评估矿权激进分子维持油田现状的支付意愿是多少了。这种说法并非全无道理，但与我们的讨论完全不相关。[2]法官也是普通人，的确有力不能及的情况，但他至少应该具备甄别的能力。

---

[1] 这并不能证明"幸福单位"的标准就是没有应用性的，但它确实证明了这个特殊的论证不能用来捍卫上述标准。

[2] 说它并非全无道理，是因为经济学家设计了一些巧妙的机制来揭示人们被问及支付意愿时能够给出的真实答案。参照第三章结尾我和妻子为获得挑选电影的权利而出价的例子。

问题不是"政策应该永久有效吗",而是"总的来说,我们是否应该尽可能地利用我们所掌握的信息,竭尽所能地制定有效政策"。

第二种即更重要的反对意见是,候选人在选举中落败,甚至全票输给一个甚至没有参选的候选人,并不一定是由于其具有致命的缺陷。在我举的例子中,法官要么允许开采,要么禁止开采,他不太可能既允许开采,又同时制定一套复杂的补偿方案。难道仅仅因为反对开采的方案比不上一个甚至不在考虑范围内的方案,就应该否定它吗?如果这样做是因为反对低效率,那么又如何论证胜出的一方是具有高效率的呢?

许多经济学家认为这些问题令人非常困扰。这也是我们中的大多数人不愿意接受"唯效率论"作为我们对终极利益唯一考察途径的原因之一。然而,我认为大多数经济学家普遍同意,效率应该在制定社会政策时作为重要的因素纳入考量。

关于经济效率的思维逻辑决定了经济学家喜欢从不寻常的角度看待问题。以军事人力资源成本为例,这是一个老生常谈的话题。美国上一次实行义务兵役制是在40年前,但总有人希望恢复义务兵役制度。就在2010年,美国国会审议了一项法案,该法案提议征召所有成年美国人以军事或非军事的形式为国家服务。

评论家总是认为,尽管义务兵役制有其缺点,但至少比募兵制成本低。这种说法根本站不住脚。支付给志愿兵的工资出自纳税人的口袋和公司的账户,只是现在进了志愿兵的口袋而已。那些工资没有消失,只是从社会的一部分人转移到另一部分人手里。正如经济学家计算的,这些转移并不是净成本。

维持一支军队的成本与年轻人当兵时放弃的机会的价值相当。衡量这些机会价值的标准是，士兵们愿意付出多少代价来重获这些机会。当一名机修工、学生或冲浪运动员加入军队时，他就失去了维修汽车、继续学习或逐浪的机会。这些机会实实在在地消失了，世界上少了一些状态良好的车、一些受过教育的学者，一些为生活增添乐趣的人。[1]消失的机会在任何计算中都属于成本，在经济学家看来，它们也是唯一的成本。

想象一下，一名年轻女性要求获得3万美元才会应召入伍。如果她被征召入伍却没有得到任何报酬，那么她将失去价值3万美元的自由。如果她被征召入伍并获得1.8万美元的报酬，那么她就损失了1.2万美元，而支付她报酬的纳税人也损失了1.8万美元。社会的总支出成本仍然是3万美元。如果雇用同一名年轻女性入伍并支付她3万美元，那么正好满足了她的心理价位，但纳税人要为此支付3万美元。社会的总支出成本仍然是3万美元。提高或降低报酬可以转移这种负担，但负担的总量并不会发生改变。

要驳斥"义务兵役制成本更小"这一荒谬的说法，最好的办法是想象一下，如果向这名年轻女性征收3万美元的税，然后再将这笔钱作为她服兵役的工资返还给她。当然，这与征召这名年轻女性入伍但不给她任何报酬的做法没有任何区别。如果你的计算方式告诉你，给士兵发工资总是比征召他们入伍更贵，那么这个例子应该足以说服你，你需要换一个新的计算方式了。

同样的道理也适用于另一个反复出现的争论：国会议员提

---

[1] 一个新的机修工可能会出现，取代旧机修工的位置，但世界失去了旧机修工可能生产其他产品的另一种可能。

薪。提薪将出现两种后果。首先，它通过重新分配让现任国会议员变得更富有，使用的是纳税人的钱；其次，它在未来会吸引更优秀的国会议员候选人。[1]非经济学家的观点通常是，第一种结果是坏的，第二种结果是好的。但是如果严格用经济效率的方法进行评估，结论会变成第一种结果是中性的，第二种结果很可能是坏的。

关于第一种结果，经济效率的逻辑要求我们应该对纯粹的收入转移保持中立，即使得到好处的是国会议员。关于第二种结果，请记住，我们未来的新国会议员可能会更优秀，但同时我们也失去了他为其他行业服务的机会。因此，如果我们吸引了更优质的人才进入议员队伍，那么我们的法官、律师、医生或经济学家队伍就会损失部分原本应进入上述行业的人才。一名优秀的国会议员的真正成本，不是他表面上的薪水，而是他放弃了在其他领域发挥卓越才能的机会。机会成本与最终效益的价值相等吗？我不知道。

经济效率的逻辑令经济学家非常厌恶通货膨胀。通货膨胀对那些领取固定名义收入的人来说代价巨大，但对那些支付固定名义收入的人来说却是有益的，而且代价与效益完全相等。对于用美元偿还贷款的借款人来说，一场意外的通货膨胀可能是一件好事，但对于收到这些美元的贷款人来说，它同时也是一件坏事——而且借款人省下的钱和贷款人损失的钱完全相

---

[1]　实际上，第二个影响还远未确定。更高的薪水保证未来的国会议员竞争将更加激烈。参加更严格的竞选活动的成本，可能会完全抵消更高工资带来的好处。总的来说，吸引高素质的候选人可能更容易，也可能更难。但为了便于讨论，我假设更高的薪水确实会吸引更好的候选人。

等。这些影响经常被认为是通货膨胀的主要经济后果，它们相互抵消，最终对经济效率的影响为零。

通货膨胀产生的真正经济成本，就像税收产生的真正经济成本一样，是人们付出代价昂贵的行动来避免的，而这些行动对谁都没有好处。在通货膨胀期间，人们手中存有的现金减少了，因为即使将现金放在口袋里也会不断贬值。出于同样的原因，人们也减少使用支票账户。[1]当你想要临时买一个热狗，在暴风雨突然来临时想要叫出租车，或者当天不想去ATM机上取款时，你会发现非常不方便。因为零售商店减少了现金储备，常常在找零时找不出零钱；大公司不再在手头存放大笔现金以应付各种意外。如果出现紧急情况，人们就不得不支付昂贵的金融交易手续费。这些损失都是无谓损失——它们不会带来任何补偿效益。从全局来看，它们可能听起来微不足道，但根据估算，美国一年3%的通货膨胀造成的无谓损失高达180亿美元，即每个美国人60美元——这算不上是毁灭性的结果，但也绝不是微不足道的。

在通货膨胀非常严重的时期，无谓损失的体量可能会变得非常大。第二次世界大战后，匈牙利曾出现恶性通货膨胀，每个月的商品价格大约增长了100倍。这意味着一杯1月1日卖10美分的咖啡，在2月1日卖10美元，在3月1日卖1000美元，在4月1日卖10万美元，在5月1日卖1000万美元，在6月1日卖10亿美元，在7月1日卖1000亿美元，到8月1日就要卖10万亿美元……工人们每天领3次工资，他们的妻子每天都在工作场所和银行之间来回奔波，试图在工资支票变得一文不值之前将其存入银行。他

---

[1] 一般来说，支票账户没有利息，主要供个人开私人支票用，西方有些银行还根据客户开出支票数量的多少，每月适当收取一定的服务费。——译者注

们为此牺牲的所有时间和精力，不能给任何人带来效益，这是典型的无谓损失。

在第一次世界大战后，德国曾出现恶性通货膨胀，经济学家凯恩斯记录道，酒吧的常客经常在傍晚时分就提前点几杯啤酒，以防晚上价格不断上涨。喝放置时间过长而不再冰凉的温啤酒可能是通货膨胀的隐性成本。

好莱坞的编剧和高校巡回讲座的常客总能时不时地发现燃烧美元纸钞的戏剧性潜力。通常情况下，引燃火苗时会伴随着慷慨激昂的现场演讲——这些言论来自电影银幕上某个悲情角色或大学体育馆里某个上了年纪的文化偶像——他们讲话的内容是说，钞票只不过是一张纸，你不能吃它，不能喝它，也不能跟它做爱，世界并不会因为它的消失而变得更糟糕。

有涵养的观众往往对这种言论感到不舒服。他们意识到肯定有什么地方是错误的，但无法找出其中致命的缺陷。事实上，出错的是他们自己夸大的不适感受。演讲者是对的，即使你花费一个晚上的时间烧钱，整个世界仍然和原先一样富有。

让我指出一个可能让观众有这种错误感觉的来源。观众认识到，在夜晚结束时，烧钱的人比傍晚开始的时候更穷了。观众的感受是对的。但是，如果烧钱的人确实更穷了，而他也是世界的一部分，那么整个世界难道不应该也变得更穷了吗？

答案是否定的，这一点毫无疑问。因为烧钱没有造成任何价值损失，世界也没有因此变得更加贫穷。因此，如果烧钱的人少了1美元，那么肯定有其他人多了1美元，我们要做的就是找出那个人是谁。

解开这个谜团的关键在于，人们观察到的货币供应量决定了物价的总体水平。当狭义货币供应量增加时，物价上涨；当货币供应量减少时，物价下跌。当1美元钞票化为灰烬时，狭义货币供应量就会略微下降，所以整个的物价水平就会下降。如果只是烧掉1美元的钞票，物价只会在不知不觉中略微下跌，幅度十分微小，但确实会下跌。这一变化的受益者是那些在烧钱那一刻手里持有现金的人，随着物价下跌，他们口袋里的钱就增加了一点价值，即货币升值。

对于在烧钱时口袋里有现金的数百万人中的每一个来说，物价的微小下跌会带来他的财富很难察觉的微小增长。但数以百万计的财富的微小增长，加起来就可能被人感知。在这个例子中，它们加起来的价值正好是1美元。我们知道世界上真实商品的总价值是不变的，我们也知道演讲者损失了1美元。因此，我们有理由得出结论，这1美元转移到了其他地方。

每隔一段时间，一些古怪的利他主义者就会把他的资产集中起来，捐给美国财政部。因此，我们目前或未来的税单必定减少[1]，数百万美国的纳税人都是受益者，每个人的税务负担都会略有减轻。但并非所有人都能平等地享受到其中的好处。我们这些处于最高税级的人——总的来说，最富有的美国人——获得的好处最多。

利他主义者的另一种策略是将其资产兑换成现金，并举行一场篝火晚会——而不是将它们捐赠给财政部，达到的效果基本是一样的。如此，数百万美国人获得了微小的利益（这一次是通过物价降低而不是税收降低的形式），而所有这些效益的

---

[1] 最容易混淆视听的说法是财政部因此而减少其当前的借款，从而减少其未来的债务和未来的税收负担。无论是上述哪种情况，除非捐赠导致政府修改其支出计划，否则给财政部的捐赠必然会以某种方式减少税收。

总和刚好等于利他主义者的损失。在篝火晚会中,你的效益份额不与你的税单金额成比例,而是与你在篝火晚会那一刻持有的现金数量成比例。获得最大好处的还是富人群体,但方式上更隐蔽了。因此,如果你想在遗嘱中惦记着财政部,但你又是一个平等主义者的话,那就考虑篝火晚会吧。[1]

在一个风大的日子里,我在新奥尔良拿着的1美元钞票被风刮走了,当它飘向下水道方向就要掉进去的时候,我试图抓住它。戴维·弗里德曼——我的同伴,同时也是我的经济学家同事,那一刻我灵魂的守护者——拉住了我的手。我之前一直说,经济效率不仅能有效地指导公共政策,也能有效地指导个人行为。按这个标准,戴维的干预使我免于无意识地做出不道德的行为。

如果我丢了这1美元,其中的成本效益核算是这样的:我损失了1美元,世界其他地区通过价格下跌获得了1美元,整个世界既没有比以前更富,也不比以前更穷。对经济效率的影响——无。

但如果我抓住了这1美元,我为此付出大约3美分的努力(也就是说,我愿意付给戴维3美分,让他帮我找回这1美元,而不是自己去追)。成本效益核算是这样的:我损失了3美分,世界上的其他人既没有得到什么,也没有损失什么,整个世界(包括我)少了3美分。对经济效率的影响——3美分的无谓损

---

[1] 然而值得注意的是,当你向持有现金的人"捐赠"时,最大的赢家可能是那些经常携带装有数百万美元现金手提箱到处旅行的人。

失。[1]经济效率的逻辑告诉我，我应该放弃这1美元。

真是这样吗？让我来区分两种截然不同的主张。一种是经济效率应该是解决公共政策问题的一个重要考虑因素；另一种是，经济效率应该是解决个人行为问题的一个重要考虑因素。经济学家捍卫的经常只有第一种。像大多数人一样，经济学家在批评政府时直言不讳，但在相互批评时却含糊其词。

经济效率的标准对待每一个人都是平等的。成本就是成本，不管谁来承担。在公共政策领域，这一点非常具有吸引力，但在我们的私人事务中，坚持认为我们自己的担忧不比远方陌生人的担忧更重要，似乎就有些奇怪了。

有时候——正如在新奥尔良的那个大风天——我认为效率完全不能指导我的行为，但在其他时候，它对我很有帮助。例如，当我的草坪变得比邻居们喜欢的样子更邋遢时，我不得不问自己，我是否在道义上有义务采取点什么行动。在这个过程中，我会想修剪草坪要花费多少钱，以及邻居们到底有多不高兴。如果我要花30美元的努力才能把邻居从20美元的痛苦中拯救出来，我大可以给自己倒一杯柠檬水，将这个问题抛诸脑后。如果我认为要付出30美元的努力，但是能让邻居免受50美元的痛苦，那么除非我将草坪修剪整齐，否则我会觉得自己像个混蛋。

这是一种效率计算，它让我得出感觉正确的结论，但我的行动并不完全与它保持一致。当我决定是购买汽油车还是清洁

---

[1] 请注意，如果是我的iPod掉进了下水道，那么从经济效率的逻辑来看，我应该把它找回来。如果我能付出3美分的努力来拯救一个价值200美元的iPod，那就太好了。因为iPod不仅对我来说价值200美元，而且对整个世界（包括我）来说也是如此。相比之下，200美元现金对世界的价值为零。如果我放弃找iPod，我就少了200美元，而其他人就多了200美元。

能源车的时候，我确实关心我可能因破坏空气质量而对他人造成的实质性伤害，那些因为我是要开汽油车还是清洁能源车的想法而在道德上受到冒犯的人，我坚决不关心我可能对他们造成的精神伤害。我认为，这种区别在哲学上很难自圆其说。如果我的驾驶行为让你不开心，那么我让世界变成了一个少了几分快乐的地方，但这与我开车让你不开心的原因无关。严格的效率逻辑告诉我，如果我准备待在家里而不是对你的肺造成价值10美元的损害，那么为了不对你的道德感造成价值10美元的损害，我也应该选择待在家里。

我推断，我的道德哲学是不完整的，好在基于经济效率的思维方式发挥了主要作用，但最近的一次波士顿之行动摇了我的信念。

我和妻子从丹佛飞到波士顿，往返机票不到2500美元。我向付账的出版商提供了其他出行方案，但他坚持要我们搭乘飞机。如果是我自己为这趟行程付钱的话，我肯定会取消它的。

这让我陷入了下面的道德困境：假设往返波士顿对你来说值300美元，航空公司的运输服务成本为200美元。但由于某种程度的垄断力量，航空公司收取1000美元的机票。那么，你还应该搭乘飞机吗？

如果只关心经济效率，那么你当然应该这样做。选择搭乘飞机，你会损失700美元（你支付的价格和旅行价值之间的差额），而航空公司的所有者会收益800美元（机票价格和飞行成本之间的差额）。所以，净效益为100美元，按经济效率的标准，可以宣称这次旅行是一件好事。

然而，我确信我不会买这张票，我同样确信自己不会因此而失眠。我敢肯定，无论航空公司能得到多少，或者我会失去多少，我都不想购买机票。因此，虽然我仍然相信经济效率通常是制定政府政策的正确指南，也常常是引导个人行为的正确指南，但我现在认为，在我们真正知道什么是真正的"好"之前，我们需要更精细的标准。我相信，有些时候我应该努力表现得有效率，而有些时候则不需要。我只是还没弄清楚哪个时候应该采用哪个标准。

我最终还是设法追回了那1美元，丝毫没有考虑它对总体价格水平造成的影响。我丝毫没有罪恶感，虽然我也不知道是为什么。

八　为什么价格是好的：亚当·斯密vs达尔文

我曾经参加过一次由某杰出物理学家举办的聚会，他在会上滔滔不绝，讲的主要内容是将达尔文的"进化论"与市场"看不见的手"做类比。他认为，前者主要通过适者生存法则促进物种进化，后者主要是通过消除最有效率的生产者之外的其他有生产者，在经济上推动我们人类的发展。

我怀疑他对生物学的了解并不多，但我肯定他不太懂经济学。他的类比虽然听起来似曾相识，但大错特错。

在生物学中根本不存在能与"看不见的手"类比的东西。适者生存完全是另一回事。在进化论中，没有办法保证或承诺提供竞争市场中的惊人效率。

雄性天堂鸟长有极长的尾羽，非常奇特。从进化论的角度来看，它们的尾巴实在是太长了，又没有什么实际的用处，甚至已经长到足以成为天堂鸟行动的巨大障碍。它们的身体消耗了宝贵的资源用以生长并维持这长长的尾羽，既增加了天堂鸟对食物摄入的需求，同时使它们更容易受到捕食者的攻击。

这样看似不合理的障碍，是如何在物竞天择的自然法则中得以保留的呢？事实上，达尔文主义要求我们提出一些更令人困惑的问题：这样的障碍怎么可能是自然选择的结果？

生物学家给出了他们的答案，实在是令人叹服：雄鸟这样的演化是为了争夺雌鸟。雌鸟需要能够养育健康后代的配偶，雄性天堂鸟通过长出一条出众的尾羽以证明自己的健壮——它吃得很好，即使背负着看似荒谬的累赘尾羽，也能活得有滋有味。这些正是雌鸟想为后代获得的品质，所以她在竭力挑选一个明显带有这些品质的伴侣。出众的尾羽代表了一种繁殖优势，因此在自然选择中被保留了下来。

现在，让我们发挥一下想象力：由于担心竞争升级，雄性天堂鸟召开了一次和平会议。一些尾羽单薄的雄性天堂鸟提出了一种激进的做法：统一"去尾羽化"，即所有的雄性天堂鸟都同意立即并且永久地丢弃所有不必要的羽毛。这一说法强调了天堂鸟在逃避狐狸的伏击方面的优势，但低估了重新分配雌鸟的可能性。

现在站在讲台上的是一只尾羽特别壮观的天堂鸟（他甚至需要3个助手的帮助才能登上舞台）。他断然拒绝了激进分子的提议，转而提出了一个更宏大的折中方案：每只鸟都剪掉自己一半长度的尾羽。对此应该没有人会反对。现在，拥有最长尾羽的天堂鸟还将是最长尾羽的保持者，对雌鸟来说最有吸引力的雄鸟仍然会是最有吸引力的。同时，每只雄鸟都因此减轻了负担，身体更加轻盈，降低了对自己"朋友"狐狸的可见度。

这一提议的非凡之处在于，它不仅使鸟类作为一个物种受益，而且实际上使每一只鸟都受益。比起原本的提议，尾羽单薄的雄鸟似乎更不喜欢这一提议，但无论如何原本的提议也没有被采纳的机会。折中方案可以让每个参与者都获益——除了狐狸。

对于天堂鸟来说，不幸的是，这样的折中方案永远不会被强制执行。当提议被提出、附议和采纳时，总有一些没有节操的雄鸟（哪个雄鸟又会在这种事情上有节操呢？）会处心积虑地想要逃避剪尾羽这件事。任何怀疑别人会作弊的雄鸟，为了不被对手超越，都会选择作弊。任何不怀疑大家普遍作弊的雄鸟仍然可能作弊，以期获得比其他更诚实的同伴与众不同的优势。

经济学家会将这一结果描述为效率低下，因为天堂鸟失去了做出一致认为可取的改变的机会。生物进化的过程往往是低效的，原因很简单，它们没有理由不这样做。经济活动的结果也可能是缺乏效率的，但它们往往非常奏效，因此我们的故事也是如此。

理解竞争市场的惊人效率的最好方法，是看一些缺乏效率的例证。举个例子，让我们悲观地假设学生在大学里学不到任何有价值的东西。然而雇主相对而言更喜欢雇用大学毕业生，因为平均而言，大学毕业生比没有念过大学的人要更聪明一些。上大学并没有使他们变得聪明；相反，聪明使他们能够顺利完成大学学业。因此，如果雇主没有其他办法来区分哪些人更聪明，那么他们就会愿意为那些受过更多教育的人支付更高的薪水。

在这个例子中，学生就像雄性天堂鸟，雇主就像雌性天堂鸟，而接受大学教育就像长出一条长长的华丽尾羽——用一种昂贵的方式来获得一些无用的东西，但这些东西却标志着你的内在品质。假设所有学生都同意现在的大学时间缩短一半：那些读四年制学校毕业的学生将转而上两年制，而花八年时间获得博士学位的人将花四年时间获得学位。随着这一计划的实施，雇主评估学生的方式不会发生改变，但每个学生将节省一半的学费（而且还能够更早地进入劳动力市场）。每个学生都会受益，没有人会蒙受损失。

但是，大学生就像雄性天堂鸟一样，也有毫无节操的骗子存在，当每个人都决定违反协议条款并获得比同伴更多的优势时，协议就会破裂。结果就是缺乏效率，又回到问题的原点。

无论是在动物界还是在人类中，这样的例子比比皆是。比如一群在保护区吃草的牛，如果所有的牛都同意今年少吃一点，草皮就会得到更好的休养，将来所有的牛会有更多的草。也许每一头母牛和公牛都会同意这一提议，因为这种做法是值得的。然而，每头牛都有可能作弊，吃得比约定的多一点，因为它们知道自己多吃的那部分对明年的影响微乎其微。可惜的是，这个群体很大，这些微不足道的影响累积起来，就会让明年的大家都挨饿。

理性行为并不是对抗缺乏效率的"疫苗"。在上述的每个例子中，每个人的行为都是理性的——雄鸟把尾巴留得很长，大学生延长了上学时间，牛群吃得比承诺的多一点。如果理性不能拯救我们，那么还有什么可以呢？

值得注意的是——难以置信的是——答案是存在的，这仿佛一个奇迹。在一般情况下，当商品在人们以市场价格进行交易的自由竞争市场中生产和交换时，经济活动会产生有经济效率的结果。这就是经济学家在谈论"看不见的手"时所想到的事实。

在18世纪，亚当·斯密描述了这样一种经济活动中的角色：他在"只追求个人利益"的时候，"被一只看不见的手引导着去实现一个目标，而这个目标与他的意图无关"，这个目标就是社会福利，经济学家称之为效率。这个比喻经久不衰，经受住了无数次误解。有人说，斯密是在表达一种宗教情操，一种相信上帝会监督我们所有事务的观点。我的物理学家朋友最近经常说，斯密的意思是这样的：个人理性加上自然选择的无情压力（在市场中就像在生物圈中一样），必然服务于社会利益和物种的最终进步。

然而，如果斯密真的是这个意思，那他就错了。原因是任何一只天堂鸟都能告诉你的。斯密的真实意思要微妙得多，也值得更多关注：个人理性加上竞争和价格的元素，会实现有效率的结果。也就是说，在没有浪费机会成本的前提下，就能使得每个人的福利水平提高。如果没有价格而只有个人理性和竞争，就很少能带来如此理想的结果，情况也确实如此。

"看不见的手"定理似乎并没有那么直白，但它是真实的。20世纪50年代，经济学家杰拉德·德布鲁和莱昂内尔·麦肯齐分别成功地将该定理转化为纯粹的数学公式，并严格证明了这一叙述。他们取得的成就共同开启了现代经济学时代。

通过现代化的数理表述，"看不见的手"定理获得了一个现代名称。它现在被称为"福利经济学第一定理"——它可以被简洁地表述为：竞争市场能够有效地配置资源。还有一个"福利经济学第二定理"，该定理认为，存在许多有效配置资源的方式。无论你想实现众多有效分配中的哪一个，你总是可以通过首先以适当的方式重新分配收入，然后让竞争市场自由运作来实现它。

这些理论上的公式和证明的关键点是有市场价格。如果没有价格，就没有理由期待产生有效率的结果。我在物种起源中没有看到类似的价格因素，所以我认为，生物进化理论与市场经济学的相似之处仅限于表面观察到的现象。

我很难完全解释清楚为什么"看不见的手"定理一定是正确的，但我确实可以给出足够多的例证来阐明价格因素的关键作用。接下来的几个段落会比这一章的其余部分略显晦涩难懂，但只要仔细阅读，我想你是完全可以理解它的。你将获得的奖励是理解人类的伟大智慧成就。

假设我任命你为美国农业的大权独揽者。已经确定今年美国将生产1000蒲式耳[1]的小麦，而你的工作就是尽可能低地压低小麦的生产价格。你会如何做呢？

你想要避免的是：一个农民花10美元生产1蒲式耳小麦，而其他农民生产同样多的小麦只需要4美元。因为这将导致全国小麦供应价格比原本合理的价格高出6美元。

所以你应该从调查每个农场的小麦生产成本开始。这比听起来要复杂得多，因为即使在同一个农场内，生产每蒲式耳小麦的成本也是不一样的。我的朋友米兰达拥有一个农场，她发现让土地产出2蒲式耳小麦的成本是让它产出1蒲式耳小麦的成本的2倍多。因此，你需要的信息不仅包括生产小麦的总成本——比如米兰达农场生产100蒲式耳的总成本——还要知道生产第一个蒲式耳的成本、生产第二个蒲式耳的成本、生产第三个蒲式耳的成本，以此类推。你还需要知道生产第101、102和

---

[1] 蒲式耳是一个计量单位，在美国，1蒲式耳相当于35.24升。——译者注

103蒲式耳的预计成本，即使它们目前并没有开始生产。[1]

好了，现在假设你已经设法收集了所有这些信息。你该如何使用它们？

假设米兰达一共生产了100蒲式耳的小麦，你已经确定她第100蒲式耳小麦的成本是10美元。与此同时，她的邻居内森也恰好生产了100蒲式耳的小麦。你发现内森可以以4美元的成本生产第101蒲式耳的小麦。这就是你应该想到的可以赚钱的地方：你命令米兰达少生产1蒲式耳，命令内森多生产1蒲式耳，从而将全国小麦的供应成本降低至6美元。

好吧，既然效果这么好，也许你应该再试一次。但现在的数字不同了。米兰达现在的产量是99蒲式耳，而不是100蒲式耳，所以你需要知道她的第99蒲式耳小麦的成本——假设是9美元。然后，如果内森能以5美元的成本再生产1个蒲式耳，你就可以重复你的把戏，为整个世界再节省4美元。

最终，你会迎来一个拐点，两个农场增加1蒲式耳的生产成本是一样的。这时你的把戏不再奏效了。但这并不意味着你的工作到此结束，这只意味着你应该找到另一对农民，重新开始，直到每个农场增加1蒲式耳的成本都是一样的，否则你的工作就永远不会结束。

这一点是值得重复的：为了以尽可能低的成本生产小麦，你必须确保每个农场增加1蒲式耳的生产成本是相同的。[2]

原理能告诉我们的只有这些，但在实践中，这样做的难度

---

[1] 作为一般规则，这些数字往往会增加，至少超过一定程度后会增加。因此第103蒲式耳比第102蒲式耳更贵，而第102蒲式耳比第101蒲式耳更贵。

[2] 如果你喜欢行话，在一个给定的农场上多种植1蒲式耳小麦的成本，就是经济学家所说的在该农场上种植小麦的边际成本。

无异于大海捞针。你不仅需要知道每个农场生产每蒲式耳小麦的成本，而且每当天气预报或燃油价格发生变化时，每当拖拉机出故障或农场工人请病假时，每送货卡车上有一点额外的空间（因为运输小麦的成本是生产成本的一部分）时，你都需要更新你的信息。

不过，这里有一个更好的计划：为小麦确定一个固定价格（毕竟现在由你说了算）。如果你宣布小麦价格为6美元，那么每个农民都会将生产成本控制在每蒲式耳6美元以下，若是生产成本大于6美元，农民肯定不会选择继续耕种小麦。如果米兰达的第100蒲式耳小麦花了10美元，而内森的花了4美元，你就不必告诉米兰达应该少生产1蒲式耳，告诉内森多生产1蒲式耳。出于对利润的考量，他们会自愿这么做。他们和其他农民不断进行调整，直到每个农场增加1蒲式耳的成本仅为6美元左右。这样每个农场产量增加1蒲式耳的成本都会趋于一致，正好将全国小麦供应的总成本降到最低，这也正是你所需要的。

需要强调的是，没有一个农民会关心如何将全国小麦供应的总成本降到最低——"这个目标与他的意图无关"。然而，她或他似乎被一只"看不见的手"引导着实现了这个目标。

请注意，正是单一市场价格在这一切中起到了关键作用。如果不同的农民面对不同的价格，那整个事情就会分崩离析。如果米兰达能以每蒲式耳12美元的价格出售小麦，而内森被迫以每蒲式耳2美元的价格出售小麦，那么米兰达将生产每蒲式耳成本10美元的小麦，而内森将无法生产每蒲式耳成本4美元的小麦。我们整个社会会蒙受6美元的损失，因为我们放弃了一个本可以节省6美元的机会。

在一套运行良好的价格体系中，每个人都会面对同样的价格。这就是为什么当价格体系运行平稳时，它会使小麦生产的成本最小化。但它的作用远不止于此。出于与上述案例类似的原因，它还保证了我们获得正确总量的小麦：既不太多（即我们最好将资源转用于其他活动），也不太少（即我们最好多用小麦，少用其他东西）。

让我们再进一步。一个经济体不仅仅包括小麦市场，经济活动也不只有生产活动。福利经济学这两条基本定理的要点是：即使我们考虑的是一个完整的经济体，其中有各式商品和许多活动，所有这些都以复杂的方式相互作用，竞争市场和市场价格的存在仍然能够保证产生有经济效率的结果。[1]

世界上充斥着缺乏效率的浪费，在未经经济学训练的人看来，这似乎是"恶性竞争"或"市场失控"的结果。但"看不见的手"定理告诉我们，如果我们要寻找无效率的根源，我们应该寻找缺失的市场，而不是已经存在的市场；我们应该寻找没有被标价的商品，这往往意味着我们应该寻找没有所有权的商品。

以污染为例。一家工厂排放出有毒气体，给它的邻居带来了不适感。这可能是低效率的情况，也可能是有效率的体现。工厂使一些人受益（所有者、购买其产品的人，也许还有其他有间接关系的人），同时伤害了其他人（它的邻居）的利益。原则上，我们可以测算出以金钱计算的所有效益和损失（例如询问邻居，你愿意支付多少钱来让工厂搬走？或者工厂要给你

---

[1] 还必须满足其他一些条件。例如，当不同人群获得的信息显著不同时，"看不见的手"定理可能失效。这就是前述例子中大学生的错误所在，他们比雇主更了解自己的能力。

多少钱，你才会不介意工厂的存在？），总的来说，这家工厂可能是利大于弊的，在这种情况下它的存在就是有效率的，即使它造成了污染或其他问题。但同样的，这家工厂的弊也有可能大于利。如果是这样，它的存在就是没有效率的。

这种缺乏效率的最终根源是什么？有些人可能会说，是市场过度资本主义和盲目追求利润的结果。实际上，这恰恰是市场资本主义太少的结果——因为空气是没有市场的。

假设有人拥有工厂周围的空气，并可以对这些空气的使用收费。所以，工厂必须为污染的权利付费，而居民必须为自由呼吸的权利付费。这有力地抑制了工厂继续制造污染。即使空气属于工厂的所有者，也会有同样强大的抑制因素，因为存在污染，所有者被迫向邻居出售清洁空气的机会。不管是谁拥有空气——工厂老板、某些邻居，还是不在的"空气领主"——工厂都有可能停止污染。事实上我们不难看出，只有当污染是有经济效率的结果时，工厂才会继续污染。

这并不意味着组织和维持一个空气市场是一件很容易的事情，也不意味着这是解决污染问题的一种切实可行的方法。我举这个例子想要说明的是：市场缺失会导致效率低下。只要有效率低下的地方，就很可能有一个缺失的市场潜伏在背后（或者更准确地说，未能潜伏）。

非洲象因其象牙而被人类疯狂猎杀，这种壮观的动物可能会因此走向灭绝。这个问题可能没有简单的解决办法，但它确实有一个简单的原因：没有人拥有非洲象。若是它们有主人——任何主人——就会想确保有足够多的大象存活下来，这样才能更好地维持自己的生意。人们对牛肉的需求远远大于对象牙的需求，但牛并没有濒临灭绝。关键的不同在于，牛是有主人的。

同样，造纸公司有充分的动机来保护他们拥有的森林，因而森林就没有消失的危险了。关心森林的环保人士提倡回收纸张以减少对树木的砍伐。具有讽刺意味的是，这些造纸公司通过减少森林面积来应对树木需求的减少。一个靠回收纸张来保护森林的世界，必定会是一个树木数量更少的世界。[1]

科罗拉多州前州长罗伊·罗默（他是一位著名经济学家的父亲）曾经讲过一个故事，他在某个秋日散步时，看到丹佛的每一位房主都把自己庭院里的树叶吹到隔壁房主的院子里。他认为，这个问题是太多的市场导致的；如果没人买吹叶机，每个人都会过得更好。也许他的儿子可以告诉他，问题的产生也有可能是因为市场太少了：如果有办法向把你家院子当垃圾场的邻居收费，这个问题就会立马消失。

不过，这位州长确实指出了某些关键：两个缺失的市场可能比一个更好。亚当·斯密告诉我们，如果所有东西都有市场，那将是最好的。考虑到现实中根本不存在"将院子当作垃圾场"的市场，所以最好也清除扫落叶的市场。

但另一方面，州长的描述在我看来并不真实。在我生活的街区，人们不会把落叶吹到邻居的草坪上；或者，如果你这样做，那么你就不用指望邻居会给你提供帮助，比如你不在的时候帮你收邮件。事实上，这与市场运转的机制非常类似：如果

---

[1] 北卡罗来纳州林业协会在其常见问答页面中，关于回收纸张有这样一段问答："砍伐树木用于造纸是否会导致森林被过度砍伐？"答案是："不。提供森林产品的公司不仅会让树木重新生长，而且还会通过在非林地种植树木和照料植被来促进新森林的生长。"

你违背了大家心照不宣的规则，就要为此付出一定的代价。即使没有任何正式的组织，市场往往也会发挥作用，因为它是改善每个人福利的最强大工具。

今天，我们在任何地方都被要求尊重大自然微妙的生态平衡。在这种平衡中，每一种生物都奇迹般地被设计来填补其特殊的生态位，每一个生态位都相互影响，构成错综复杂的整体。让我们也对同样微妙的市场结构保留一些尊重，它通常会完成连大自然都不曾尝试过的壮举。

九　药品与糖果，火车与火花：法庭上的经济学

弗雷德里克·霍雷肖·布里奇曼是维多利亚时代伦敦的一位杰出公民，他由皇家任命为女王陛下生产糖果。布里奇曼的特权之一是可以在家工作，他在家里操作两个巨大的研钵和研杵，为皇室制作精致的糖果，并将稍微不那么精致的糖果出售给普通市民。他和邻居们相处得很好，其中包括著名的伦敦皇家内科医师学会会员奥克塔维斯·斯特奇斯博士。

1879年，斯特奇斯博士在花园的尽头建了一间新的诊室，这间诊室紧挨着布里奇曼的厨房。施工完成后，他才发现布里奇曼的机器导致这间诊室非常吵。到底有多吵？"吵得什么都听不见。"据斯特奇斯博士说，当他用听诊器检查病人时，噪声大到他无法听到病人的心跳声。

只要布里奇曼继续使用研钵和研杵，斯特奇斯博士的诊室就无法使用。最终，斯特奇斯博士提起诉讼，试图关闭布里奇曼的工坊。

审理此案的法官在了解情况之后认为,他们的判决不仅影响布里奇曼和斯特奇斯博士,还将影响整个社区。如果他们判定斯特奇斯博士胜诉,这个社区就会多一个诊室、少一个糖果店;如果他们判定布里奇曼胜诉,情况则相反。

然而法官们都错了。事实上,他们无力影响糖果店和诊所之间的资源分配。在这样的案件中,无论法官如何裁决,幸存下来的都是对其所有者来说更有价值的企业。

举个例子:假设布里奇曼对他的糖果生意估值200美元,斯特奇斯对他的医疗业务估值100美元。如果法官们支持布里奇曼,允许他随心所欲地开动机器,那么布里奇曼当然会继续愉快地制作糖果。但如果法官支持斯特奇斯,允准他关闭布里奇曼糖果工坊的诉求,那么事实并不会这样发展。相反,布里奇曼会怒气冲冲地冲到街角,敲开斯特奇斯的大门,提出给他150美元,让法官的裁决见鬼去吧,这样他就可以继续经营糖果生意。无论用哪种方式,布里奇曼都会继续经营他的生意。[1]

再举一个不同的例子:假设布里奇曼对他的糖果生意估值为100美元,而斯特奇斯对他的医疗业务估值为200美元。如果法官裁决斯特奇斯获胜,允许他关闭布里奇曼的工坊,那么他肯定会迫使布里奇曼的工坊关门然后继续行医。另一方面,如果法官判定布里奇曼胜诉,允许他随心所欲地制造噪声,那么斯特奇斯就会给布里奇曼比如说150美元,让他关掉那些该死的机器,同时,他也可以恢复他的医疗实践。

这两个例子的共同之处在于:在这两个案例中,法院的判决对斯特奇斯是否继续行医或布里奇曼是否继续制作糖果都没

---

[1] 根据他们讨价还价的技巧,布里奇曼可能只出价101美元,或者斯特奇斯可能坚持要价199美元。

有任何影响。经济学家喜欢用法院的判决"无关紧要"来总结这一观察结果。

但布里奇曼和斯特奇斯可能不会同意这种措辞，因为就他们而言，这个裁决非常重要。让法庭的裁决站在你这边，肯定比花150美元来达到你的目的更有趣。因此，更准确的说法是，虽然法官的裁决对布里奇曼和斯特奇斯来说很重要，但对其他人来说却是无关紧要的。裁决无法改变资源配置，也无法影响生产什么或者该如何生产。经济学家通常更关心资源配置，而不是个人之间的收入转移。当我们说司法裁决"无关紧要"时，我们想表明的是我们考虑问题的先后顺序。

斯特奇斯和布里奇曼之间的分歧，归根到底是在于资源控制的分歧，这种资源就是斯特奇斯诊所周围的氛围。斯特奇斯希望拥有一个可以思考的氛围，而布里奇曼则想将它当作噪声的倾倒场。法律可以将这一资源的控制权授予任何一方，且法院可以通过各种方式来保护这一权利。法官可以赋予斯特奇斯关闭布里奇曼工坊的权利。在这种情况下，经济学家认为，斯特奇斯做到了空气产权的保护。或者法官也可以要求布里奇曼对斯特奇斯做出赔偿，以弥补对他医疗实践造成的损害。在这种情况下，经济学家认为斯特奇受到责任规则的保护。如果法院想偏袒布里奇曼，也有类似的方式。

然而无论谁控制资源，无论他受到什么样的保护，他都会发现，他一定会采取对自己最有利的方式，将资源的效用最大化发挥出来，不管使用这种资源的是他还是他的邻居。法庭无法控制任何一家企业的盈利方式，因此也无法控制资源的使用方式。[1]

关于法官不起作用这一惊人观点也许一经提出就显而易见，但对于世界上最优秀的经济学家来说，它曾经远非显而易见。第一个绞尽脑汁思考这个问题的经济学家，也是第一个在这个问题上犯错的经济学家，是阿瑟·C.庇古。近1个世纪前，庇古开创性地研究了外部经济学（外部性即强加于他人的成本，就像布里奇曼的噪声一样）。他认为，当法律约束污染者（包括布里奇曼这样的噪声污染者）时，他们的行为总是会产生变化。不知何故，几十年来所有的经济学家都对此信以为真，直到一位名叫罗纳德·科斯的法学教授纠正了这一观点。

大约50年前的一天，当时在弗吉尼亚大学任教的科斯教授请求允许他访问芝加哥大学，该大学是研究法律与经济学相互作用的世界中心，他要在这里确切地解释庇古（以及当时在世的所有其他经济学家）是如何搞错这一点的。这远比听上去的更需要勇气，因为芝加哥大学经济学研讨会的基调与角斗活动非常类似。我曾多次目睹这种情形，其中一次是在芝加哥大学的一间研讨室里，一位来自常春藤联盟大学的著名全职教授在看到自己的研究成果被撕碎时眼含热泪。

科斯的研讨会已经成为经济学家中的传奇，它吸引了你所能想象到的最聪明绝顶同时也最不讲情面的观众。当时在场的4位未来的诺贝尔奖得主之一乔治·斯蒂格勒回忆说，观众是一群卓越的理论家，这是他一生中最重要的学术活动之一。对话开始前先进行了一轮投票，阿瑟·庇古获得20票，罗纳德·科

---

[1] 也许最好的方法是使糖果和医疗生意的共同利益最大化，这需要双方同意制定这一方案，然后分享利润。无论我们对蛋糕的分配方式有多少争议，但我们都有一个共识，那就是蛋糕应该尽可能大。

斯仅获得1票。斯蒂格勒后来评论道:"如果罗纳德不被允许投票,情况会更加一边倒。"

斯蒂格勒继续回忆道:"像往常一样,米尔顿[1]在发言……我印象中罗纳德并没有说服我们,但他拒绝向我们的错误论点让步。米尔顿先从一个角度抨击他,然后又从另外的角度继续抨击。接下来令我们恐慌的是,米尔顿没有伤害到他的皮毛,却击中了我们。那个晚上,投票结果被颠覆:罗纳德获得21票,庇古1票也没有。"很快,整个经济学界都被科斯征服,最终他当之无愧地被授予诺贝尔奖,因为他开创了法律经济分析的新时代。

为了对科斯的贡献做出肯定,他对裁决无用性的观察被称为科斯定理。只要争议各方能够进行谈判、达成交易,并知道他们的交易是可执行的,该定理就适用。

但显然在许多情况下,科斯定理并不适用,因为要么无法谈判,要么代价高昂。如果争端存在多个当事方,就可能发生这种情况。

例如,铁路有时会穿过农田,火车与铁轨擦出的火花偶尔会点燃周围的庄稼,致使农民遭受损失。农民要求铁路公司赔偿。法院做出对农民有利或不利的裁决,分别会导致什么样的后果呢?不同的裁决将如何影响运行的火车数量或运往市场的农作物数量,以及用于耕种的土地数量?

如果只有一个农民牵涉其中,且谈判没有受到阻碍,科斯定理的答案是"没有"和"根本没有"。如果法院裁决禁止火

---

[1] 指米尔顿·弗里德曼,美国经济学家、诺贝尔经济学奖获得者。

车穿过农田,铁路公司可以找其他办法买回路权。如果法院裁决火车可以继续运行,但农民必须得到补偿,那么铁路公司可以停止运行火车或者减少运行次数,也可以安装火花控制设备;或者它继续支付损失赔偿,也可以向农民支付一笔固定费用,让他去别的地方种地。如果法院拒绝农民诉诸任何法律,那农民可以付钱给铁路公司让铁路公司停止列车的运行或减少运行的车次,安装火花控制设备;或者他可以继续忍受损失,当然他也可以移走他的庄稼。正如斯特奇斯和布里奇曼的案例,科斯理论告诉我们,在对铁路公司做出不利裁决后的任何解决方案,也会在对农民做出不利裁决后被采用,反之亦然。[1] 法院唯一能决定的是谁向谁付钱。

但是当许多农民受到影响,而不是仅影响到一个农民时,情况就变得更加复杂了。安排一场百人谈判会面临棘手的后勤问题,还会有不易察觉的困难突然出现。即使达成了一份对所有人都有利的合同,任何一个农民都可以威胁坚持谈判并拒绝签署合同,除非他能从其他所有人的效益中再分得一杯羹。如果采取这种策略的农民有好几个,那谈判就会陷入毫无希望的僵局。

所以在这样的案例中,法院的判决确实很重要。无论法院下达什么命令,都不太可能在随后的谈判中被撤销。如果铁路公司被要求对农作物的损失负责,它可能会减少运行车次或者安装火花控制设备,但它不太可能与所有的农民达成协议并且转移他们的庄稼。如果铁路公司不必为此承担责任,那农民可能会自己转移作物,但不太可能组成联盟来为铁路公司购买火

---

[1] 再次强调,关键是要有一套方案可以使农民和铁路公司的共同利益最大化,使双方最终达成一致。

花控制设备。

让哪一方承担责任能更快地了结此事？在那次传奇的芝加哥大学研讨会之前，经济学家们一致认可"让铁路承担责任"。他们的理由如下：火车经过时产生了火花，火花造成了损害，所以铁路公司决定运行火车时，理所当然地要对其所造成的损害负责。如果运行一列火车可以给铁路公司带来100美元的利润，但是会造成价值200美元的农作物损失，那么让火车运行的经济效率是很低的。我们要如何说服铁路公司停止运行？方法是让他们支付200美元的费用。

科斯分析了这一论点，认为其中存在错误，错误在于"火花造成损害"这一说法。事实上，导致这一损害是因为火花和庄稼同时出现在同一个地方。鉴于此，说"火花造成损害"还是说"庄稼造成损害"都毫无意义。如果把火花或作物移除，这个问题就会迎刃而解。

每增加一列火车，就会导致更多的作物被烧毁；同样，在铁轨附近加大种植力度也会导致同样的后果。正如庇古所言，如果让铁路公司免于承担责任，他们就没有动力去减少列车运行车次或者安装火花控制设备，这是一件很糟糕的事；反之，如果让铁路公司承担责任，农民可以得到火灾损失的全额赔偿，这会导致他们没有动力移开庄稼或者设置防火带。如果移开庄稼或设置防火带既便宜又能容易地解决这个问题，那么让铁路公司承担责任也是一件糟糕的事情。但是这种方案到底算不算便宜和容易？经济学理论对此无法给出见解。

因此，我们开始探讨科斯定理的反定理，这也是科斯教授向芝加哥大学经济学家抛出的两枚智力炸弹中的第二枚：当环境阻止谈判时，权利——责任规则、产权规则等就开始发挥其作用了。此外，传统经济学家关于效率的良方——让每个人对他强加给别人的成本负全部责任——是毫无意义的，这是因为两者之间的任何分歧都来自双方，将所有损害归咎于其中一方是没有意义的。

庇古的见解的伟大之处在于，他指出当人可以不用承担责任时，事情会变糟。工厂污染很严重，但工厂老板不会在意还有其他人要呼吸被污染的空气；铁路上会运行着很多可能损坏庄稼的列车，因为庄稼不是铁路公司的；农民会放养很多兔子，因为隔壁种莴苣的农民的死活与他们无关。庇古认为，解决办法是通过税收、罚款或责任规则，让人们为自己的行为付出代价。如果你造成了1美元的损失，那你就要为此付出1美元。

科斯定理的伟大之处在于，他表明了庇古的分析可以双向开展。如果我的工厂污染了你的空气，我就给你带来了成本，但如果你试图限制我的行为，那么你也给我带来了成本。毕竟如果你住在别的地方，你就不会抱怨我排放的烟雾，我也不用交那么多税和罚款了。同样，如果我的铁路点燃了你的庄稼，我已经让你付出了代价，但如果你坚持在我的铁路轨道附近种植庄稼（然后起诉我赔偿损失），那么你也让我付出了代价。

至于那个养兔子的农民——那个放纵他的兔子在邻居的莴苣农场上撒野的农民——庇古会坚持让他赔偿损失，而科斯则更加公平。养兔人有很多办法可以解决这个问题：把兔子关在笼子里，把它们的牙齿锉掉，养其他品种的兔子，或者改养壁虎。莴苣农场主也有很多方法来解决这个问题：用篱笆围起莴苣，喷洒驱兔剂，搬走，或者改种大麦。如果养兔人不被起诉，他就没有动力去实施他的解决方案。反之，如果种植莴苣的农民经常因损失莴苣而得到补偿，那么他同样没有动力去实施他的解决方案。哪种结果更糟？这取决于谁的解决方案更好，但纯理论无法告诉你答案。

在2010年的三个月里，失控的石油涌入墨西哥湾。到当年年底，近500万桶石油泄漏，墨西哥湾的渔业和旅游业遭受重创。为了应对来自白宫的巨大压力，英国石油公司（BP）设立了一个200亿美元的基金来赔偿受害者。

记者和博主们快速回应，他们认为经济理论建议这样的补偿，这样英国石油公司和其他公司就有动力在未来更加谨慎。如果经济理论在过去50年里没有任何进步，这句话可能是准确的，英国石油公司应该对损害负责的结论可能是正确的。但现在我们明白，它也可能不正确。解决之道不在于理论，而在于事实。

记者们从阿瑟·庇古那里学到了精髓：当决策者感受到他们行动的后果时，我们会得到更好的结果。但他们忽略了罗纳德·科斯的洞察：庇古的观察是双向的。数千艘捕虾船被闲置，部分原因是英国石油公司在墨西哥湾开采石油，还有部分原因是捕虾船选择在石油钻井平台附近作业。赔偿让英国石油公司感受到了其行为的后果，但捕虾者却不必为此承担责任。

为英国石油公司还是捕虾人制定正确的激励措施，哪一个更重要？经济理论无法权衡。这取决于石油的价值、虾的价值、英国石油公司改变其钻井方法的成本，以及捕虾人在其他地方捕虾或寻找不同职业的成本。

那么，法院应该怎么做？这在很大程度上取决于法官想要达到的目标。如果他们的目标不是经济效率，而是正义、公平或一些抽象的法律标准，那么经济分析很难有所建树。但是，如果他们的目标是经济效率，那么从科斯的分析和由此产生的知识体系中，我们可以学到很多东西。法官经常明确表示对其判决的经济后果感兴趣，经济学家认为这种考虑在基本法的演变中发挥了重要作用。现在，假设有一位法官有此担忧，他向我们咨询我们可以给他的意见。

第一，确认。如果对立的双方能够谈判并执行合同，那么你的裁决就无关紧要，裁决也不会出错。因为随后的谈判将促进资源的有效分配，而这完全不取决于你的裁决。

第二，提醒。不要试图通过判定谁有错来裁决案件。即使你认为你能理解这个概念，但这种理解不一定能让你做出有效的裁决。损失的代价应由能够以更低成本防止损失的一方承担，而不一定由被贴上"肇事者"标签的一方承担，这种标签通常来自被误导的常识。

第三，安慰。要确定谁能以更低的成本防止损失，往往有一定的难度。假设你在法庭上宣布，火车将对火花造成的损害负责，除非农民能够以低成本防止损害——在这种情况下，火车不承担任何责任。你期望农民透露以低成本防止损害的方法，但是他们不会告诉你，除非你是农业或者铁路建设方面的专家，否则你不太可能知道该由谁承担成本。

第四，建议。尽量为双方谈判提供便利。如果他们可以谈判，那么我们就回到了不会出错的情况。

让我通过一个例子来阐述一下这条建议。这个例子并非故意不考虑在现实世界中可能很重要的因素，简化是为了方便阐明观点。

煤矿工人很容易受工伤。如果矿主安装安全设备，这些工伤的数量和严重程度可以降低。根据科斯定理，是否安装此类设备的决定与矿主是否应对矿工的伤害负责无关。

如果以5000美元的价格安装一台设备，可以避免价值8000美元的医疗费用，那需要支付这些医疗费用的矿主就会安装它。如果矿主不需要支付医疗费用，他仍然会安装机器，因为他的员工会给他一些钱，比如7000美元来安装它（在实践中，这种付款的形式很可能是工人接受较低的工资）。[1]

因此，从安装正确数量的安全设备的角度来看，法官无论如何裁决都不会出错。

然而，还有另一种预防事故的方法：矿工在井下时可以更加谨慎。如果他们要为自己的医疗费用负责，他们就有动机谨慎行事了。但是，如果是矿主而不是矿工要承担这些医疗费用呢？

一方面，如果矿主承担矿工所有的医疗费用，矿工就不会那么谨慎了。另一方面，你可能还记得科斯定理：矿主可以提高矿工的工资，以换取他们的谨慎行为，由此产生的谨慎度可以与矿工自身担责时完全相同。

如果为谨慎付费的合同可以执行，那这种做法就是正确的。但其中会有一些波折：矿主每天额外给每名矿工10美元，就是为了让他们在矿井中格外小心。矿工们收了钱，但当他们下到矿主永远不会去的黑暗地下时，他们会继续胡闹，好像他们没有拿这笔钱一样，而矿主永远不会知道他们的所作所为。

在这种情况下，矿工的行为无法被观察到，这就导致合同无法执行，使得科斯定理不适用于此种情形。所以，当有人为

---

[1] 相反，如果同一台机器只能阻止价值4000美元的工伤，则无论矿主是否要对工伤负责，他都不会安装该机器。

矿工支付医疗账单时，他们的行为会更冒失、更鲁莽。

让我们站在法官的立场上思考一下。法官不知道安全设备的成本是否合理，因为他没有采矿经验，也没有好的方法来评估安全设备能防止多少事故。出于同样的原因，他不知道矿工的谨慎行为在成本上是否合理（因为他也无法估算矿工时刻保持警惕的成本的货币等价物）。

但他知道，如果矿工自己承担医疗费用，这一切就都可以实现了。如果谨慎是有用的，他们会自发地提高警惕；如果安全设备是有效的，他们会付钱给矿主安装安全设备。然而，如果成本落在矿主身上，那么最多只能实现一半的效果，即如果安全设备是有效的，那么他们就会安装安全设备；但他们不可能让矿工谨慎，因为要实现谨慎，需要一份可执行的合同，这就要求矿主视察矿工的行为，但这无法实现。

这个简单例子的寓意是让矿工自己承担事故的成本，以便采取每一种成本合理的预防事故的手段。更深一层的含义是，法官应以这样的方式划分责任，以最大限度地增加审判后谈判的机会。因为法官不是无所不知的，他们应该做出可以通过当事人之间讨价还价而容易改变的裁决，毕竟，当事人最了解自己行为的成本和效益。

通过以上分析可以得出：法院甚至不应该试图估算成本和效益，成本和效益最好通过私下谈判来计算。法院要考虑的正确问题是：哪种责任规则最不会干扰这些谈判？正确的答案不一定时时有，但找到正确的问题也是一种进步。

第三部分
如何有效阅读
———

十 在毒品战争中选择立场：《大西洋月刊》是怎样站错队的[1]

理查德·J.丹尼斯是华盛顿毒品政策基金会的前首席顾问。他曾是一名无比成功的大宗商品交易员，有传闻称他曾经在10年的时间里将1600美元增值到2亿美元。作为芝加哥白袜队的前股东之一，他担任了多个基金会的董事会成员，还撰写了一本书，这本书让他成为出版业有史以来最糟糕的成本效益分析的作者。

我从维基百科上了解到了关于他的部分内容，还有一大部分是从《大西洋月刊》（*The Atlantic Monthly*）上得知的。《大西洋月刊》曾因判断失误，发表了丹尼斯先生一篇文章，该文章题为《毒品合法化的经济学》（"The Economics of Legalizing Drugs"），他的隶属关系和职业生涯刊登在杂志前几

---

[1] 本文仅代表作者个人观点，目的是启发读者从不同角度思考问题，未必主张此类做法。——编者注

页关于撰稿人的章节中。这篇文章充分暴露了丹尼斯先生对经济学的无知。

丹尼斯先生的结论是"毒品合法化的利要大于弊",对于该结论是否正确,我无从质疑。但他得出这一结论的唯一途径是将成本视为效益,将效益视为成本,这忽略了收支各方的一系列重要因素,并重复计算了一些他有意归纳在内的因素。

如此彻底的谬误应该得到充分的认识。我们要从他人的错误中学习,这么多错误集中在一起,对我们来说是一种运气。本来还有更多近期关于成本效益分析的糟糕案例,但没有一个案例能像这篇文章一样彻底地犯下所有可能想象到的错误。要掌握成本效益分析的原则,还有什么比分析一项违背所有原则的研究更好的办法呢?

例如:

原则1:税收收入不是净效益,税收收入的减少也不是净成本。丹尼斯先生预估,如果毒品合法化并征税,政府每年至少可以获得125亿美元的收入,他将这些收入视为毒品合法化的好处。但税收只是把钱从一个人的口袋里面拿出来,放到另一个人的口袋里,从整个社会的角度来看——这是成本效益分析所坚持的观点——这既不是效益也不是损失。如此计算是没有意义的,既不应该在账本的任何一边加上这笔钱,也不应该减掉这笔钱。

如果税收代表社会的净效益,那么致富之路就是政府对每一项活动都尽可能地征收高额税金。在收入重新分配后,还可以再次征税以创造更多的财富。凡是纳过税的人都不难发现这个方案的漏洞:收税人得到什么,纳税人就会损失什么。

如果政府命令每个偶数地址的人向奇数地址的人支付1美

元，没有人会认为这让社会资源实现了净增长。如果政府对居住在偶数地址的1.5亿美国人每人征收1美元的税并将效益分配给奇数地址的人，政府收入将增加1.5亿美元，但同样不会给社会带来任何净效益。

当然，这是假设政府确实对收入进行了再分配。要么是直接分配（例如通过社会保障金），要么是间接分配（例如建造邮局或维护国家公园）。相反，如果政府选择将新获得的1.5亿美元收入用于挥霍浪费而不是再分配，那么社会将变得更加贫穷。但是，这种贫穷应该归因于挥霍浪费本身，而不应归咎于为其提供资金的税。税本身既不是净效益，也不是净成本。

丹尼斯先生的很多论点都基于这样的观察：如果毒品是合法的，我们就可以对它们征税。但如果目标是提高税收，那就没有必要使毒品合法化，因为还有很多其他项目可以征税。如果毒品合法化有社会效益，那么它一定是体现在别的方面。

原则2：成本就是成本，不管由谁来承担。到目前为止，丹尼斯先生计算出了毒品合法化后那根本不存在的125亿美元的好处。除此之外，他还补充道，政府每年在逮捕、起诉、监禁毒品违法者方面的开支可以节省出280亿美元。他在严重高估税收收入的好处（正确计算的话，是0美元，而不是125亿美元）后，又转向了另一个方向——严重低估执法成本。

丹尼斯所说的280亿美元主要来源于政府的直接现金支付，但他忘了加上那些由囚犯自己承担的被监禁后的成本。数十万人被剥夺了工作、照顾家人或在海滩上散步的机会，毒品合法化将为他们恢复这些机会，这些产生的效益至少相当于丹尼斯先生认为执法部门可以节省的成本。

现在，这些好处中的一些或全部可能会被一些令人讨厌的人，或者被我们认为不值得的人所占有。但无论如何，好处就是好处，该计算多少就计算多少。成本效益分析不做道德上的区分，它只是把一个行为所产生的所有好处加在一起，并将其与坏处进行对比。如果一个毒贩在监狱里不开心或者不从事生产，他在这方面的损失相当于狱卒的工资和监狱建设的成本。可以预见的是，取消这些费用是毒品合法化产生的合理利益。

我们该如何用金钱来衡量囚犯的潜在自由呢？原则上，正确数字取决于囚犯的支付意愿，即他愿意为避免牢狱之灾而牺牲的金额。在实践中，我们可以用囚犯凭借自由所能赚取的收入来估算这个数字（这可能是一个较差的近似值，但却是可用的最佳近似值）。将所有与毒品有关的囚犯的收入加在一起，肯定会达到数十亿美元。除此之外，我们还应该加上吸毒者在试图逃避侦查、起诉和定罪时所付出的代价，丹尼斯先生同样也忽略了这一点。

原则3：商品就是商品，不管是谁拥有它。丹尼斯先生认为吸毒导致违法犯罪，尤其是由吸毒导致每年60亿美元的盗窃，他将被盗窃60亿美元视为禁毒的成本，但被盗窃的财产并没有消失。当电视机从一个家庭搬到另一个家庭时，它仍然是可靠的娱乐来源。即使这些服务的新接受者是小偷或赃物经销商，情况亦是如此。

盗窃确实有社会成本。一方面是盗贼的时间和精力成本——这些时间和精力本来可以用于从事某种生产（如果我花一个下午的时间密谋偷你的自行车，结果我们只有一辆自行车；如果我用同一个下午造一辆自行车，我们最终会有两辆自行车）。但是，这笔成本可能远远低于被盗财产的价值。

在美国，效率最低的小偷每次偷100美元，就要花费大约

100美元的精力。如果他的成本低于100美元，其他效率比他更低的人就会发现偷窃有利可图，那这些人将进入这个行业，他就将不再是美国效率最低的小偷了；如果他的成本超过100美元，那他就不会长期从事小偷这个职业。

但这只描述了效率最低的小偷的情况，其他小偷效率更高。他们可以用不到100美元的努力偷走价值100美元的财产。因此，盗窃财产的价值总是超过偷它的成本的。

另一方面，我们还没有考虑盗窃的所有社会成本。受害者购买防盗警报器、雇警察和保安人员、避免在危险街区行走等来保护自己，也会产生其他成本。考虑到这些因素，犯罪的社会成本可能高于也可能低于被盗财产的价值。因此，丹尼斯的60亿美元既可能低估也可能高估了通过毒品合法化减少犯罪所带来的效益。我自己的猜测是，这是一个严重的高估。无论如何，60亿美元这个数字与正确的计算结果完全无关。

总结一下到目前为止的案例，丹尼斯先生认为毒品合法化每年带来的好处如下：125亿美元的税收（高估了125亿美元），280亿美元的执法成本（严重低估，因为它忽略了自由对囚犯的价值），60亿美元的防盗费用（完全随机估计，只衡量了被盗财产的价值，但与盗窃的真实成本无关）。除此之外，他还节省了用于打击哥伦比亚毒枭的37.5亿美元的军费开支。这些效益加总起来为502.5亿美元。

在完成了对效益方面的调查后，丹尼斯先生将他的分析能力转向了成本的计算。在这里，他一开始就违反了最重要的原则：

原则4：自愿消费是件好事。丹尼斯先生承认，毒品合法化将导致毒品价格下降和吸毒人数增加，他认为这是合法化的成本。但是，消费者如果能够因为价格下降而增加消费，那么他们获得的是利益，而不是成本。

当然，这是假设人们知道什么对自己最好的情况下，有人可能会争辩说，在毒品的案例中，这个假设并不总是正确的。但是，为证明成本效益计算的合理性而建立的所有理论机制都主要依赖这一假设，因此没有它，是不可能进行成本效益分析。我们要么接受这一假设，要么被迫在成本效益分析以外的基础上对该政策进行评估。

因为丹尼斯先生想做成本效益计算，所以我们接受这一必要的假设，并据此评估毒品合法化的"好处"。

经济学家说，当你饿到愿意花15美元买1个比萨，而又能以10美元的市场价格买到时，你就获得了价值5美元的消费者剩余。你买的几乎每件东西都能获得一些消费者剩余，你准备支付的最高金额几乎总是超过你在市场上实际支付的金额。在长期的市场竞争中，市场创造的所有利益都倾向以消费者剩余的形式表现出来。在几乎所有的成本效益分析中，消费者剩余都是效益的主要来源之一。

当比萨的价格从10美元降到8美元时，消费者剩余就会增加，原因有两个。首先，价格更低了，所以你每买1个比萨饼就能额外获得价值2美元的消费者剩余；其次，你可能会买更多的比萨饼，因此有更多的机会赚取消费者剩余（有些人甚至可能是第一次吃比萨，从而赚到了以前没有赚到的消费者剩余）。

其中的第一个优势——低价的优势——并不是真正的社会效益。对消费者来说，花8美元而不是10美元购买1个比萨是件好事，但比萨制造商可能对此有不同的看法。无论消费者从低价中得到什么，这种效益都会被生产者的相应损失抵消。考虑到消费者和生产者双方的利益时，较低的价格本身并不影响成本与效益的平衡。

然而，消费者剩余增加的第二个来源——人们比以前享用更多的比萨——是一种真正的社会效益，这必须算作一种优势。如果政府政策的变化导致比萨饼价格下降2美元，那么分析该政策的关键任务之一将是估计比萨饼消费增加所带来的消费者剩余的增加。

毒品也是如此。为了便于讨论，让我们采用丹尼斯先生文章中的数字：在他写这篇文章时，美国有3000万可卡因使用者，这些人每年总共花费1000亿美元；在毒品合法化后，美国将增加750万可卡因使用者，且合法化将使毒品价格下降到目前水平的1/8。[1]简单计算一下，在新的低价下，这些新使用者将在毒品上总共花费约30亿美元。从这些数字中还可以合理地推断出这些毒品的总价值——新使用者在必要时愿意支付的金额——约为100亿美元。[2]

因此，毒品合法化将为新的可卡因使用者创造每年超过70亿美元的净效益，这一估计不包括现有用户的效益，他们将增加自己的消费。

丹尼斯先生并没有把自己数据所暗示的70亿美元效益计算在内，而是将毒品增加的成本计算为250亿美元。为什么是250亿美元？这是他对新吸毒者吸毒所产生的私人健康成本和个人收入损失的估计（令人欣慰的是，在这个紧要关头，丹尼斯终

---

[1] 这些数据与本章中的所有数据一样，在丹尼斯先生的文章发表时是最新的。今天，数据可能已经改变，但正确的分析模式是永恒的。

[2] 这个数据可以根据本段中的数据、一些经济理论和一个额外的技术假设来计算。对于那些对技术假设好奇的经济极客来说，无论是用直线还是恒定弹性需求曲线，都可以计算出来。

于决定开始关心个人收入的损失了,在个人收入被征税的时候,这似乎并没有困扰他)。

无论如何,消费者剩余增加的70亿美元已经扣除了医疗成本和收入损失。任何此类损失都会反映在人们愿意为毒品付费的金额上,因此在最初的计算中就会隐含地将这些损失考虑在内。然而,丹尼斯先生把这些个人开支单独列出,从而违反了另一项原则:

原则5:不要重复计算。

《毒品合法化的经济学》是有史以来最糟糕的成本效益分析之一。它的作者(大概与《大西洋月刊》的编辑一样)未能掌握两个简单的超级原则,而所有其他原则都来源于这两个原则,即

个体是最重要的

和

所有个体都同等重要

这是成本效益的游戏规则,你不必遵循它们,但如果你不遵循,你就是在玩别的游戏。

如果丹尼斯先生记得只有个体才是重要的,他就不会犯下把政府收入算作一件好事的低级错误。政府不是个人,所以政府不重要。政府把收入分配给个人是一件好事,但这会被从个人那里征收的税收所抵消,这是一件和好事同等糟糕的事情。你可以同时计算它们(在这种情况下它们相互抵消),或者更简单地说,你可以两个都不计算。

尽管你可能听说过,但我还是要再强调一次,经济学家们

对"对国家有利""对经济有利"或"对通用电气有利"这类话,是完全不关心的。如果通用电气的利润增加1亿美元,经济学家会很高兴,因为通用电气的个人所有者增加了1亿美元的财富。如果通用电气的老板们在关闭公司的同时全神贯注地冥想,达到一种超然的平静状态,并估计这种状态的总价值为1亿美元,那经济学家们也会同样地高兴。

美国人是否应该更努力地工作、更多地投资,以增加工业生产?经济学家的回答是:除非这能让他们更快乐。新闻播音员在报道经济增长时,就好像它是一种没有成本的效益。经济增长确实有利于个人,因为它使他们能够在未来增加消费。但创造经济增长的条件给个体带来了成本,他们必须更加努力地工作并减少当前的消费。这样的代价是值得的吗?答案完全取决于个人偏好。什么是"对经济有利"的,这不是经济学家的考虑因素之一。

如果理查德·J.丹尼斯更关心个人而不是经济体或政府等抽象实体,那么在计算执法成本时,他就不会犯只计算政府支出的错误(政府支出是真正的成本,但这只是因为账单最终是由纳税人支付),他就不会忽视那些被关进监狱的个人的成本、那些花费资源来保护自己免受犯罪侵害的个人的成本,以及花费资源来避免被抓的毒品罪犯的个人成本。

因为所有的个体都很重要,而且不同的个体可能有相反的利益,所以我们需要规则来权衡一个人的偏好与另一个人的偏好。如果我们被要求决定是否扩张伐木业,其中杰克重视报纸而吉尔重视林地,我们需要一种方法来比较杰克的潜在效益和吉尔的潜在损失。这有很多在哲学上站得住脚的立场,而成本效益分析的逻辑(这是我在别处所说的"效率逻辑"的另一个名称）毫不含糊地选择了其中之一。[1]它的立场在我们的第二条原则中得到了阐述：所有个体都同等重要，他们的偏好程度依靠他们的支付意愿来衡量。如果杰克对锯木厂的一棵树估价为100美元，吉尔对森林中的一棵树估价为200美元，那么我们宣布伐木的效益为100美元，成本为200美元。我们不去探究杰克或吉尔做出决定背后的道德价值。

原则上，如果我们设想政策的变化（例如，从禁止毒品到容忍毒品），我们可以设想以下实验：将所有支持现状的人排成一排，然后问他们每个人："你愿意付多少钱来阻止这一政策的改变？"将他们回应的结果相加，就可以测算出政策变更的总成本。然后再把所有支持改变的人排成一排，问他们每个人："你愿意支付多少钱来改变这项政策？"他们回答的总和就是总效益。

我们坚持对所有个体一视同仁，会产生一些惊人的意义。其中一个意义是，价格的变化从来都没有好坏之分。无论买家得到什么，卖家都会相应地失去。价格变化往往是由技术或法律环境的变化引起的，这些变化同时会对生产成本或消费水平产生或好或坏的影响。但价格变化本身既不是好事，也不是坏事。

随着1992年利率大幅下降，《纽约时报》(*New York Times*)发表了一篇专题文章，宣称这是一个美好的发展：借款人现在更容易为汽车、住房和资本设备融资。当然作为一个小小的警告，文章也承认，对贷款人来说，情况并不那么乐观。它将这一问题称为不幸的"副作用"。

---

[1] 有些人似乎认为，成本效益分析应该是纯粹客观的，即不包含任何道德的先入之见，好像这是可能的一样。

但利率就像价格。每当有一个借款者，就有一个放贷者，你每借到1美元，就有人要借出1美元。低利率的所有优点恰恰被其缺点所抵消，借款者和放贷者同样重要。

当我们着手进行成本效益分析时，我们应该平等地对待每一个人。买家和卖家是平等的，借款者和放贷者是平等的，毒贩、小偷、瘾君子和警察、商品经纪人、芝加哥白袜队的股东、圣徒也是平等的。

如果丹尼斯先生记得每个人都同样重要，他就会把吸毒者被监禁的时间视为一种成本，而将自愿吸毒者的消费增加视为一种效益。他会意识到，通过税收或盗窃来转移收入并不会创造或毁灭任何财富，它们只是在个人之间转移财富，而个人的偏好同样重要。

也许丹尼斯先生并不完全赞同平等对待所有个体的哲学或政治含义。任何经济学家都不会否认他有权拥有这样的立场，而且许多经济学家——很可能是大多数——都会对此深表同情。然而，如果这是他的立场，那就意味着他必须在成本效益以外的基础上评估政策。此外，他有责任告诉我们这个替代的基础到底是什么。对于想知道作者对哲学的先入之见与他自己是否相符的读者来说，丹尼斯先生罗列的这份自以为是的成本和效益清单，并不是很有启发性。任何政策分析师都应该公开自己的道德标准，然后提出一份与这些标准明显一致的评估。

很多时候，许多经济学家会采用成本效益准则作为制定政策的一般指南。[1]有时，它的含义让我们感到不安。面对一项

---

[1] 成本效益准则相当于我在其他章节中所说的"效率准则"。

能让互联网亿万富翁增富1000美元，却让一位苦苦挣扎的单身父母损失900美元的政策，成本效益准则建议人们接受；如果把亿万富翁换成一个凶残的犯罪组织头目，情况也是如此。在这种情况下，我确信几乎每一位经济学家都想放弃严格的成本效益准则。

然而，当经济学家面临一项政策决策时，他的第一直觉之一还是根据前文的这条最重要的原则来分析成本效益，这种本能至少出于以下两个原因。

首先，如果一贯采用成本效益准则，那么大多数人在许多政策决策过程中获得的效益，可能会大于他们的损失。尽管这一准则的任何特定应用都可能以不公平的方式伤害好人，但事实就是如此。当我们禁止伐木，以杰克100美元的损失为代价给吉尔带来200美元的利益时，杰克至少可以感到安慰，因为他知道我们会在未来的争议中站在他这一边，他能获得的潜在利益是巨大的。我们这些遵循成本效益准则的人，会在你失去一点点的时候反对你，在你得到很多的时候支持你；总的来说，我们可能对你利大于弊。

其次，经济学家喜欢成本效益准则，是因为他们善于应用它。经济理论允许我们推导出准则支持哪些结果，而不必进行具体的计算。例如，我们从理论上知道，当产权得到明确界定且市场竞争激烈时，市场价格会使效益超过成本的部分最大化。在这种情况下，即使没有明确计算任何成本或效益，我们也可以自信地预测，相对于市场结果，价格管控肯定是一件坏事。

我们喜欢成本效益准则，首先是因为我们认为从长远来看，它的应用会让几乎所有人都过得更好，其次是因为它很容易应用。换句话说，效益高就是高，成本低就是低。这种推理过程可能略显迂回，但成本效益准则非常值得推荐。

十一 赤字迷思

每秒还款1美元,40多万年才能还清国债。这样的事实可以让人触动,但无法给人启发。不幸的是,它们已经渗透到公共话语中,并取代公众对债务和赤字的理解。[1]这样一系列未经证实的信念——如果你愿意,可以称之为迷思——经常在国会、主流媒体和互联网每个博客的评论区里反复出现,人们对此并不加以鉴别。这些迷思有多站不住脚,就有多么广为流传。

基于对赤字的迷思产生了(至少)三大误解:一是官方报道和广泛分析的数据接近经济现实;二是当政府出现赤字时,某些可识别群体(个体纳税人、"子孙后代"以及一般的私营企业)显然会受到伤害;三是政府赤字影响利率的方式,是通过人们自以为理解的简单机制实现的。下文将逐个剖析这些迷

---

[1] 政府赤字指政府某一年的借款额,政府债务是政府所欠的总额。赤字1000亿美元意味着债务增加1000亿美元。

思。但在此之前,我先借助一则寓言来阐明关键论点。

一则寓言

假设你雇了一名职业购物者山姆(Sam)帮你买衣服。山姆去商店,替你决定花多少钱,买什么,以及如何付款。

我们先假设山姆已经决定给你买一套100美元的衣服(不论明智与否),然后将焦点锁定在最后一个决定上,即如何付款。山姆有三种选择:方案一是从你的银行账户中取出100美元,并提前付款;方案二是先用你的信用卡支付,然后在一年内还清债务,在此过程中产生10美元的利息(假设年利率为10%);方案三依然是先用你的信用卡支付,但永远不还清债务,在这种情况下,你将永远每年被收取10美元的利息。

为了计算这三种方案的影响,我们先假设你的银行账户中有1000美元,现行年利率为10%。[1]如果不买这件衣服,那么明年你的账户余额将为1100美元。不管山姆做什么,都会消耗这笔余额;现在我们来计算这三种方案。

在方案一的情形下,你的银行卡余额将在今天从1000美元降到900美元,减少100美元。一年后的今天,900美元将会产生90美元的利息,于是账户余额为990美元。而如果不买衣服,余额本该是1100美元。那少了的110美元去哪了呢?答案是:山姆预付了100美元,同时又因此损失了利息10美元。

在方案二的情形下,由于直到下一年才会有支出,所以你的账户余额将为1100美元。然后山姆会取出110美元偿还信用卡账单(100美元本金和10美元利息),你的余额也是990美元,

---

[1] 你可能会反对,银行利率和信用卡利率并不相同。这个反对是合理的。但请允许我这么假设,我保证这个例子还是会有启发性的。

和方案一相同。

那么你会选择方案一还是方案二呢?实际上无所谓。方案一意味着你花100美元买衣服,同时放弃10美元的利息;方案二意味着你花100美元买衣服,同时支付10美元利息。差额是一致的。

现在来看看方案三:对购买的东西收费,但永远不支付本金——这是一个"永恒债务"政策。该方案实施一年后,你在银行有1100美元,山姆从中扣除10美元支付第一笔利息。你还剩1090美元。但这个方案也让你承诺永远每年支付10美元,迫使你要留出一笔资金来支付这些费用。那么你需要多少资金?答案是100美元,因为这笔钱刚好每年可以产生10美元利息。

现在,你的账户余额是1090元,但是其中有100美元是你不敢取出的。于是,你会有990美元的可用资产,数额与方案一和方案二完全一致。

财务问题大可交给山姆来处理,他做什么决定都没有关系。如果他让你陷入债务,你将会产生利息费用,但同时你也将从储蓄中赚到足够多的钱来支付这些费用。整件事很公平。

这并不意味着你不会因为其他原因对山姆感到非常不高兴(或非常高兴)。如果你认为他有花钱太多或太少的习惯,或者他对衣着的品位自1983年以来一成不变,也许你会想解雇他(或者,如果他很会讨价还价,你可能想和他续约)。

同样,你可能会对一个花钱过分铺张或过分吝啬或不明智的政府感到不满,但只要确定了支出水平并选定了支出项目,政府就只有三种支付方式:今天向你征税;先借钱,在未来某个日期偿还债务(附带利息),并在那天向你征税以获得所需的资金;先借钱,让债务永远滚下去,定期向你征税来偿还利息。美国这位"山姆大叔"和购物者山姆之间的类比表明，选择哪种支付方法并没无区别。

事实上——这一点很重要——当我们把购物者山姆替换为美国"山姆大叔"时，这个比喻就变得更加真实了。我们一直在假设你的储蓄账户的利率与你的信用卡利率相同。这（正如我在上文脚注中所说）几乎可以肯定是错误的。但当政府充当你的购物者时，它会以美国国债的利率来借钱，而你只需将你的储蓄投资于美国国债，就一定可以挣到钱。

这个寓言遗漏了很多因素。如果你预计自己会在未来六个月内死亡且不关心遗产规模，那么你可以通过快速增加一年后到期的巨额债务获利。这有悖于之前说的你不在意山姆是用现金还是用信用卡支付（另一方面，如果你将继承人的幸福看作是你自己幸福的延伸，此前的论述重新成立）。此外，如果个人希望在不同时期适用不同的纳税等级，那他们可能会选择现在纳税或以后纳税。

该寓言还遗漏的一点是，不同于银行存款，税收会产生令人不快的抑制作用。同时，应该让这些抑制作用随着时间推移均匀分布，而不是积累起来，一次性重创所有人。这也是为什么要尽量让当前税率和未来税率大致相等，这一点和避免债务规模过大（或过小）是一回事。

但这则寓言仍然是有力的。它表明，如果赤字确实"重要"，那么其背后原因是相当微妙的。这显示，赤字本身并不优于或劣于税收，并且我们可以合理认为自己首先要关注的应该是政府开支的水平和构成，而不是如何为这些开支筹措资金。

现在来看看一些对赤字的迷思。

关于数字含义的迷思

政府支出（以及随之而来的政府赤字）的官方衡量标准，是将一大堆毫无理论依据的数字任意加在一起得出的。这些数字包括政府对资源的实际消耗（如教育或军事开支）、转移支付（如社会保障）和以往债务的利息。虽然社会似乎崇拜数据，但对这些支出的累加（然后再减去税收来计算赤字）就像是把苹果、梨和橘子加起来，不具备任何经济意义。对支出数额，政府机构试图预告，报纸严肃地报道，博客作者感到苦恼。但似乎从来没有人过问，这些数字意味着什么。以下迷思支撑了这些被广泛接受却毫无意义的计算。

迷思1：以往债务的利息是负担。在计算赤字时，支付以往债务的利息被视为支出，这让纳税人产生了这些付款是净损失的印象，而事实并非如此。

假设政府为了避免今年向你增税而借了5美元。确实，这会让你的债务负担增加5美元——但同时也会让你的储蓄账户增加5美元。一年后，（假设）你的债务负担增长到6美元——但你储蓄账户中额外的5美元也在增长。

换言之，过去债务的利息是本金自己偿还的。债务产生的利息负担会由储蓄产生的利息抵消，实现平衡，因此并没有负担。因此，政府支出或政府赤字的衡量中，不应包括以往债务的利息。但是实际计算中，以往债务的利息一直被包括在内，这就意味着至少就此而言，赤字规模被严重高估了（稍后我们将看到它可能被严重低估的一些原因）。

讽刺的是，政客们经常把国债利息描述为赤字中最沉重的部分——事实恰恰相反！

迷思2：不论项目，花1美元就是花1美元。这个迷思认为，1美元用于建造政府办公楼（消耗钢铁和劳动力等原本可以在其他地方使用的实际资源）和用于社会保障（社保可以不花1分钱就让一个人变得更富有，让另一个人变得更贫穷）是一样的。但显而易见的是，前者在某种意义上是负担，而后者并不是。任何将这两者一视同仁而得出的数据，可信度都高度可疑。

没有哪家私营企业会犯这个错误。如果通用电气花1美元装修工厂或者为公司大堂购买艺术品，那就是一笔开支；但通用电气向股东汇款1美元时，那不是开支，而是股息。如果美国政府花1美元来造一辆坦克或雇用一名护林员，那就是一笔开支；但当美国政府把钱汇给社保金领取者时，那就更类似股息了。如果我们把社保金领取者算在"纳税人"之内——为什么不能呢？——这样纳税人就不用为这笔支出花钱了。钱只不过是从一个纳税人转移到另一个纳税人手里而已（与购买导弹或维护国家公园所花的1美元相比，后者要求受款人诚实地工作一天或提供实际物品，从而放弃了获得其他收入的机会）。

这并不是说你不能对那些转移项目抱有强烈意见。通用电气发股息的时候对所有股东一视同仁，但不同于通用电气，政府有时候在进行转移支付时会偏好某一个群体。如果你是不受偏好的群体的一员，那么你可能会抱怨。这种抱怨是合理的，但与赤字本身无关。

迷思3：忽略通货膨胀。对包括政府在内的任何债务人来说，通货膨胀都是一件好事。假设政府的债务是15万亿美元且年通胀率为5%，那么每年债务的实际价值会减少7500亿美元。这7500亿美元就是政府收入，和政府获得7500亿美元的税收收入是等同的，也应该这么计算。但实际计算中并非如此。

迷思4：忽略承诺支出。假设一名新总统承诺增加高速公路支出、教育支出或军备支出，那么即使在项目启动之前，这个承诺也是债务（打个比方，我承诺下周给你100美元的支票，这就是债务）。因此在计算经常赤字时，可能应把承诺支出也计算在内。但实际计算中并非如此。

如果不确定总统是否真的会兑现承诺（这种不确定是合理的），那么问题就变得更加棘手了。如果我承诺下周给你100美元的支票且我们双方都不确定我是否会当真，那这种承诺是债务吗？目前没有明确答案。

截至本文撰写之时，官方统计数据显示，美国国债规模大约为14万亿~15万亿美元[1]。但其中不包括政府维持社会保障和联邦医疗保险的承诺。

当你向社会保障系统支付一笔款项时，这被称为税；当你领取一项福利时，这被称为转移支付。这就是现行会计制度的运作方式。但一种计算方式不同且同样合法的会计制度，可能会将你向社会保障系统做的支付视为对政府的贷款，而将你领取的福利算作政府对这些贷款的偿还。这一简单的改变将增加8万亿美元左右的美国国债，如果把这种计算逻辑应用于联邦医疗保险，债务将增加近400万亿美元。

那么，为什么报告中的政府债务约为15万亿美元，而不是超出60万亿美元呢？这仅仅是因为，在时间的迷雾中，一些会

---

[1] 美国财政部网站2023年9月18日更新的信息显示，美国联邦政府债务规模达到33.04万亿美元。——编者注

计师的操作犹如掷硬币。一个数字的价值取决于完全任意地选择同样合法的会计方法，这样的数字能有多大的经济意义？

债务负担的迷思

下面我们来谈谈有关债务负担的迷思。由于尚不明确债务是负担，仔细审视似乎并无必要。但这些迷思尤其具有诱惑性，我认为值得完全曝光它们的问题基础。

迷思5：我无法逃避债务负担。当然可以。你可以还清你那份。事实上，任何时候你都可以这么做。

假设你的国债份额是5万美元，政府每年为此支付1500美元的利息。这笔钱必须得有出处，所以每年你的税收账单要比在没有政府债务的世界里高出1500美元。可能每年1500美元是你声称无法逃避的负担。

你似乎在期待政府一次性还清债务，让你摆脱每年1500美元的责任。这等同于想象政府一次性拿走你的5万美元，还清你的那部分债务，然后每年让你少交1500美元的税。但政府一定会拒绝这么做。

没问题。你要做的是拿5万美元，把它存入一个支付和政府一样利率的储蓄工具里[1]，然后假装这笔钱永远消失了。每年你会得到1500美元的利息，你可以让银行直接把这笔利息寄给政府，支付税收。于是，每年4月15日，你可以从欠政府的债务中减去1500美元。

---

[1] 例如你全部用来购买政府债券。

这个策略就相当于你还清了自己的那部分债务，永远摆脱了债务负担。你可以随时使用这一策略。[1]

迷思6：政府的税收收入犹如家庭收入。假设每年你的支出都超过收入，你因此担心自己在财务上变得不负责任。以下哪一项可以让你的家庭重拾稳健的财政？

选项1　减少支出

选项2　增加收入

选项3　不用ATM机，这样你口袋里会有更多的钱

我想选项3是一个非常糟糕的答案，这一点显而易见。现在让我们来试着问另一个问题。

假设每年政府的支出都超过其税收收入，你担心它会在财政上变得不负责任。以下哪一项可能让美国政府恢复稳健的财政？

选项1　减少支出

选项2　征更多税

这个迷思认为，政府增加征税可以比作家庭增加收入。但更贴近的比喻是，增加征税就像是从ATM取钱，大多数情况下，这让选项2成为非常糟糕的答案。

政府的债务就是纳税人的债务，如果我们通过提高税收减少债务的话，在很大程度上，我们就是在用自己的储蓄缴税。

---

[1] 当然，你可能不想存这5万美元，因为你认为它本可以用来做更好的事。那么，你为什么会想让政府把它作为税征走呢？

动用你的储蓄来为一项考虑不周的政府计划买单，并不比动用你的储蓄支付500美元的理发费更加"在财务上负责"。

如果你用这笔钱理发，在安慰愤怒的配偶时，你不太可能说，"别担心，亲爱的，我花的是退休账户里的钱"。所以如果你认为一些政府项目既不明智又铺张浪费，你就不应该被增税安抚。这种增税诱使你从同一账户中提取资金。

还有另一种方法可以阐述基本同样的事实：政府的主要资产——事实上，几乎是它的唯一资产——就是当下和未来征税的能力。纳税人就是政府的取款机，今天取出了一笔钱，明天可用的钱就会变少。

征税能力是巨额资产，美国政府目前未曾将其消尽（在一些国家，情况则更为严峻）。但不管你有多少银行存款，不断从中取款的策略是无法增加你的财富的。

这里想传达的是，"削减赤字"本身作为政策目标毫无意义。政府支出项目时而明智，时而不明智，但在大多数情况下，我们应该根据项目优缺点而非资金筹措方式对项目进行评估。这就引出了下一个迷思：

迷思7: 在经济上，增税相当于削减开支。如果一名女性生下一对双胞胎，继而杀害了她的丈夫，那报道这篇新闻最好的标题肯定不应该是"人口增加1"。

同样，当政府开支增加500亿元而税收增加400亿元时，并不是财政赤字增加了100亿元。税收和开支是两件事，如同出生和死亡是两件独立的事。

迷思8: 我们的债务会使后代更贫困。让后代更贫困的唯一途径是花掉原本要留给他们的遗产。你自己可以这么做，政府也可以替你这么做，但债务融资的支出对你孙辈的伤害并不比现收现付的支出更大（或更小）。今天你用国家信用支付1美元，你的后代就会欠2美元；如果你今天从计息储蓄账户中拿出1美元，他们的遗产就会减少2美元。

一旦钱花完了，后代无论如何都会倒霉。我们无法挽回损失。如果今天我们对自己征税来偿还1美元的债务，可以肯定，我们的后代将摆脱2美元的债务负担，但代价是：我们用计息储蓄纳税（或，如果我们没有储蓄，那就要靠借款纳税），于是我们后代的遗产也会减少2美元，这又抵消了减少2美元债务的好处。

迷思9： 资源挤兑的迷思。有人认为，政府借贷使用的资源本可以更好地用于私营部门。这是错误的，因为政府借贷不使用任何资源，消耗资源的是政府支出。如果政府购买100万吨钢，那么私营部门就无法获得100万吨钢。无论购买钢铁用的是税收还是借来的资金，情况都是如此。

利率的迷思

曾几何时，记者和政客们坚信，公共债务和利率就像风筝和它的尾巴——风筝上升时，尾巴必然会跟着上升。但经济学家对此将信将疑。

2008年金融危机开启了一个公共债务飙升、利率处于历史低位的时代，自此，这些记者和政客们就悄然放弃了他们的理论，尽管很少有人有雅量承认经济学家也许一直都知道些什么。

不过，旧的迷思永远不会消失，我有信心预测，每次利率上升，这些迷思就又会出现——已经有人认为2008年后那几年的情况不算数了。

也许他们是对的。我不敢说我知道政府债务是否会影响利率以及如何影响利率。我要声明的是，常见于网络博客和社论页面的争论毫无意义。它们依赖以下两个迷思。

迷思10： 歌利亚神话。这种谬误认为，国家由一个个"大卫"组成，与联邦政府这个"巨人"歌利亚争夺有限的货币供应。这种竞争导致利率上升，以至于可怜的"大卫"连弹弓都买不起。

该迷思其实忽略了一点，即借来的钱并不会消失。政府借了1美元用来买一个回形针，这1美元会随即落到"大卫"或其他人手中，再次被借款。

迷思11： 竞争谬误。这种迷思的逻辑如下："如果政府想要借更多钱，就必须说服更多的人借钱给它。这意味着政府要提供更高的利率。那么其他人都必须提供更高的利率来保持竞争力。"

该迷思错误地认为让人们更多放贷的唯一方法只有支付更高的利率。事实上，让人们出借更多钱的另一种方法，是把更多的钱放进他们的口袋，比如降低他们的税——这正是出现赤字时会发生的事情。

换一种方式想：政府今年为你花了1美元，但他们没有在今天收回这笔钱，而是承诺在未来某个时候（连同利息）收回这笔钱，于是政府出现了赤字。这就像先向你借钱，然后又把钱借给你，每1美元的赤字支出都自动伴随着对纳税人的1美元隐性贷款。

只要你同时借出相同的数额，你可以借入的数额是没有限制的。如果不信，试试这个实验：找一个朋友，同时相互借对方10万亿美元。第二天早上，拿一份《华尔街日报》看看你们对市场利率造成了多大影响。

不是每个错误论证都会得出错误结论。政府债务确实有可能影响利率，但其原因比常见的迷思所暗示的要微妙得多，也更不确定。

提高利率的唯一方法是让人们增加支出。政府债务把更多钱放进人们的口袋，这可能确实会让他们增加支出。但与此同时，这可能会让他们认为未来的税额会更高，从而动摇他们对社会保障和医疗保险的信心；如此一来，他们也可能会增加存款，减少支出。人们会如何做，取决于个人对未来的预测，净效应可能是支出增加或减少，从而导致利率上升或下降。

债务也可能让人增加消费，因为有更多的钱进入人们的口袋，他们期望在还款日之前进入坟墓。换句话说，人们购买更多的东西，因为期望由后代偿还这些债务——实际会降低遗产价值，甚至可能使其低于零。这种情况有可能发生，但也有悖于人们关心子孙后代并为其存钱的言论。那些优先为后代存钱的人，很少会留下负遗产。

讽刺的是，"赤字鹰派"经常辩称，对后代越关心，偿还政府债务就越重要。事实恰恰相反。赤字压低了你的税收，损害了你后代的利益。你越关心后代，你就越有可能把省下来的税金加到他们的遗产中。因此，我们越关心后代，赤字对他们的伤害就越小。

这些效应的大小（和方向）属于经验问题，加之许多混杂因素也会影响利率，所以我们很难下定论。

想要获取公众关注的那些人发现，耸人听闻是有用的。因此，广为流传的关于赤字的迷思常常会夸大赤字的规模、重要性或以上两者。这不足为奇。重要的是戳穿这些迷思，化解它们引发的近乎歇斯底里的恐慌情绪；同时，不要被虚假的安全感所迷惑。

本章中的每个论证都假设政府支出水平固定。毫无疑问，过度支出可能有害，正如赤字过高经常被宣称的那样。

事实上，赤字最有害的影响很可能是它们分散了我们对最紧迫的经济要务的注意力，即控制支出。如果未能应对平衡预算这一挑战，我们也必将承受其后果。

十二　喧哗与骚动：媒体的伪智慧

我叔叔莫里斯囤积了很多肉，他把这些肉储存在地下室的冰柜里。当你去拜访他时，他会自豪地带你参观他的收藏，指给你看1975年的烤肉和他在度蜜月时买的上等肋排。

而我则收集了糟糕的经济推理。我在网上搜索那些极度无知的片段，并将它们保存在一个文件中，将其命名为"喧哗与骚动"，部分原因是那些大错特错的人往往同时也会非常愤怒；还有一部分原因是，虽然不是所有故事都是由白痴讲述的，但至少是由那些（就像我们所有人都会偶尔遇到这种情况）一时犯蠢的人讲述的。

与我的其他一些爱好不同，这一爱好偶尔会有回报，其形式是一道选择题，开头是"找出以下文章中不可救药的错误，证明你比《纽约时报》[或《福布斯》（*Forbes*）、《华尔街日报》]的编辑更聪明。"

让我给你简单介绍一下我的收藏。

摘自《纽约时报》头版（2010年6月7日）：

纽约保姆或将获得工人权利法案

纽约州可能很快会成为第一个为保姆提供就业保护的州。

本周，纽约州参议院通过了一项家政工人权利法案，该法案要求雇主为纽约州大约20万名家政工人提供带薪假期、加班费和病假。

支持者表示，这一举措将为成千上万的女性以及一些男性提供必要的救助。这些人正在帮助抚养纽约州富人的孩子，但他们在联邦最低工资之外没有任何合法的工作权利。

现在，一位持有相反偏见的记者也可以这样写：

纽约保姆可能遭受新的就业限制

纽约州可能很快成为第一个限制保姆就业机会的州。

纽约州参议院本周通过了一项法案，禁止纽约州约20万家政工人接受任何不包括带薪假期、加班费和病假的职位。

反对者说，这一举措将给成千上万的女性以及一些男性带来不必要的困难，他们之所以能找到工作，是因为除了联邦最低工资的限制，劳动力市场是自由运作的。

一个更中立的观察者可能会注意到，这项法案如果获得通过，将有利于一些保住工作的保姆，而不利于那些被排挤出这个行业的人；这对那些宁愿少休假以换取更高工资的保姆来说也是坏事，而对时任美国家政工人联盟主席蒲艾真这样的人来说则是件好事，因为她将代表赢家，可以轻易地忽略输家。我没有讽刺的意思，引用蒲女士的话，她称这项措施"在扭转家政工人长期被排斥的历史中向前迈出了一大步"。

这里的错误在于混淆了立法的既定目的和可能产生的影响。如果你降低了工人对雇主的价值，雇主就会雇用更少的工人。然后，随着工人可以竞争的工作数量减少，他们的工资可能会下降。

有时人们很难相信这一点，因为他们知道有太多的人永远不会因为加班费的问题而解雇保姆。但他们忽略了以下几点：首先，从你碰巧认识的人身上进行归纳并不总是保险的；其次也是更根本的一点，总会有人处于解雇保姆的边缘。如果没有这样的人，那么保姆的竞争就会加剧，导致保姆工资提高，从而把雇主推向那个边缘（这是劳动经济学的关键洞见之一）；第三，不需要太多下岗的保姆就能引发整个行业的连锁反应。

我收藏的文件里包含了各种类似的故事，这些故事宣称工作场所的立法是一场"胜利"，而这种"胜利"对于那些群体来说恰恰造成了最大的损失。要求雇主提供长时间产假的家政休假法案被誉为女性家政工人的胜利，但将那些因为这个法案而接近被解雇的人称为"胜利者"似乎有些奇怪。相关的求职者甚至不能自愿选择退出该计划以更有竞争优势，或者换取更高的工资。因此，立法赋予男性工人的天然优势（他们也有资格享受家政休假福利，但申请的可能性要小得多）确实得到了巩固。在我名为"讽刺"的子文件夹中，有一份前总统辩论的文字记录，其中阿尔·戈尔就家政休假问题对布什第一任期的政府进行了猛烈抨击（"你把它变成强制性了吗？你为什么不把堕胎也变成强制性的？"）——这是电视节目中对堕胎选择权进行赞扬之后，戈尔发出的诘问。

同样，如果法院裁定从今以后所有的按揭付款都可以自愿还款，那么这些社论记者会为购房者的"胜利"而欢呼吗？还是他们会意识到，这个裁决让买房变得几乎不可能了？

在我的文件夹同一个分类下，《纽约时报》报道了哈丽雅特·特尼普塞德的困境。她是一名机票代理商，她的雇主监视着她的每一次按键，如果她停下来放松一下肌肉，她的雇主就会立即收到提醒。

《纽约时报》理所当然地认为，如果没有一个雇主时时刻刻盯着她，特尼普赛德会过得更好。但是，严格的监督不仅可以让雇主观察到低生产率，也能让他观察到高生产率——并对其进行奖励。一个雇主如果能够通过观察、奖励员工而提高生产率，那么这个雇主将乐意支付更高的工资。

如果你对此表示怀疑，不妨考虑另一个极端。想象一下，如果你的雇主对你的工作表现一无所知，甚至无法判断你是否每天来上班，那除非你是一个非常积极的员工，否则你不会对那份工作投入太多精力；而你的雇主意识到这一事实后，也不会愿意支付你很多钱。显然，雇主最好对员工进行一些监督。如果进行一些监督是好的，那么进行多大程度的监督是最优的？这是一个经验问题。

2011年3月是三角衬衫厂火灾100周年。这是纽约历史上最严重的工业灾难，146名工人在火灾中丧生，其中大部分是年轻女性。最大的悲剧是，逃生通道被为防止员工偷窃而上锁的门切断了。火灾发生后，纽约州立法机关通过了20多项新的职业健康和安全法律。从此以后，所有的工作场所都必须有标记清楚（并且不上锁）的消防通道。

1911年的报纸和报道百年纪念的2011年的报纸，都宣称新的安全法是工人的胜利。但它们也许是，也许并不是。无论是当时还是现在，我都找不到任何证据表明有任何记者在做出这样的判断之前屈尊实地调查过这个问题。

对于1911年的制衣工人来说，敞开的大门意味着更大的安全——安全是宝贵的，这是件好事。但敞开的大门也意味着更多的偷窃，这使得工人的价值降低，并导致他们的工资降低，这是件坏事。问题在于：在1911年，一个见多识广的制衣工人会如何看待这种取舍？

对此我没有答案，但这里有一些相关信息：首先，服装行业的劳动力市场竞争激烈。纽约有数百家制衣厂，其中一些和三角衬衫厂在同一栋楼里（火灾仅限于三角衬衫厂所在的三层楼）。这些工厂从下东区拥挤的公寓中招揽工人，既有直接雇员，也有独立承包商。

第二，在竞争激烈的劳动力市场中，供求关系确保工人获得他们的边际产品报酬（关于这一点有足够的理论和证据，没有经济学家会有异议）。这意味着每周为公司增加6美元收入的女裁缝，有望获得6美元的周薪（历史上准确的工资）。

现在我粗略地假设一下，一个具有代表性的雇员每周偷两件衬衫，每件衬衫的批发价值为60美分（60美分是我根据1美元多一点的零售价值估算出来的，这是我在翻阅一本旧的西尔斯百货商品目录时发现的，而每周偷两件衬衫是我捏造出来的数字，你可以随意调整我的假设和后续计算，只要你认为这些假设和计算更符合实际）。于是，该员工的边际产值下降了1.20

美元，竞争压力迫使她的工资也下降了1.20美元，这相当于削减了20%的工资。尽管这20%的降薪在一定程度上能被一个完整的衣橱、无限的抹布供应以及可能以半价出售衬衫的有利可图的小副业所抵消，最终相当于削减了10%。[1]

所以问题就变成了：我们的普通工人会认为获得一个消防通道而失去10%的收入是一种胜利吗？我还是不知道答案。我相信我不会拿我10%的收入去换一个消防通道，但这几乎证明不了什么，因为我没有在充满织物和卫生纸的木制建筑里工作过；同时，我比1911年的制衣工人更远离饥饿。因此，内省并不能让我得知工人会做出何种选择。

我们还能找到什么证据呢？

一方面，在火灾发生前似乎没有工人提出以减薪来换取更好的消防安全的记录，也没有公司通过减少工资支出来安装防火门的记录。当时发生了很多劳工纠纷，但据我所知，这些纠纷都与工资和工时相关，而未涉及安全。最直接的解读是，相较安全，工人们更喜欢高工资。当然，另一种解读是，工人们丝毫没有意识到火灾的凶险程度。

另一方面，在火灾发生后，有大量的工人赞扬这些安全规定，尽管这些规定压低了工资。最直接的解读是，相较更高的工资，工人们更注重安全；当然，另一种解读是工人们对法律会如何影响他们的工资毫不知情。还有一种解释是，偷窃本来就不是一个大问题，它对工资的影响很小（这种影响很难直接衡量，因为工资变化还有很多其他原因）。

对经济史学家来说，理清这一切将是一项重大工程。这可

---

[1] 这些计算是针对普通工人的，诚实的普通工人会感受到工资整整减少了20%。

能是一个很好的博士论文主题。我当然不指望一篇报纸上的文章能和一篇博士论文相提并论，但如果作者至少承认这些问题的存在，而不是天真地得出结论，认为工作场所安全法——即使是在20世纪初下东区那种极不安全的环境中——总的来说是工人的福音，那就更好了。

2010年5月，波士顿的一条主水管破裂，导致自来水连续几天无法直接饮用（除非烧开）。这激发了波士顿WHDH电视台新闻部的灵感，他们制作了一些非常感人的镜头，讲述了水管破裂后两个悲惨的副作用——据WHDH的工作人员所知，这两个副作用似乎完全无关。

第一篇报道是关于哄抬价格的。报道中有一名妇女不停地号啕大哭，因为她儿子买的一瓶水被收取了1美元，而当时一箱24瓶水的促销价为3.99美元。言下之意很明显，提高价格的店主正在对糟糕的情况火上浇油。

在第二篇报道中，为了购买瓶装水，沮丧的顾客光顾了多达5家商店，或排了长长的队伍。显然，WHDH的人没有想过采访一下，如果瓶装水价格没有上涨，这种排队情况还会持续多久。

事实上，价格的全部意义在于它们能根据市场状况迅速调整，这是一件好事。即使是拒绝从危机中获利的、纯粹利他主义的便利店老板，也会被建议提高水价并将效益捐给慈善机构，而不是让第一个到达或者是想方设法挤开他人的人将所有的水抢购一空。

在我的"喧哗与骚动"文件夹中，对价格作用的低估是一个重要类目。例如，它影响了几乎所有和"本地饮食运动"相关的报道。"本地饮食运动"是环保主义的一个分支，旨在推广本地种植的食物，通常着眼于最大限度地降低运输的能源成本。

《纽约时报》的安德鲁·马丁报道了加州大学戴维斯分校的一组研究人员对本地饮食观念的一系列挑战。如果用卡车把水果从加州运到芝加哥，比用卡车把水果运到各个农贸市场消耗更少的燃料呢？如果将西红柿从加州运到纽约的能源成本，低于在温室中种植西红柿的能源成本呢？不妨再考虑一下包装的能源成本，或者消费者多次去当地市场而不是每周去一次杂货店所花费的能源成本。

因此，我们在马丁先生所描述的令人眼花缭乱的道德迷宫中开始了一场"愉快"的追逐。其中隐含的建议似乎是，当你在选择西红柿时，你应该关心所有的能源成本。

所以，你也应该关心你的饮食习惯所带来的无数其他成本：因为种植加州西红柿而失去的种植葡萄的葡萄园；因为纽约的温室取代了位置便利的住宅开发项目而延长的早晨通勤时间；如果加州或纽约的工人没有种植西红柿，他们本可以提供出租车、教学服务、调酒和艺术项目。在每个地方，都牺牲了化肥和农业设备的替代用途，更进一步来讲，用于生产这些化肥和农业设备的资源也都被牺牲了。

传统的本土饮食观念忽略了99%的重要东西。马丁和戴维斯分校的研究人员在这方面有所改进——他们只忽略了98.5%。这两个群体的问题在于，他们对我们的环境质量不敏感。他们忘记了我们的家庭、学校、工作和休闲机会，也是我们环境的一部分，所以只关注碳足迹的计算肯定是不完整的。

不幸的是，要列出食用纽约或加州西红柿的所有相关成本是不可能的；幸运的是，这是没有必要的。有一个简单且容易观察到的数字反映了所有这些权衡，这个数字就是西红柿的价格。

当纽约需要额外的土地用于住宅或剧院综合体时，纽约的土地价格就会上涨，纽约西红柿的价格也会随之上涨；当需要加州工人建造水族馆或扑灭森林大火时，加州劳动力的价格就会上涨，加州西红柿的价格也会随之上涨。

市场并不是完美的，所以西红柿的价格并不能百分之百准确地反映出购买西红柿的社会成本。但在大多数情况下，它已经相当接近这个成本了；而且在几乎所有情况下，它都比你在《纽约时报》上看到的那种粗糙的会计方法计算出来的成本更接近。[1]

现在，一个忠实的本地饮食主义者可能会相当合理地回应说，有一些重要的成本没有反映在价格中，例如温室加热所产生的碳排放带来的环境成本。不过，计算这些成本的方法并不是忽略所有反映在价格中的成本，而是从价格入手做出一些调整，而这些调整通常都是相对较小的。[2]

价格的另一个奇妙之处在于，它不仅反映了大多数成本，

---

[1] 《泰晤士报》也并非绝对不会出错。它也发表了历史学家斯蒂芬·布迪安斯基的一篇文章，他自称是"自由派的乖戾之人"。文章开篇就像马丁先生一样让人困惑，但在中途做出了理智的修正，他得出的结论是：利用土地、有利气候和人类劳动等宝贵资源的最佳方式，是在最有效的地方种植粮食，然后支付相对较小的能源成本将其推向市场。对于经济学家来说，"最有效"一词自动意味着"考虑所有相关的、被放弃的选择"。我有95%的把握认为，布迪安斯基先生也是这个意思。

[2] 当然，一旦你开始做出调整，就没有理由把自己限制在碳排放方面。你可能还会注意到，加州的税相对较高，所以加州西红柿的价格夸大了生产它们的社会成本（与建造水族馆所需的土地成本不同，税并不代表社会成本，因为总有人要来征税）。一旦你开始修正价格的不完美之处，就会有很多地方需要修正，而且没有特别的理由。总的来说，它们会把你的选择引向当地的西红柿。

而且还给了你一个关心这些成本的理由。当然，这不是直接的——很少有西红柿消费者会停下来想一想那些为了他们的快乐而牺牲的葡萄——而是间接的，这也很好。那些葡萄越值钱，你买西红柿的价格就越高，你就越有可能停下来问问自己，这个西红柿是否真的有必要买？

因此，马丁在"喧哗与骚动"文件夹中占据了两个位置：一是因为他错误地只关注能源成本而忽视了我们重视的其他一切；二是因为他没有认识到，价格中包含了多少可靠的社会价值信息。

在2010年3月《纽约客》（*New Yorker*）的一篇文章中，伊丽莎白·科尔伯特对广泛报道的统计数据信以为真："自我报告的幸福或主观幸福感的平均水平似乎一直持平，这可以一直追溯到20世纪50年代，而当时的实际人均收入还不到今天的一半。"科尔伯特首先假设这些自我报告能告诉我们一些关于幸福的东西，然后开始思考政策的含义。她赞同地引用了哈佛大学前校长德里克·博克的话：

> 如果在过去50年里，收入的增加并没有让美国人更幸福，那么为了让我们的国内生产总值（GDP）不断翻倍而冒着制造环境灾难的风险长时间工作，又有什么意义呢？

且慢！50年来，尽管收入不断增加，但自我报告的幸福感一直持平；50年来，尽管休闲和环境质量大幅提高，但自我报告的幸福感也一直持平（自1965年以来，美国人平均每周增加了大约6个小时的休闲时间，相当于一年7周的假期）。那么，为什么博克和科尔伯特没有问：我们为什么要从办公室回家，去度假，去清洁我们的空气和水呢？

不知道你是否认真对待这项关于幸福的研究。如果你是认真对待的，你就不能随意选择你碰巧喜欢的政策含义。如果这些数字意味着我们赚得多没有任何好处，那么它们也意味着我们不能从减少工作中获得任何好处。

令人沮丧的是，过去50年的进步——预期寿命增加了近10年，婴儿死亡率下降了近75%，每年多出7周的休闲时间，空气和水质量的改善，信息和娱乐的不断普及，通信的便利——都没有让美国人变得更幸福。

幸运的是，我们有足够的理由怀疑自我报告的幸福数据，是否能告诉我们很多关于实际幸福的东西。例如，马萨诸塞州的萨默维尔市每年都会进行一次问卷调查，询问居民："你现在感觉有多幸福？"要求居民以1~10分打分。这类调查的问题在于，当人们被问到"你有多幸福"时，他们实际回答的问题很可能是"你比平时幸福吗"或者"你比你的朋友更幸福吗"。不管实际的幸福程度如何，大约总是有一半人回答"不"。

美国男性的平均身高比100年前大约高了2英寸（约5.08厘米），但你可能永远不会从一项询问人们"你高吗"的调查中了解到这一点。这是因为一个5英尺9英寸（约175厘米）的人在100年前可能会回答"是"，而在今天可能会回答"不是"。同样，今天的人们可能比100年前的人们幸福得多，但你可能永远不会从询问"你幸福吗"或者"你有多幸福"的调查中了解到这一点。

尼日利亚人的人均年收入为1400美元，他们认为自己和日本人一样幸福，而日本人的财富是他们的25倍。科尔伯特通过与公共政策教授卡罗尔·格雷厄姆的交流，提出了几种可能的解释：也许尼日利亚人有"快乐的DNA"，也许日本人是因牢骚满腹而更努力，也许人们适应了每天几美元的生活。但他们从来没有找到最明显的解释：贫穷的尼日利亚人仅有1400美元的收入，48岁的预期寿命，以及接近世界第一的婴儿死亡率，他们说自己很幸福，是因为他们从未见过真正的幸福。也许提高他们的收入会对此有所帮助。

记者伊丽莎白·莱斯利·史蒂文斯曾做过查尔斯·肯德里克的相关报道。这位古怪的继承人继承了西勒奇锁业8400万美元的财产。他几乎什么都不做，只是整天在旧金山到处停放他的四辆车，有时他驾驶着它们在城市街道上的一个停车位到另一个停车位。[1]史蒂文斯表示，如果像肯德里克先生这样富有的继承人被课以重税来支持有价值的政府项目，这将是一件好事。她似乎在暗示，一个除了开车什么都不做的男人几乎不会想起金钱，为什么不从这8400万美元中拿出一部分，用来在伯克利建造一座教学楼呢？

这里的问题在于，教学楼不是用钱建造的，它们是由玻璃和钢铁制成的。建造教学楼需要土地和劳动力。换句话说，需要资源。你不能从肯德里克先生那里得到任何实质性的资源，因为（如果他真的什么都不做，只是驾驶着车到处跑）他从一开始就没有囤积或消耗任何实质性的资源。

无论这个建筑项目是否明智，它肯定是昂贵的，如果它是

---

[1]《游手好闲的富人应该回馈社会：税收》（"The Idle Rich Should Give Something Back: Taxes"），《纽约时报》，2011年4月16日。

昂贵的，总得有人承担这笔费用。这个负担将由消耗较少资源的人来承担，这样伯克利就可以拥有更多资源。那么，那些人到底是谁？

这取决于肯德里克先生在你征税时如何储存他的财富。如果他把钱存在银行账户里，那么当他从账户里提款缴税时，银行系统就会减少贷款，从而导致利率上升，而这些上升的利率会导致某个地方的某个人放弃建筑项目或推迟购买新车。这样一来，伯克利就可以腾出资源建造新的教学楼了。

或者，如果肯德里克先生一直将他的财富以纸币的形式塞在床垫里储存。那么在他使用其中一些纸币来支付他的税款时，他实际上增加了货币供应量（塞在床垫里的钱不流通，因此不算数）。货币供应量的增加会导致物价普遍上涨。因为价格更高，某个地方的某个人放弃了建筑项目或汽车购买，那伯克利同样可以建新教学楼了。

还有许多其他可能的情况，但没有一种情况的负担真正落在肯德里克先生身上。如果他没有感觉到负担，那么一定是其他人在承受这个负担。

这里的关键教训是，如果你想追踪税收负担，你必须跟踪货物而不是金钱。如果你想追踪慈善捐款的真正负担者，情况也是如此。假设比尔·盖茨或沃伦·巴菲特出资8400万美元建造那栋教学楼，并假设比尔或沃伦足够满足，这笔捐款不会影响他的生活方式，也不会影响他的资源消耗——再次强调，教学楼的资源必须来自某个人，而这个人不是比尔或沃伦。如果比尔从他的银行账户中取出8400万美元，他会提升银行利率，让其他人为他的捐款而承受负担；如果沃伦从他的床垫中拿出8400万美元，他将通过价格水平而不是利率来达到同样的效果。

这并不意味着税或慈善是一件坏事。那栋教学楼可能很值得迫使别人失去溜冰场。但我们不应否认他人的存在。最重要的是，我们不应该忽视这样一个事实：重要的不是钱，而是我们用钱买的东西。

2010年12月10日，佛蒙特州参议员伯尼·桑德斯在参议院抱怨通用电气公司在过去5年里260亿美元的收入完全没有纳税，这让他在我的"喧哗与骚动"文件夹中赢得了一席之地。

从哪里开始解释呢？首先，"通用电气"是一个抽象实体，从这个意义上说，它不能纳税。它只能作为征税的中间媒介。所有的税金最终都来自活生生的人的口袋。

因此，也许这位参议员想说的是，通用电气的股东总共赚了260亿美元，但他们没有纳税。平均每个股东可能有几百美元。[1]

我认为，参议员桑德斯引用了260亿美元的总额（而不是"每人200美元"之类的说法）来营造通用电气股东非常富有的印象。但可以指出的是，在同样的5年时间里，美国看门人的总收入超过2500亿美元，其中大部分不需要缴纳联邦所得税（因为大多数看门人属于零税级）。这个数字之所以如此之大，并不是因为看门人很富有，而是有很多看门人。

无论如何，参议员桑德斯说通用电气的收入从未被征税，这实际上是不正确的。当它作为股息支付或作为资本效益实现时，几乎每一分钱都要纳税。

---

[1] 很难比这更准确，因为我不知道有多少人通过各种共同基金持有通用电气的股票。

但更有趣的是，几乎每一分钱的收入都是在赚到之前就被提前征税的。对此，我将做出解释。

假设你赚了1美元，用它买了1股通用电气公司的股票，在你的余生中，每年可以获得6美分的股息——且慢，让我们回到更现实的情况中：假设你赚了1美元，其中一半以工资税和所得税的形式支付给政府，你用剩下的0.5美元购买了通用电气公司0.5股的股票，并在余生中每年获得3美分的股息。[1]

正如你所看到的，你的一次性预付税款已经将你的股息流永远削减了一半。从这个意义上说，你的一次性预付税款相当于对股息征收了50%的税。与此同时，政府拥有你另外的0.5美元，它可以自由地将这0.5美元投资于通用电气，并获得你的另一半股息流。

因此，通过征收你一半的工资税，政府实际上也征收了你一半的股息税（和/或资本利得）。如果剩余的股息也要纳税（确实如此），那么它们实际上被征收了两次税。桑德斯参议员抱怨的是，它们没有被征收第三次税。

认为某些人应该缴纳更高的税，没有什么不合理的。如果这是参议员的目标，那么有多种方法可以实现它。一种方法是在企业层面征收更多的税，另一种方法是提高股息税和资本利得税。这两项政策非常相似，尽管这位参议员似乎奇怪地专注于前者。

但无论你的目标是什么，都没有理由去歪曲事实。即使它完全避免了企业所得税，通用电气的收入也要（至少）被征税两次，而不是参议员桑德斯所说的零次。

---

[1] 为了简单起见，我假设税率为50%。任何其他税率都能说明同样的问题。

迈克尔·金斯利是一位我非常钦佩的记者［多年前他聘请我为《石板》（Slate）杂志撰稿，对此我将永远感激］，他对资本利得有非常执着的看法，认为资本利得应与工资性收入按相同的税率征税。金斯利在无数（至少我已经数不清了）杂志和报纸专栏中反复提到：

（a）经济理论告诉我们，所有商品都应按相同的税率征税。

（b）论证完毕（Q.E.D.）。

步骤（a）是正确的。经济理论确实告诉我们，当所有东西都按相同的税率征税时，我们通常会得到更好的结果。如果苹果的税率为10%，橙子的税率为30%，一些喜欢吃橙子的人就会为了省一笔钱而改吃苹果。更好的办法是所有水果都征收20%的税，并鼓励人们吃他们喜欢的水果。

但正是在从步骤（a）到步骤（b）的过渡中，金斯利失去了他的思想立足点。他之所以出错，是因为他误解了"所有"这个词。这个论点适用于苹果和橘子，适用于可口可乐和百事可乐，也适用于红色运动鞋和蓝色运动鞋；它同样适用于今天消费的苹果和明天消费的苹果：如果今天对苹果征收10%的税，明天征收30%的税，有些人就会为了省1块钱而今天多吃苹果，明天少吃苹果，所以最好是对所有时间的苹果都征收20%的税，并鼓励人们根据自己的喜好安排食用时间。

但与苹果和橘子、红色运动鞋和蓝色运动鞋不同，"工资收入"和"资本利得收入"不是人们可以选择的消费品。因此，这个论点不适用于它们。

但更糟糕的是，事实证明，如果你认真对待金斯利的原则——也就是说，如果你决心以相同的税率对当前和未来的苹果征税——那么你必须承诺以零税率对所有资本收入（包括利息、股息和资本利得）征税。

要理解其中原因，我们可以想象有这样一个朋友。

我想象中的朋友爱丽丝每天挣1美元。爱丽丝可以用这1美元买1个苹果，或者投资1个有息账户，等这1美元翻倍后再买2个苹果。[1]

如果我们对爱丽丝的工资征税，比如说50%，那么她每天的实得工资就会降到50美分。她可以用这50美分买半个苹果，也可以投资一个有息账户，等它翻倍，然后再买一个苹果。不管怎样，她的购买力都被削减了一半。与其对她的工资征税，我们还不如征收销售税，让苹果的价格在现在和未来都翻一番。

换句话说，对爱丽丝的工资征税，就像以相同税率对她当前和未来购买的苹果征税一样。

现在，迈克尔·金斯利抱怨说，爱丽丝的利息收入没有缴税。因此我们修改了税法，对利息征收50%的税。

爱丽丝仍然支付工资税，所以她每天的实得工资仍然是50美分。她可以用这50美分买半个苹果，也可以投资一个有息账户，等着它翻倍，她需要为她赚到的利息支付25美分的税，然后用剩下的75美分买3/4个苹果。

根据金斯利的税收计划（包括工资税和资本利得税），爱

---

[1] 爱丽丝碰巧住在1个苹果价格正好是1美元的社区。

丽丝今天的购买力减少了一半（从1个苹果减少到半个苹果），她明天的购买力减少了一半以上（从2个苹果减少到3/4个苹果）。这就好像我们对今天的苹果征收销售税，对明天的苹果征收更高的销售税。

换句话说，对工资和利息同时征税，就像对当前购买的苹果按一种税率征税，而对未来购买的苹果又按另一种税率征税。

换句话说，金斯利的税收计划与金斯利开出的对"一切"平等征税的处方直接矛盾。通过对未来的苹果征收比现在的苹果更高的税率，税收计划鼓励爱丽丝现在吃更多的苹果，以后吃更少的苹果，即使她希望更均匀地分配她的消费。

如果你花了一些时间来理解这个例子，不必感到沮丧，经济学界也花了很长时间来理解它（就我个人而言，我记得第一次听说这个论点时我完全不相信，在理解它之前，我需要别人跟我解释很多次——尽管我希望我向你解释得比别人向我解释得更清楚）。20世纪80年代，克里斯朵夫·查姆利（后来在哈佛大学任教）和肯·贾德（任教于斯坦福大学）提出了这场争论的细节。查姆利-贾德理论现在被认为是公共财政理论的核心。

因此，迈克尔·金斯利提出的对资本利得征收更高税收的论点，在正确理解的情况下，实际上是主张不仅对资本利得征收零税，而且对股息和利息也征收零税。

这并不能证明我们永远不应该对资本收入征税，这只是反对对资本收入征税的一个论据，可能会被其他相反的论据压倒。但是，如果我们不花时间去理解它们，那么争论就没有意义了。我一直钦佩迈克尔·金斯利的一个原因（早在我遇见他之前）是，他通常坚持逻辑清晰，只是在这个问题上，他最好的直觉让他失望了。

获得普利策奖的《华尔街日报》华盛顿分社社长杰拉尔德·塞布担心，我们为国债支付的利息是"一颗从内部侵蚀预算的毒瘤，它不断吸干美国的财富，并将大部分财富转移到海外"。[1]他的解释如下：

当政府为穷人和老年人支付医疗保健费用时，提供了宝贵的社会福利。当美国人拿到一张社会保障支票时，这些钱基本上仍在美国经济中流通。

利息支付就不是这样了，它把钱从私营经济中抽走，把大部分钱送到持有美国国债的外国投资者手中，而这些投资者不提供任何服务作为回报。

令人难以置信的是，居然有受过良好教育的美国人认为，我们从愿意借钱给我们的人那里得不到任何服务。我想知道，塞布先生是否买过房子，他是否认为他的抵押贷款机构"没有为他提供任何服务"？

的确，正如塞布先生所说，社会保障金是汇给美国人的，而债务利息通常是汇到国外的，但这并不能告诉我们谁从这些利息支付中受益。事实上，联邦政府支付的每一美元利息最终都会回到美国纳税人手中，不亚于社会保障支付的每一美元。

这是因为偿还债务的每一美元都能让美国政府推迟其当

---

[1] 《预算之争愈演愈烈，癌症悄然滋生》（"As Budget Battle Rages On, a Quiet Cancer Grows"），《华尔街日报》，2008年3月8日。

前支出中所必需的、不可避免的增税。这种拖延让美国纳税人——"美国的"纳税人——可以把钱放在储蓄账户里，赚取额外的利息。因此，偿还债务的1美元意味着美国人口袋里多了1美元。无论政府将其利息支付汇到美国、中国还是火星，情况都是如此。

塞布认为控制这些利息支付很重要。要做到这一点，唯一的办法就是提高税收，耗尽美国纳税人的储蓄。我们每少向国外输送1美元，就会有一个美国人少赚1美元。[1]

这并不是说政府债务没有严重的经济后果。这说的是，正如杰拉尔德·塞布（以及其他许多人）所描述的那样，这些后果根本不算什么。

塞布先生似乎认为，外国人借钱给我们的政府，正在榨干我们的财富；但如果他们不借钱给政府，他们就会把自己的资产借给其他地方——很可能是借给美国纳税人，他们正在努力度过塞布先生暗示的高税收时期。

当我发现一条我喜欢的裤子时，我会买很多条，真的很多条。或许这里有遗传的因素，我收集裤子就像我叔叔莫里斯收集肉一样。当然，我这样做还因为我的裤子穿破了。

这是服装制造商促使我们继续购买的阴谋的一部分吗？有人是这样认为的。在我的"喧哗与骚动"文件夹中，我发现了一篇安·兰德斯的旧专栏（1982年9月20日）文章，讲的是连裤袜制造商故意制造出一周后而不是一年后就会自毁的产品，因为"他们制作的不容易破的尼龙，会严重影响他们的销售"。

---

[1] 可能有美国人选择不储蓄，这大概是因为这些美元有更有价值的用途。对这些美元征税对他们来说仍然没有好处。

安的结论是,她和她的读者"受利己主义阴谋的摆布"。

人们不禁要问,安考虑的酒精是谁的个人利益。当然,肯定不是制造商的。如果有一种成本合理的方法来做到这一点,任何利己主义的制造商都会从以1美元的价格销售能使用一周的连裤袜,转变为以52美元的价格销售能使用一年的连裤袜。这让顾客满意(他们的裤袜预算没有变化,但他们去商店的次数减少了),也维持了制造商的价格,而且——因为他生产的尼龙袜减少了98%——大大降低了成本。

该文件夹中还有一些值得分享的内容。

我收藏了一篇来自《芝加哥太阳时报》(*Chicago Sun-Times*)的专栏文章,呼吁艺术家在其画作被转售获利时收取版税(加州和欧盟大部分地区已经出台了相关法律)。作者忽略了他的提议将如何影响原创艺术品价格这个问题,让我来填补他的空缺。如果初始的买家在转售时要支付100美元的版税,那么他愿意为这幅画支付的价格——以及艺术家收取的价格——将减少大约100美元[1],这也是艺术家在销售原创艺术品时获得的版税收益。

实际上比这更糟。有些艺术家的事业意外的失败,于是只能接受了原创作品的低价,但从未能收取足够的版税作为补偿;其他艺术家则比预期要好得多,他们的版税收入弥补了原作的低价。因此,这位专栏作者的计划,是一张让不成功的艺

---

[1] "大约"是因为对今天的100美元在未来的价值将超过100美元这一事实进行了调整。

术家变穷、让成功的艺术家更富的处方。[1]

我收藏了一封给编辑的信,其中呼吁通过控制原油价格来间接控制汽油价格。但当原油价格受到法律控制时,加油站的汽油价格就会上升,而不是下降。批发层面的控制会导致炼油商减少汽油供应,供应减少则导致哄抬汽油价格。

几年前,美国佛罗里达州的一场霜冻导致橙子价格飙升,种植者获得了比平时更多的收入。一位评论家指出价格的大幅上涨揭示了种植者的垄断能力,这让他也在"喧哗与骚动"文件夹中赢得了一席之地。事实上这件事揭示的道理恰恰相反:这一事件表明,种植者可以通过毁灭橙子来增加收入。如果他们能够行动一致,他们就不用等霜冻了。

当中东出现政治动荡时,"喧哗与骚动"文件夹肯定会膨胀。石油供应的中断总是会引发大量读者来信和社论,解释美国石油公司如何通过行使其垄断权力将价格提到如此之高,从而增加利润。这种评论忽略了一个令人困扰的问题,即在一个由埃克森美孚、荷兰皇家壳牌集团、英国石油、雪佛龙、康菲石油等数十家公司组成的行业中,怎么会有垄断力量?相反,只检查内部逻辑,如果限制供应可以增加利润,那么垄断石油行业不会等到政治动荡才限制供应。你可以声称这些公司从政治危机中获利,或者声称它们勾结起来充当垄断者,但你不能声称两者兼而有之。

每年感恩节,我都能看到劝诫美国人少吃肉的社论,其中

---

[1] 《纽约时报》的帕特里夏·科恩在2011年11月的一篇专栏文章中说得很对:"这项法案的主要受益者是那些最不需要它的艺术家。他们的作品足够有名,可以一次又一次地出售。与此同时,转售版税降低了未来的转售价值,对首次出售作品的新艺术家不利。"

宣称这样他们放弃的东西就能提供给营养不良的人。事实真相要微妙得多。当人们少吃肉时，牧场的利润就会减少，牧场产业就会萎缩。那么至少以前用于饲料槽的谷物可以供人类食用了，对吗？这是错误的，农业的缩减也是如此。[1]

尽管有莎士比亚的作品，但传播喧嚣和愤怒的并不只有白痴。我的文档里满是有思想的人的"贡献"，他们的洞察力至少在一个非常公开的场合让他们失望了。经济学家可能会说，这样的失败是意料之中的，因为他们没有受到严厉的惩罚。大多数读者浏览互联网和专栏是为了娱乐，而不是启蒙，而作者的动机是满足读者的需求。

---

[1] 牧场和农业的收缩为其他行业提供了更多的资源，所以你减少消费的决定实际上为其他人提供了更多的资源。但是，尤其从长远来看，这些资源中的大部分不太可能是食物。

十三　统计数据如何撒谎：失业也有好处

之前，我住在华盛顿特区。搬到那里的第一天，我问出租车司机应该去哪里置办家当。"马格鲁德超市！"他特别肯定地说道，"那里特别棒！每次我去那里，都有商品在打折。"

这是我第一次与单纯有趣的华盛顿消费者打交道。（那一周晚些时候，我家的保姆向我极力推荐了一家童鞋店："他们甚至会为孩子的脚量尺寸呢！"）

直到今天，无论是否在华盛顿，我都没有去过不打折的超市。我被那些标着大减价的商品所吸引，香蕉便宜的时候，我就买香蕉；苹果便宜的时候，我就买苹果。

因为打折商品一直在变化，我几乎没有在同一家商店以同样的低价买到过上周的打折商品。有一周，我以1.35美元的价格买了1磅苹果。第二周，苹果的价格回升到了1.69美元，所以我以1.25美元的价格购买了打折的橙子。一周过后，橙子涨回到原来的1.49美元，但苹果又开始打折，于是我又买了苹果。

如果我想说服出租车司机不要在马格鲁德超市购物，我可能会试着告诉他："马格鲁德超市里商品的价格正在失控。无论我想买什么，价格都在上涨。"如果我还想给他留下更深刻的印象，我可以计算一些百分比，"我先买了苹果，然后苹果的价格上涨了25%。之后我买了橙子，然后它们涨价了20%。短短两周，价格竟然上涨了45%！"

当然，这种简单的计算忽略了一个事实，那就是我仍然花了1.35美元购买了打折的苹果。这与政府报道的通货膨胀统计数据的方式有些类似，消费者价格指数（CPI，最常见的通货膨胀指标）反映的不是今天而是过去人们购买的商品组合价格的变化。因此，它关注的是过去的打折商品，也就是最有可能涨价的商品，这使得报道的物价变化比实际情况糟糕得多。

20年前，机票很便宜，笔记本电脑很贵。人们经常坐飞机，但很少有人携带笔记本电脑。因此，类似CPI的计算更重视机票（现在已经变得更加昂贵），而对笔记本电脑（已经变得便宜）就不那么重视了。当你购买了一张昂贵的机票时，CPI就会随之上涨；而当你购买了一台1992年根本负担不起的笔记本电脑时，CPI在很大程度上会忽略它。

计算方式很重要，例如社会保险就与CPI挂钩。如果一个人的收入以与CPI相同的年增长率增长，那么他的购买力每年都会增加，因为CPI总是让通货膨胀看起来比实际情况更糟糕。

这听起来像是对编制CPI的美国劳工统计局的批评，但事实并非如此。在一个由许多独立波动的价格组成的世界里，没有办法构建一个毫无偏差且极具参考价值的指数。实际上美国政府有好几种不同的通货膨胀指标，每一种都有天然固有的偏差。在为明确的目的选择恰当的参考指数时，经济学家总是谨慎行事。特别是在高通货膨胀时期，媒体十分关注CPI，也许是因为这恰好符合他们的目的，让前景看起来黯淡无光。新闻真是一种沉闷的艺术。

严格地说，统计数据从不说谎，但它们揭示的真相往往会被曲解，有关经济的统计尤其如此。让我再分享一些例子。

在搬到华盛顿特区之前，我一直住在纽约州的罗彻斯特。多年来，明星超市和韦格曼斯是相互竞争的两大连锁超市。明星超市曾经打出这样的广告语："顾客在韦格曼斯购买同样的商品会多花3%的钱。"我相信，韦格曼斯的顾客在明星超市购买同样的商品时，也会多花大约3%的钱。

明星超市的计算方式存在和CPI一样的偏差。某一天，明星超市的苹果正好大减价，而韦格曼斯的橘子正在大减价。所以明星超市的顾客买了很多苹果，而韦格曼斯的顾客买了很多橘子。当然，明星超市的顾客可能比韦格曼斯的顾客花了更多的钱，正如韦格曼斯的顾客可能比明星超市的顾客花了更多的钱一样。只要两家超市的平均价格大致相当，只要同一种商品的价格存在差异，就会出现这样的情况。

记者喜欢通过失业率说明整体的经济状况。这样的讨论通常忽略了一个事实，即有时候失业是人们主动选择的。赋闲在家或者追求自己的梦想通常被认为是一件好事，可一旦被贴上"失业"的标签时，它突然就变成了一件坏事。

当然，失业可能伴随着不好的事情，比如收入减少。当记者说失业是件坏事的时候，他们想到的就是这些事情。但值得我们关注的还有失业有助于降低关联成本，假如你是流水线上的工人，丢掉了年薪5万美元的工作，然后一整年的时间都在海滩上无所事事，一分钱也没有挣到。你的境况可能很糟糕，但说你一年少挣了5万美元，则有些夸大其词。

与100年前在血汗工厂每周工作80小时的祖先相比，我们都处于某种程度的失业状态，但很少有人愿意和他们交换时空。这一结果足以告诉我们，失业率并不能充分衡量经济状况。

21世纪的我们比祖父母那一辈人工作得更少，是因为我们比他们更富有。所以当就业率下降时，也可能意味着经济形势正在好转。因为随着收入的增加，一家人可能会决定只靠一个人挣钱，而不用两个人都工作。在经济不景气的时期，坚持从事不顺心工作的人可能会在形势好转时辞职，这可能是因为他们的其他收入来源有所改善，也可能是因为一种乐观主义，即那些愿意花时间找工作的人会找到更好的工作。

从经济学的角度看，失业可能是形势恶化的信号，也可能是形势好转的信号。从个人层面看也是如此。彼得每周工作80小时可以获得足够多的财富；保罗选择每周工作3小时，其他时间都用来享受生活，哪种选择更明智？无论是从经济学、道德还是我个人的直觉，都无法进行评判。假如失业是出于自愿，那么它也可能是一件好事。

评论员很容易错误地认为彼得一定比保罗更聪明或更幸运，因为彼得的收入比保罗的闲暇更惹眼。天真的评论员可能会争辩，出于公平，我们要将彼得的部分收入转移给保罗，以弥补他们之间收入的差距。但这样一来，应该同时将保罗的部分闲暇时光转移给彼得，以弥补他们闲暇时间上的差异。如果为了公平向彼得征税以补偿保罗，那么是否也应该让保罗为彼得修剪草坪？[1]

  他们忘记了我们需要的是劳动成果而不是劳动力。记者似乎总在犯一些低级错误，比如认为自然灾害也有好的一面，因为人们必须进行灾后重建，这样就可以促进就业。2005年，卡特里娜飓风摧毁新奥尔良时，这种说法甚嚣尘上。根据新闻从业者的说法，大规模破坏之后便是热火朝天的重建了，其中隐藏着谜一般的好处。我很怀疑，他们是否也这样看待自己的生活？比如定期在客厅的墙上凿洞，这样他们就可以当泥水匠了。

  盖房子本身不是一件好事，拥有一幢房子才是好事，房子的所有权才能体现它的价值。墙砌的事干得越少，你得到的好处才越多。经过几个月的艰苦付出，社区才得以恢复被破坏前的原貌，那么社区根本没有创造任何财富。

  我去我家附近的冰激凌摊时，通常会点巧克力口味的冰激凌，有时巧克力口味的冰激凌售罄了，老板就会建议我购买香草味的冰激凌，这让我很好奇，为什么香草味的冰激凌永远卖不完？

  答案是：香草味的冰激凌也经常售罄，且售罄的频率跟巧克力口味的一样。只是当香草味的冰激凌售罄时，老板不会特意告诉我这一点。想必有很多香草味冰激凌的爱好者也想知道，为什么巧克力口味的冰激凌永远卖不完。

  当你只观察某些事情而不开阔视野时，很容易会被蒙蔽。你和医生很可能对候诊室是否拥挤有不同的看法：你会注意到人们对着你咳嗽，且候诊室没有空椅子；而医生可能有不同的

---

[1] 如果说所有收入差异都是人们自愿选择的结果，那是愚蠢的；同样愚蠢的是，认为所有收入差异都是出于被迫的。

衡量标准。

医生会以候诊室全天的拥挤状况作为依据,而你只是在生病的时候才来诊室。你什么时候会生病?可能正好是候诊室最拥挤的时候。我是怎么知道的?因为最多人生病的时候,候诊室最拥挤,病人都挤在那儿。如果医生告诉我,今天上午候诊室有3人,下午有25人,让我猜你什么时候会在候诊室,根据25∶3的概率,我猜是下午。

人们总是留意到候诊室很拥挤,却没有人注意到它空荡荡的时候。医生知道今天有28个病人,平均每半天要诊断14个病人。在这28人中,只有3人认为候诊室的拥挤指数为3,其余25人认为候诊室的拥挤指数是25。如此一来,病人的平均等待时间就被拉长了。

失业数据也以同样的方式在误导我们。假设你想知道人们失业的平均时长,于是你把当下失业的人都召集起来,问他们失业多久了。如果你对他们的回答取平均值,那么你会得到一个偏高的估计值,本质上这与大多数病人高估候诊室拥挤程度的原因相同。

毕竟,你最有可能调查到的是长期失业者,因为短期失业者更有可能在你调查的时候就重返工作岗位了。在采集一天或一周的样本时,你肯定会遇到大量的长期失业者。许多优秀的经济学家都因未能纠正这一点而栽了跟头。

30年来,美国的贫富差距似乎一直在扩大。如果只是瞄了一眼这些数据,你可能会得出这样的结论:在富人变得更富有的同时,穷人的生活则停滞不前。但至少有几个理由可以让我们对这些数字持保留态度。

首先,最简单的一点,收入统计数据并不能说明我们看重的一切，比如我们在意的休闲时间的多少和质量。就这一点而言，穷人取得了长足的进步，而富人则在很大程度上停滞不前。1965年以来，人们的工作时间不断缩短，假期时间则不断延长。美国人平均每年拥有300小时的休闲时间，最贫穷的美国人的休闲时间则是这个数字的2倍。与此同时，以前你的家中可能只有3台9英寸的黑白电视，但现在人们休闲的质量已经有了很大的改善。

其次，所得税税率在20世纪80年代里根总统任期内大幅下调，在21世纪初老布什总统任期内又再次下调。这些减税措施产生了重要的实质影响，同时也造成了不可忽视的虚假作用。当税率下降时，人们不再费力隐瞒收入，仅凭这一点，收入申报就会增加，尤其是高收入人群。在任何情况下，穷人都不太可能隐瞒自己的收入，一方面是因为他们承担的税率较低，另一方面是因为他们的收入主要来自工资等非常明显的来源。相比之下，富人有更多的动机和机会进行欺诈。但当税率降低时，他们就不再东躲西藏了，所以减税会造成收入差距扩大的假象。

第三，离婚会造成收入下降的统计假象。如果一个家庭有2个工资5万美元的人，就会被计算为一个工资10万美元的家庭。当家庭破裂时，就会出现2个5万美元的家庭，但实际上每个人的收入都没有变化。

这一点十分重要。例如1996—2005年间，美国人口普查数据显示，家庭收入中位数（调整通货膨胀影响后）仅增长了5.3%。但如果考虑到家庭规模的变化，增幅则要大得多，为24.4%。

最后，也是我认为最有趣的一点，年薪差距与年龄无关，这是因为人们在收入分配中的位置在不断发生改变。

在美国，如果你超过25岁，并处于收入分配最后1/5的区间，那你极有可能在未来9年得到改变。（如果你不到25岁，机会就更大了，因为你现在很可能只是个学生）。如果你的收入处于前1%，情况也是如此。不同收入阶层之间的流动性很大，而且近几十年来这种流动程度没有发生实质性的变化。

如果所有人都在收入分配中不断流动，即使低收入人群的收入不断减少，高收入人群的收入不断增加，也可能是一件好事。假设每个人最初的收入都是5万美元，人人都是平等的。由于经济环境的变化，一半人的收入下降到4万美元，而另一半人的收入则上升到10万美元。你可能会认为一半的家庭情况变糟了，而另一半则过得更好。但如果这一变化轮流起来，一半人在偶数年赚4万美元，奇数年赚10万美元，而其余的人则相反，那么每人每年平均就能赚7万美元，大家共赢。

当然，这种极端的收入流动设想并不现实。但是，"富人一直富有，穷人一直贫穷"的刻板印象也是不现实的。对大多数人来说，都有好年景和坏年景。在特定年份，对收入高的人来说，这可能是他一生中收入最高的一年，而收入低的人则可能是他一生中收入最低的一年。最高和最低年收入之间的差距可能等同于一个家庭最高和最低年收入之间的差距。可能没有人愿意做这样的比较，除了一个急需一篇轰动报道的记者。正确的做法是比较两个家庭的收入，最好是两个家庭多年的平均收入，但没有任何年收入统计数据可以反映这种比较。

指出许多高收入人群最近赚了很多钱，而低收入人群最近失去了经济来源，是制造收入差距扩大假象的一种方法。这一切都表明人们有好年景，也有坏年景。比如位于收入顶端的人近来赚到了很多钱，今年的收入可能比去年更高，但是也有可能今年的收入高于接下来的每一年，直到他的收入慢慢趋于正常水平。

想象一下，一群牧民正在山坡上随意游荡。你可以为这个牧民拍张快照，在拍摄照片时，位于坡顶的牧民很可能是刚从山脚上去的，而那些在坡底的牧民则可能刚从山坡顶下去。由此可见，我们并不能推断出山顶和山脚的牧民之间的海拔差距是否会随着时间的推移而增加。

其中的教训告诉我们，以一个人当前的幸福感来判断他整体的幸福感是错误的。例如，很多人认为老年人比我们过得糟糕，因为老年人有更多的健康问题。这一判断忽视了我们每个人都曾年轻，也都会老去。

如果我们把收入从"幸运的"年轻人转移到"不幸的"老年人身上作为一个永久性政策，它将徒劳无功。假如这样的政策持续了几代人，你在年轻时蒙受的损失年老时才会得到补偿，你的一生就是不赔不赚。[1]出于平等的考虑，你可以将一代人的所得一次性转移给另一代人。但一个清醒的观察者会意识到，没有哪一代人的年轻始于不公平的努力。

事实上，并不是所有人都有相同的生命周期，事故和疾病剥夺了一些人的老年生活。这意味着，与老年人相比，年轻人实际上处于弱势地位。年轻人可能无法长寿，而老年人则已经活了很久。将收入从"幸运的"年轻人转移给"不幸的"老年人，往往会扩大这种潜在的不平等。[2]

---

[1] 这个说法比较接近事实。如果你前面一代人的人数比你这一代少，而你后一代人的人数比你这一代多，那么你就有利可图。

[2] 我的同事马克·比尔斯认为，为了公平起见，我们应该补贴烟草业，因为吸烟者没有得到他们应得的社会保障福利。

类似的考虑也适用于反对强制退休的法律。强制退休法律要求员工在达到特定的年龄（通常是65岁或70岁）时退休。显然，公司认为这是一种有效的做法，如果不是，他们就没有必要推动立法推翻它。如果它们正确，反对强制退休将降低平均终身收入。（毕竟必须有人承担效率降低的后果，这意味着也许年轻人的工资会下降。）[1]禁止强制退休被吹捧为老年人的福利，但这些老年人也曾年轻过，他们很可能已经为这一福利付出了高昂的代价。要成为净受益者，你必须先变老而不是变年轻，就像我有时在超市小报上读到的67岁"新生儿"的故事一样。

国内生产总值（GDP）是最常用来衡量整体经济状况的指标。不过，它也存在一些明显的缺陷。它计算的是经济体内所有商品和服务的价值，但不包括在海滩上放松的时间的价值。

它还有一些不太明显的缺陷。首先，实际上它并没有计算到经济体内所有商品和服务的价值。许多商品和服务是在家庭内部生产的，不管你是自己洗碗还是花钱雇人洗碗，净效益都是满满一柜子的干净盘子。如果你付钱给用人，GDP就会反映这种行为效益；但如果你自己洗，GDP就没办法反映这种效益。

在较为保守的时代，教科书上用一位娶了保姆的男人的例子来证明这一观点。作为一名保姆，她擦地板、洗碗和洗衣服的年薪为2.5万美元。但当她成为妻子时，她做着完全相同的事情，但每年的收入为0。虽然一切都没有改变，但国内生产总值似乎下降了2.5万美元。

---

[1] 只有一个群体获得了效益而不用蒙受损失，即那些在禁令生效时已经年老的人。

在比较各国的GDP时，这一观察结果尤为重要。在欠发达国家，通常有更多的家庭生产。因此，报告中的GDP和实际产出之间的差距较大。当你读到美国人均GDP是利比里亚的100多倍时，请记住，利比里亚人自己种食物，自己做衣服，这些都没有计入GDP。他们是比我们穷得多，但并没有统计数字显示的那样穷。

GDP的另一个不足之处在于，商品和服务产量的增加可能是好事，也可能是坏事。建筑热潮创造了成千上万令人向往的新房子，这是一件好事；同样的建筑热潮重建了成千上万被飓风摧毁的老房子，只是为了使其恢复原状，并未创造新的价值。GDP却将两者同等计算。

由于GDP的这些不足以及其他原因，一些欧洲政府和市政当局，如马萨诸塞州的萨默维尔市已经开始编制旨在衡量"国民幸福总值"的数据。不幸的是，幸福比商品和服务更难衡量（详见前文讨论）。

据说数字不会说谎，但说谎者却会编造数字。也许更严重的问题在于，诚实的人在计算时过于草率。避免数字说谎的办法在于仔细关注被衡量的事物，以及在可能的情况下，你可以自己去衡量，观察这个数据与你真正想要衡量的东西之间有什么不同。

CPI衡量的是一篮子特定商品的价格，这与维持特定幸福水平所需的收入是两码事；失业率衡量的是失业的人数，这和不快乐的人数也是两码事；年度收入统计衡量的是当前收入的分布情况，这与终身收入分配不同；GDP衡量的是在市场上交易的所有商品和服务的价值，这与生产的所有商品和服务的价值不同，或与那些令人向往的商品和服务的价值也不是一回事。

其中一些缺陷属于简单的计量问题，如GDP忽略了家庭生产。另一些则更为微妙，比如收入差距似乎被夸大了，因为那些当前收入异常高或异常低的人不太可能长期保持在这两个极端。

通过训练，经济学家对测量和统计谬误的问题很敏感。凭借着培养出来的本能，经济学家在尽自己最大的努力纠正错误。

十四　政策钳制：我们需要更多的文盲吗

经济学家最大的热情是理解世界，而非改变世界。然而，每个人的内心都隐藏着一个改善周边环境的愿望，因此，每个经济学家也都有可能是一个改革家。

对经济学家来说，政策是一种钳制，然而它是一种美妙的钳制，我们沉浸其中，就像享受一杯热乎乎的软糖圣代，又或是一件并不明智的事情，一边为它迷人但并不健康的诱惑所折服，一边对同样受到诱惑的同事嗤之以鼻。我们总认为政策并不值得关注，而在强调这一点时已经对此倾注了大量的注意力。

无论经济学家对问题持有哪种立场，你总难找到他们的相似之处。经济学的思维方式强调激励的重要性、从贸易中获益，以及产权得到法律保护是一种正向的力量。我们相信，完美的市场通常会得到理想的结果，以及会本能地通过完善市场取得更加理想结果。

当我们被告知应该补贴航空航天业，理由是一旦发生战争我们就需要这些设备时，经济学家很可能会持怀疑态度。通常情况下，企业家和政府官员都能准确地预见战争发生的可能性。如果在5年内有1/3的概率会发生战争，那么就会有1/3的概率值得拥有一家能够生产战斗机的工厂。为什么这样的前景还不够激励工厂维持运营呢？

当然，爆发战争的可能性只有1/3而非1/2的时候，这样的工厂会更少，明智的政府也应采取相似的态度，完全可以投入更少的资源防御一件不太可能发生的事件。

如果投资者预期政府会遵循历史先例，并在战争时期实施价格管制，那么上述激励就失效了。[1]如果我们担心军事装备，问题并不是市场的干预太少（以补贴的形式），而是干预太多（以管制的形式）。用宪法修正案确保军事装备免于价格管制，也许是最好的办法。

当有权威人士抱怨美国汽车质量时，无论是对是错，经济学家都会觉得这有什么好大惊小怪的，毕竟总得有人制造较低质量的汽车，为什么不能是美国人呢？

在任何一个价格—质量谱系中，市场对汽车的需求大相径庭。在高端市场的成功并不荣耀，在低端市场成功也并不羞耻。我宁愿创立沃尔玛这样的连锁店，也不愿创立只有一家零售店的高端服装店。

质量不一定与利润挂钩。上乘的质量生产成本高昂，一些消费者愿意支付更多费用购买质量更好、制造成本更高的产

---

[1] 在第二次世界大战期间，价格由物价管理局（OPA）管理。我曾参与过一些讨论，并认真尝试评估假如以德国装甲师的数量作为衡量单位，OPA对盟国的事业造成了多少损害，得出的结果往往很大。

品；另外一些消费者宁愿花更少的钱购买质量没有那么好、廉价制造的替代产品。服务好任何一个市场都值得被尊重。

美国汽车的质量不见得比国外汽车质量差，但如果真的比国外汽车质量差，一个很可能的原因是，把各种类型的生产集中在一个地方是有益的。在哪里做哪件事并不重要，出于一些历史原因，一些质量较低的工厂坐落在了美国。另一个原因是，美国人之所以设计质量较低的汽车，是因为美国最优秀的人才都用在了其他方面，比如美国的生物工程就很领先。第三个原因可能是底特律的汽车工人比国外的汽车工人更富足，他们显然不愿意为了一份工资付出更多的努力。用收入来调整你的优先事项既算不上异乎寻常，也没有什么不光彩的。对这些观察结果的一个普遍结论是，用牺牲质量换取低成本固然很好，但美国制造商牺牲了质量，却没能换来成本的降低。制造一辆美国豪华车和制造一辆同等级别的日本豪华车所耗费的时间一样多，然而日本车的保养记录表现更好。对此有两种相反的结论。首先，工时并不能很好地衡量总成本。如果底特律工人1小时的单位时间产出少于东京的工人，这很可能是因为在底特律，工厂明智地减少了在工人培训或是在设计优化运营各方面的费用。

其次，工时并不能很好地衡量工人的实际工作时间。如果底特律的工人每小时花15分钟喝咖啡，那么制造一辆美国汽车所花的时间只是统计数据所显示的3/4的时间，即45分钟。[1]

经济学家让自己免于陷入绝望，因为他们认识到贸易会带

---

[1] 经济学家不是反驳"用来喝咖啡的时间都被浪费了"这一观点，我们自己也喝很多咖啡。我想不出来有任何合理的理由认为更好的汽车比更好的工作环境更重要。

来好处。一个产品在底特律制造，另一个在东京制造。无论你购买的是福特嘉年华还是雷克萨斯460，它来自哪里无关紧要，贸易将我们的消费选择与生产区分开来。如果制造廉价的汽车是盈利的，那么我们就可以制造廉价汽车，却驾驶昂贵的汽车。

当《ABC世界新闻》(*ABC World News*)栏目播出关于"文盲问题"的系列节目时，经济学家的第一个问题就是"这有什么问题吗"？当然，文盲不是一件好事，但这并不意味着我们社会中有很多文盲。识字的成本很高，而且对于不情愿接受教育的人来说，成本就会更高。我们应该思考，专门致力于阅读计划的额外投入是否可以用于其他更好的地方呢？

你可能会认为（至少我会这样认为），那些哀叹文盲率有问题的权威人士有义务透露他认为这一数字代表了什么，但《ABC世界新闻》栏目的评论员似乎都没有感到自己有这种义务。如果他们告诉我们"正确的文盲率"是什么意思，那么他们就可以告诉我们是什么导致他们怀疑现在的文盲太多而不是太少。

经济学家很可能倾向于使用效率的标准。

我们应该鼓励进一步扫盲，直到额外成本开始超过额外效益。记者完全有权反对这一标准，但他也应该提出自己的办法。

如果效率是我们的指南，那么现在的文盲率也许刚好符合市场需求。具有读写能力的成年人从中获得了许多好处，比如更高的工资，能够超越查尔斯·吉布森或黛安·索耶的自我教育。这些好处为实施任何合理成本的自我改进计划提供了充分的激励。

目前，这一论点很容易在几个方面遭到反驳。流行的观点是，受过教育的公民投票更明智（尽管我不知道有研究可以证实这一点），从而给邻居带来的利益超过了给他们自己带来的利益。或者你可以争辩说，受过更好的教育会让我们更有效率。事实是否真是如此，是当今经济学中一个活跃而重要的研究领域。到目前为止，结果喜忧参半。不识字的人可能因为无知而没有意识到生活的可能性，因此做出不明智的选择，而精心设计的扫盲计划是可以有效地改变这些选择的。又或者人们选择了不识字，因为社会福利计划保护他们免于承担后果。

为了调查美国人是否存在识字读写能力不足的问题，《ABC世界新闻》栏目应该首先询问，是否存在任何证据表明，这些或其他考虑因素严重扭曲了市场自身达到有效结果的自然趋势？如果存在，我们就有理由采取非市场化的补救措施。现在整个问题的关键来了：

我们如何知道这些补救措施已经太过了呢？我们如何衡量扫盲的益处，如何衡量扫盲的成本，以及我们该如何确定当下状况是过度还是不足？这才是核心问题，而《ABC世界新闻》栏目的工作人员完全回避了这个问题。如果这些人识字，那么识字的意义是什么？

在回应四年一度的社论，要求给总统候选人提供免费的网络电视时间时，经济学家认识到，两个完全不同的主张被欺骗性地包装成了一个。第一个提议是：更多的网络电视时间应该致力于政治信息，而不是其他信息；第二个是应该对电视网络征收更重的税。

如果目标是为候选人提供更多的网络电视时间，那么这些时间可以用所得税收入购买，或者对此实行特殊税收优惠政策，同样也可以从网络电视台缴纳的税收中"购买"。当一位总统候选人占了一集《名人学徒》(Celebrity Apprentice)节目播出时,它的社会成本就是放弃一集《名人学徒》。无论是由公众、征税者,还是网络电视所有者承担,这一成本都是一样的。

一个问题是:"对一个社会来说,我们是否应该为了一个小时的竞选广告而放弃一个小时的唐纳德·特朗普的节目时间?"[1]还有另外一个问题:"成本应该由谁来承担?"这两个问题应该分开单独讨论。

当经济学家听说联邦政府为了维持高价,决定减缓出售10亿立方英尺的国家氦储备后,他们感到困惑。[2]为什么要高价将公民收入转移到政府,毕竟政府从不缺乏实现此类转移的机制,为什么要采取一种会造成宝贵资源闲置的全新机制?

经济学家对激励措施的影响很敏感。当一项新的民权法案对拥有25名或更多雇员的企业征收费用时,我们将预计看到许多企业只会签约24名雇员。我们对问题的对称性也很敏感。为什么同样的民权法案禁止我在选择雇员时采取种族标准,却允许我在选择雇主时采取种族标准?如果我拒绝了一份工作,是否应该要求我证明自己的动机不带有歧视?我们对类比很敏感,为什么我在选择配偶时可以采用种族标准,而在选择私人助理时却不能呢?[3]

经济学家对自愿交易的效益很敏感。在航空公司例行将乘客从超额预订的航班系统中"挤出去"的日子里,是一位经济

---

[1] 在作者写作本书时,唐纳德·特朗普还未当选美国总统。——编者注

[2] 这不是一个玩笑,确实有国家氦储备。

[3] 当然,提出问题并不意味着一定会有令人满意的答案,但意味着这个问题值得思考。

学家建议航空公司付钱给自愿放弃座位的乘客。

经济学家对产权很敏感。当非洲大象被猎杀到濒临灭绝的地步时,是一个经济学家团队(以及其他人共同)设计了营火计划。根据该计划,村民们被赋予大象群的财产权,从而激励他们保护大象。该计划实施10年后,大象的数量翻了一番。

经济学家对人们无法获得自己劳动的回报很敏感。你可以工作多年只关注一项重大技术创新,但当竞争对手对你的设计稍作改进时,对你的产品需求就会降为零。因此,你可能一开始就不愿意投入这么多年的努力,而你的设计和改进也难以得到发展。具有讽刺意味的是,解决方案可能要么是补贴发明者,这样你就可以获得发明被挖墙脚的风险补偿,要么就是向发明者征税,这样你的竞争对手就更少了。

有很多方法可以剥夺你的努力所带来的回报。我对电影结局的市场反应很感兴趣。看电影的人对结局有两个希望:他们希望结局是快乐的或者是不可预测的。如果时机恰当,还会有一些出人意料的悲剧结局。然而,市场可能无法提供足够多的悲剧结局。

如果一个导演拍摄一个悲剧结局的电影,就会面临短期损失的风险,因为人们可能会评价说这部电影"令人不满意"。但确实会有长期效益,因为观众对未来的电影卸下了防备。不幸的是,这些效益中的大部分可能会被其他导演捕获,因为电影观众只记得凶手有时会在地下室里追上电影中的女主角,但却不记得这一情节出自哪位导演之手。在这种情况下,没有导演会愿意为竞争对手的利益承担成本。

一种解决方案是突出显示导演自己的名字,这样观众就能知道这部电影是由一个不可预测的导演拍摄的。然而,观众可能会在导演的名字出现时遮住眼睛,这也是观众对自己的保护,因为他们不想被剧透。也许,这意味着政府应该补贴那些结局悲惨的电影!

我有一位同事认为,从网上购买的几乎所有东西都包装过度,因为卖家不考虑处置成本。我的同事想通过对包装材料征税来解决这个问题。我的第一反应是,至少在私人垃圾运输商的世界里(比如我所在的社区),这应该不是一个问题:运输商可以按照重量或体积或任何其他相关标准向我收费。然后我会寻找包装更简易的产品,这会给卖家带来适当的压力。我的同事提醒我,垃圾运输商实际上并没有按照重量或体积向我收费。无论搬运车是空的、一半满的还是满的快要溢出来,我每个月都在支付相同的费用。这大概是因为测量垃圾的成本很高。我回答说,如果这真的是一个重要的问题,运输商会找到解决它的方法。比如说,每年随机选择三次时间测量我的垃圾量,并相应地设置我的年费率。我的同事担心运输商可能会作弊,他们测量六次,而只报告三个最大的读数。

我和这位同事在是否对包装材料征税的问题上得出了不同的结论,就像我们在午餐时讨论的几乎所有其他话题也得出了不同的结论一样。然而,我们有很多共同点。我们都认为,确实存在包装材料太多或太少的情况,而任何一种错误都可能代价高昂。我们都认为,一个运作良好的市场将产生最好的结果,我们用效率定义"可能实现的最好的结果"。我们还一致认为,如果一方刻意隐瞒信息或合同无法执行时,市场可能会失效。我和我的同事从未投票给过同一位候选人,但我确信,在最重要的意义上,我与他的观点比其他99%跟我投出一样选票的选民更接近。

我们都以经济学家的身份看待世界,同时也都有经济学家的缺点——有时甚至陶醉于这种缺陷——我们会从纯粹的科学研究转向政策分析。一个放弃了对政策分析的诱惑进行抵制的经济学家,很容易成为政策分析的牺牲品。每天午餐时,我和同事们都在想象一个更美好的世界。我们是一个无情的团队,我们的大多数想法都在甜点上桌之前就被抹杀了。在下一章中,我将分享少数幸存下来的一些温和的建议。

十五 一些温和的建议：两党合作的终结

> 只有危机——无论是实际发生的还是即将发生的——才能产生真正的变化。当危机发生时，人们往往采取已经准备好的方案。我认为，我们的基本职能就在于：制定现有政策的替代方案，使其保持活力和可用性，直到政治上不可能的事情变成不可避免的事情。
>
> ——米尔顿·弗里德曼

开车穿过华盛顿特区西北部时，我不禁感叹这座城市的富裕。我的朋友吉姆·卡恩坐在副驾驶座上，想知道在一个以几乎不生产任何有价值产品而臭名昭著的城市中，怎么会积累如此巨大的财富。很快，我做出了明显愤世嫉俗的回应：其中大多数财富的来源在道德上等同于偷窃，部分是通过直接税收，而主要途径是政治捐款，这些政治捐款构成了一个庞大的保护伞。

但吉姆比我反应更快，他看出，根据经济学理论，我的解释还不够愤世嫉俗。在两党之间存在竞争的情况下，所有这些不义之财都应该被用来购买选票。如果共和党掌权，每年侵吞1000亿美元，那么民主党完全可以复制共和党的政策，每年再向关键选民捐出10亿美元。毫无疑问，这一策略将使他们赢得下一次的选举，并净赚990亿美元。但共和党人会反击，提出额外捐出20亿元，接受剩下的980亿美元赃款。我们在竞争性市场上的经验告诉我们，除非所有的超额利润都被竞争消耗殆尽，否则这场竞争永远不会结束。

理论告诉我们，当一个行业由两家高利润的公司主导时，如果没有价格战，就可能存在合谋。就共和党和民主党而言，他们之间的勾结是有目共睹的，这被称为两党合作。

当共和党和民主党议员开会"达成协议"时，双方在背地里的活动如果发生在私营企业，足以让私营企业老板入狱。我们不允许美国联合航空公司和美国航空公司的总裁就机票价格达成协议，但为什么我们允许国会的多数党和少数党领导人就税收政策达成协议？

亚当·史密斯观察到，"同行业的人很少聚在一起，哪怕是为了欢乐和消遣。他们一旦聚在一起，就很有可能在密谋些不利于公众的政策，或者想办法一起抬高价格。"这正是反垄断法立法的基础，反垄断法试图防止这种阴谋诡计的发生。当联合航空公司的总裁在野餐时遇到美国航空公司的总裁时，法律禁止他说："我不会在芝加哥到洛杉矶的航线上和你们降价竞争，前提是你不会在纽约到丹佛的航线和我们降价竞争。"

然而，我们允许共和党领导人向民主党人提出这样的提议："如果你们支持我所在地区的农业计划，我将支持向你们的城市选民提供住房援助。"当航空公司通过经营变得富有时，我可以推测，这是因为他们在提供优质航空服务方面具有非凡的才能。当人们在政治机构中变得富有时，我不愿推测这是因为他们在实现良好政府机制方面具有非凡的才能。经济学提供了另一种解释：缺乏政治上的反垄断法。

我建议所有政治协议——实际上是候选人、公职人员或竞争党派官员之间的所有讨论——应完全遵守《克莱顿法》（Clayton Act）和《谢尔曼法》（Sherman Act）的规定，这些规定规范了美国所有私营企业的活动。我预测，政治反垄断法将赋予选民与经济反垄断法赋予消费者同样的好处。

一旦华盛顿西北部的财富因由此产生的政治价格战而枯竭，政客们可能会被迫通过建立更高效的政府来竞争。

假如你订婚了准备结婚，按照你未婚夫对爱情的承诺，你拒绝了其他追求者。结果到头来，婚礼当天只有你独自在圣坛等待。法律以诉讼的形式提供了对违反承诺的追索权。

在总统选举中投票时，因为候选人的声明"仔细听我说，不会有新的税收"，你就放弃了投票给其他候选人的机会。结果，你的候选人获胜并签署实施了历史上最大的增税法案之一。你的追索权是什么呢？当然，你可以发誓再也不会给你的候选人投票，就像你发誓永远不会再与你的前未婚夫重聚一样。但是，为什么这个承诺本身在法庭上是无法兑现的？为什么被背叛的选民不能对背叛他们的候选人提起集体诉讼？希望提高可信度的候选人可能会欢迎这样的机会，能提供法律上可强制执行的担保，就像寻求抵押贷款的购房者会欢迎具有法律约束力的偿还贷款的承诺一样。如果法院拒绝执行这些承诺，你一开始就不会得到抵押贷款。

如果中央银行（如美国联邦储备委员会）的承诺具有可强制执行性，那么他们也可以做得更好。理论和证据表明，当预期的通货膨胀未能实现时，总产出可能会下降。通过承诺不遵循通货膨胀政策，中央银行可以从一开始就防止代价高昂的预期形成。

对中央银行和购房者来说是如此，对政客来说也同样如此。一位候选人不征税的承诺遭到质疑，他将无法获得选票，而为自己不征税的承诺承担责任的候选人则会获得宝贵的可信度。

我已故的、令人怀念的同事艾伦·斯托克曼曾提议，允许候选人做出具有法律约束力的承诺。让政客们为他们在竞选活动中回答意想不到的问题时做出的每一个承诺承担责任是轻率的，所以让我们将该计划限制在候选人明确宣布的具有法律约束力的那些承诺上。

你可能会争辩说，在不可预见的情况下将候选人与可能是不明智的政策捆绑在一起是一件坏事。我想说，我们始终接受这种权衡。在有些不可预见的情况下，言论自由、陪审团审判权或三权分立可能会被证明是不明智的，但我们接受这种可能性，以换取某些自由的保障。政客必须许下真正的承诺才能使公众在辩论中明白哪些额外保障足够重要，并且牺牲灵活性是合理的。政客做出的承诺如同宪法临时修正案，只在他本人任期内具有约束力。因此，一位承诺否决任何增税措施的总统，他的否决仍然可能会被推翻。由此产生的对政策选择的限制将远远低于美国宪法的规定，其中许多条款似乎被普遍认为是可取的。

还有一些细节问题需要讨论。如果一位总统经常违背增税法案，我们是否可以无视他的背叛，将每一项新税收法案都视为自动否决？还是允许他违背自己的承诺，然后通过集体诉讼或弹劾程序追究他的法律责任？我们是否应该制定一项免责条款，根据该条款，假如公职人员确实犯了错误，可以通过辞职逃避责任？我支持上述任何形式的斯托克曼的提案。宪法第一条第十款保护了个人再签订可强制执行合同中的权利，那为什么政客在美国公民中如此独一无二，要被剥夺这种最基本的自由？

这是一个反复出现的美国噩梦：被指控的罪犯在等待审判的保释期间犯下了可怕的谋杀罪。签署释放令的法官在媒体，有时在投票站被事后质疑。政客们谴责司法系统的宽大处理，并呼吁在准予保释方面制定更严格的标准。

这里有两个独立的问题。首先是我们是否认为在公共安全和被告权利之间存在交易空间。在我们愿意接受保释一个因犯的风险之前，我们需要对他的性格有多大把握？理性的人在这个问题上持有不同意见。通常在我们的体制中，我们认为此种困难的权衡应该属于立法机关的职权范围。

第二个问题是，一旦立法机关就标准达成一致，就需要促使法官遵守该标准。我们可以任命监管机构，但监管机构对不同被告人性格信息的了解可能远比法官少得多。因此，他们永远无法确定法官是否真的尽其所能使用了他了解到的所有信息。

经济理论告诉我们，当我们无法监督决策者时，我们至少应该努力给他们提供正确的激励措施。激励法官的一种方法是让他们对自己所释放的被告造成的刑事损害承担个人责任。个人责任至少会在一个方向上提供正向的激励——法官将不愿释放那些他们认为危险的被告。不幸的是，法官会不愿释放任何一个被告。因此，我建议同时向法官提供现金奖励的反向激励措施，以此奖励他释放的每一名被告。

法官会释放比现在更多或更少的被告将取决于现金奖励的数额，可以通过调整这一数额影响立法机关的优先事项。但是，无论我们是希望法官释放1%还是99%的被告，我们至少可以达成共识，这1%或99%的被告不应是随机选择的。我们希望法官将全部注意力集中在他们决策的潜在成本上，当然，尽管有许多法官一直在为此努力，但个人责任还是提供了一种集中精力的方式。

我并非希望执法更严或更宽松，我只是恳求大家能认识到权衡和交易的本质。我的提议的第二个好处是它将提高透明度。通过持续的关于调整现金奖励的辩论，立法者将被迫在安全与自由的基本问题上采取明确的立场。他们不能在复杂且相互矛盾的立法中隐藏自己的观点。他们必须面对选民，并捍卫自己明确无歧义的立场。

你可能会反对说，我们不应该通过要求立法者对一个数字做出承诺，从而使一个复杂的问题变得无足轻重。我想说，他们就是这么做的。当前的法律网络确实在严苛和宽大之间选择了某些特定的尺度。我们只是没有确切地被告知这一尺度到底是什么。

为什么要将问题的复杂性当作借口，对已经做出的选择含糊其词呢？我的提议将鼓励法官更加勤勉，并迫使立法者更加直截了当。[1]我希望看到它得到尝试。

假设你下载了一张并不光彩但完全合法的图片。六个月后,一项新的法律禁止你在硬盘上保存此类图片。于是,一位"热心"的检察官试图起诉你。

宪法对此类诉讼程序持悲观态度。你有在采取行动时知道你的行为将造成的后果的基本权利。因此,宪法第一条就赋予你对此类事后诉讼的绝对豁免权,任何法院都会立即驳回检察官的案件。

假设你购买的一项资产会产生股息,按照税率25%征税。六个月后,一项新的法律将税率提高到了35%。于是,一个热心的国税局工作人员试图向你收取费用。

你去税务法庭争辩,称你在做某件事时有权知道它将导致的后果的基本的权利。因为你在购买这项资产时合理预期它的股息将按25%征税,所以这就是你应该支付的全部费用。法官认为你的论点很荒谬,并扣押了你的工资。

我想知道这些案例中的区别。一个观点是,你在购买资产时就充分意识到税法有时会发生变化。另一种观点是,你下载这张图片时就充分意识到刑法有时会发生改变。所以,我又不确定这其中有任何有意义的区别了。

一个更微妙的区别是,意外的增税是为了征收政府税收收入,而事后的刑事起诉则没有任何目的。新的法律能够通过承诺在未来惩罚那些不遵守它的人,从而阻止未来的下载。这种威慑的力量与我们是否惩罚那些过去不服从它的人无关。

---

[1] 在我的《反套路经济学:为什么聪明人也会做蠢事?》(*More Sex is Safer Sex : the Unconventional Wisdom of Economics*)一书中,我主张为陪审团成员制定类似的激励计划。

但事后起诉确实对未来的犯罪行为起到了威慑作用，而政府可能确实希望阻止这种行为。那些立法反对某些网站的人可能会很高兴看到这些网站甚至在立法之前就失去了访问者。

我问我的法学教授朋友是否能阐释清楚禁止事后起诉，但允许提高税率背后的深刻哲学原理。他告诉我，我的问题预设了一个谬误的前提："你想要一个基于法学理论的区分，但是根本没有法学理论这回事。"他告诉我，不要浪费时间检查法律的一致性。

就像我和律师打交道的习惯一样，我没有理会他。直觉告诉我，宪法的禁令是明智的，同时税法应该有一定的灵活性。但我建议还是应该认真考虑这种直觉的来源，以及它是否真正合理。无论我们找到什么理由，都可能会揭示重要的政策内涵。如果我们什么也找不到，它所具有的政策内涵可能就更大了。

我时不时就会在杂志上读到一篇文章，建议司法系统将罪犯移交给受害者进行惩罚。我怀疑这样的制度会偏向于宽大处理。受害者往往会意识到他们的损失是无法弥补的，从而为自己的报复感到不安。他们的不安甚至可能大到足以消解并非纯粹报复性的惩罚，比如将囚犯用链子拴在一起服劳役，并扣押他的工资。

如果我是对的，那么威慑就会受到阻碍，犯罪活动就会增加。但是对于这种不完善，有一个市场解决方案。

我预测，如果我们允许市场发挥作用，人们会提前把他们的惩罚权出售给那些毫不留情的公司，并宣传他们的所作所为。与这些公司签订的合同是不可撤销的，这样罪犯就知道不可能从受害者那里获得缓刑。

一个好处是，实施惩罚的公司将有充分的动力让囚犯尽可能高效地工作。毕竟，公司可以获得囚犯的产出。比如，现行的制度可以让投资银行家在监狱洗衣房工作。

我不确定这个司法系统是否会比现有的更好，尽管从市场出发考虑问题的方法令我相信它一定有很多好处。我很肯定，如果我们采取更容易被接受的做法为受害者伸张正义，那么我们也应该允许惩罚权被买卖。

尽管本部分中的建议可能看起来很另类，但我确实希望它们可以被认真对待。增强的竞争、可强制执行的合同、适当的激励措施、对一致性的关注，以及市场的力量通常对我们有益，我认为我们应该不断寻找可以利用它们的新环境。

在经济学理论中，没有任何迹象表明现有的政治制度是最优的，甚至它远远不够。如果最好的政策提案看起来很奇怪，那可能只是因为我们在现实中不曾看到过所谓最优的政策提案。

这些提案中的每一个都存在严重的缺陷，但这并不是反对他们的论据。我们需要一些标准来确定它们的缺陷与目前的缺陷相比如何。我们必须从一开始就进行大量的分析，即使提案最终会被拒绝，我们也会从分析中学到一些东西。无论如何，除了大胆去实验，我们别无选择。

第四部分
市场是如何运作的

十六　为什么爆米花在电影院卖得更贵？为什么显而易见的答案总是错的

为什么电影院里的爆米花这么贵？这是现代经济学中反复出现的一个问题，也是经济学家反复思考的问题，这个问题也成就了经济学家的事业。

事实上，我不太确定电影院的爆米花究竟算不算贵。5美元一袋的价格当然不便宜，但或许电影院有很多我们都没有看到的隐藏成本。[1]不过，似乎没有特别站得住脚的原因表明电影院的成本比糖果店高很多。在糖果店，你可以以1/3的价格买到同样多的爆米花。因此，我们有必要探究电影院的爆米花加价背后的真实原因。

或许你会认为原因显而易见：爆米花之所以很贵，是因为一旦你踏进了电影院，就是老板说了算，老板拥有"垄断优

---

[1] 我以前的学生杰夫·斯皮尔伯格认为，5美元中的4.5美元可能是为电影放映后的打扫卫生服务付费。

势"。假设镇上只有一家糖果店，而且只能在那里买到爆米花，那么这个糖果店的一袋爆米花也会是5美元。同理，当你身处电影院时，电影院的小卖部就等同于镇上唯一的糖果店。

一旦你到了电影院，在很多方面都是老板就说了算。但是洗手间也归他所有，他为什么不在你使用洗手间时收取巨额费用呢？从售票厅到外面候场的大厅，从大厅到里面观影的大厅，以及检票口都归他所有，为什么这些地方没有设收费站？检票完毕后，他为什么没有向你收取高额的座位费？

答案很简单，与其在票房上收10美元，再在座位上收2美元，不如在票房上直接收取12美元更简单。只要老板认为他应该向你收费，他都可以提前一次性收取。

座位费和爆米花的费用都是如此。当我去看电影时，我会花10美元买一张票，花5美元买一份爆米花；我同样乐意花11美元买一张票，花4美元买一份爆米花；或者花15美元买一张票，免费得到爆米花。

这些选项几乎是可以自由组合的，但也有一定的限制条件。如果电影的票价是6美元，爆米花是9美元，我可能会选择只买票而不买爆米花。老板显然会避免这种结果，既然他不确定我心理价位的底线在哪里，他最好的做法就是按成本价给爆米花定价，然后将自己的垄断权用在电影票价上。

更好的做法是，由于爆米花低价销售，电影院老板完全有可能引导我买两袋或三袋爆米花，而不是一袋。如果我认为这几袋爆米花的价格高于它们的价值，他可以把我愿意支付的额外费用加到票价上。

所以，我给老板的建议是：如果爆米花的成本是50美分，那就卖50美分一袋。我愿意消费1美元去买两袋爆米花。如果你认为我会心满意足地为两包爆米花再付6美元，那不妨把这额外的6美元加到票价上。我很乐意付多些钱进来买便宜的爆米花，所以给电影院内小卖部的货物定高价可能是一种失误，它可能会打消我购买第二袋爆米花的想法。

如果我是你（指电影院老板）唯一的顾客，这样做肯定是你的最优策略。如果你所有的顾客都和我一样，同理，这也会是最优策略。如果有些顾客略有不同，你可能就需要进行一些细微的调整。如果我们中的一些人并没有那么在意爆米花，你想留住所有的顾客或许应该只对电影票加价5.75美元，而不是6美元。无论如何，你还是应该让爆米花保持在低价。

然而，如果顾客之间差异巨大，那你就有麻烦了。现在，以我愿意多支付的电影票价格为基准去售卖，可能会赶走你一半的顾客。是时候从头开始重新思考这个问题了。高价的爆米花——尽管还远不能确定——至少可能是解决这个问题的办法之一。

如果顾客的选择都很相似，那么把爆米花的价格定这么高就没有意义了。因此，观察到爆米花价格高和正确地解释都必须考虑到顾客的多样性。或者换句话说，如果你的解释只考虑到垄断，而没有提及顾客的多样性，那就不可能是正确的。

那么，正确的解释是什么？这是一个非常棘手的难题。因此，让我们先从一些更简单的定价谜题谈起。

首先，为什么老年人可以享受这么多优惠？通常的答案是因为他们的固定收入非常有限。这个问题的答案基于这样一个事实：至少在美国，老年人的平均净资产是所有年龄段中最高的。一个更好的答案是：老年人有很多空闲时间货比三家。

如果你不给他们一个好价钱，他们就会跑遍全城寻找更好的选择。

费城有一家杂货连锁店打出过这样的广告："如果你在我们这儿发现了任何过期的乳制品，我们将免费送你一个新鲜的同款。"多年来，我父亲给自己定的全职工作就是在不同的这家连锁商店对比乳制品的生产日期。运气好的时候，他会带回家两杯新鲜酸奶和一大块奶酪。当然，这是在他退休之后干的事情。你不可能看到很多40岁左右的人这样沉迷其中。一个愿意花费3个小时去赚一杯免费酸奶的人很可能是一个购物时会进行不断比价的人。这就是为什么我父亲可以享受优惠，而40岁的人享受不到。

当然，有些40岁的人比其他人有更多的空闲时间，商店也想针对他们进行打折，所以商店经常会让你不需要耗费时间就能获得折扣，比如以收集优惠券或邮寄退款折扣表格等方式进行打折。这种方式的折扣主要是由平时有大量空闲时间的顾客申请的，而这些顾客户也会花时间开车在城市里货比三家，以获得更好的性价比。

如果目标仅仅是吸引更多的顾客，商店就没有必要印制优惠券，只要降低价格就可以了。相反，商店的目标是在吸引特定类型顾客的同时，仍然让其他顾客全价购买商品。如果每个人都使用优惠券，那优惠券也就没有意义了。如果使用优惠券的人群是随机的，那仍然没有任何意义。让优惠券变得有意义的场景是：比尔·盖茨太忙，没时间收集优惠券并把它花出去；而我的父亲不忙，他可以享受优惠券。

许多珠宝商都喜欢组织"以旧换新"的活动，如果你愿意提供旧手表，商家就愿意在你购买新手表时打折，为什么？显而易见的答案是，他们会把换来的旧手表转卖出去，但这个显而易见的答案是错误的。事实上，他们往往会将旧手表丢弃，因为从中挑选出好的手表（哪怕只是零件）实在是太麻烦了。商家的真实目的是给这类顾客提供一种让他们能承受得起的折扣价，而最需要表的顾客——比如那些刚刚丢了手表的人——就得全价购买。

当家具店提供免费送货服务时，谁是受益者？答案是：那些有足够灵活的空闲时间在家等待送货卡车的客户。换句话说，也就是同样有足够灵活的空闲时间去其他地方买便宜货的顾客。这类折扣（免费送货是折扣的一种形式）主要针对的是对价格最敏感的顾客。

喜欢术语的经济学家发明了"价格歧视"一词，指的就是为价格敏感的顾客提供折扣的这种老做法，这样的例子比比皆是。戴尔电脑最近在其网页上发布了一款超轻笔记本电脑，它面向小型企业销售的价格为2307美元；在向医疗保健公司销售的网页上，同样的机器标价为2228美元；而在向州和地方政府销售的网页上，它的价格为2072美元。美国国家科学院的年度订阅费，小型学院图书馆是每年650美元，而人群众多的综合性大学是每年6600美元。戴尔公司和美国国家科学院的做法十分清楚地表明了谁对价格更敏感。

顺便说一句，大学本身就是世界上应用"价格歧视"最显著的地方之一。在一些大学，几乎每个学生都得到了个性化的资助，换一种说法就是，每个学生都有"个性化的定价"。麻省理工学院最近给家长们发了一封信，宣布将同时增加学费和奖学金的金额。我想，如果这封信是更明显地宣布了一项升级的"价格歧视"的新政策，家长们是否会有不同的反应。

大学做起来这类事情"得心应手",部分原因在于学校掌握了很多关于学生的个性化信息。互联网营销人员也是如此。当你在网上购买机票时,卖家很可能会掌握你最近的浏览习惯,包括你对同一张机票搜索了多少次,这些信息可以让他们估算出你的支付意愿,并影响给你的报价。如果您想查看不同的价格,请尝试清除浏览器缓存。[1]

汽车经销商也是运用"价格歧视"的高手。当你去买车的时候,销售人员很可能会问"你想看什么价位的车"这样的问题(就我个人而言,我的答案总是0。)。其实他真正想问的是"你最多愿意支付多少钱?"如果你能诚实地回答,那就是你能购买汽车的价格。在看车过程中,他会通过和你谈论你正在考虑的其他车型、你的职业以及你的家庭收入等方式来评估你的真实答案。然后,他会给出一个在他看来绝佳的购买方案。

对于卖家来说,价格歧视可能意味着生意兴隆,也可能意味着功亏一篑,这个技巧并不是那么简单。首先,你需要使用一些手段防止全价客户"骗取"折扣。有时,报纸优惠券、邮寄退款折扣或以旧换新的计划就能起到不少作用,但有时,卖家的做法需要变得更有创意才行。

我拥有的第一台打印机是惠普激光打印机,是我在20世纪90年代花1500美元买的。当时,我在两种型号之间进行选择:激光打印机和E型激光打印机。除了激光打印机更快(每分钟10页而不是5页)而且更贵,它们的基本功能是相同的。

为什么速度更快的打印机更贵?显而易见的答案是,制造速度更快的打印机的成本更高,但这个答案显然是错误的。激

---

[1] 为了应对源源不断的搜索信息,美国航空公司每天更改价格的次数高达50万次。

光打印机和E型激光打印机来自同一条装配线，在完全相同的打印机组装完成后，惠普将其中一些放在一边，贴上"E型激光打印机"的标签，并插入一个额外的芯片来减慢它们的打印速度。

乍一看，这是一件奇怪的事情，为什么为了减少对客户的吸引力会削弱自己的产品。但惠普这种明显疯狂的举动是有原因的。惠普公司是这样认为的：那些最迫切需要一台打印机的客户（即同意支付全价的客户）同样是那些非常关注速度的客户。[1]这些客户会为速度更快的打印机支付高昂的费用，这个价格可能会劝退一些对价格更敏感的顾客，但现在他们有了更便宜的选择。

对惠普公司而言，最优策略是以1500美元的价格提供给有对此意愿的客户，以1000美元的价格提供给其他客户。除非客户讲真话，否则这种策略不会奏效。惠普能提供的最接近的价格策略是"给很在意打印机速度的客户定价1500美元，给其他客户定价1000美元"。只要那些非常关心速度的客户大多是那些愿意支付1500美元的人，这种策略就是成功的。

创造发明这种策略的并不是惠普。早在19世纪，法国铁路就提供了一等车厢、二等车厢和三等车厢。为了将二等车厢改装为三等车厢，他们甚至拆除了车顶。

同样，精装书比平装书贵并不是因为生产成本上的显著差异。事实上，生产成本并不能解释这种差异，而是因为出版商认为，很多时候，那些愿意为一本书支付高价的读者正是那些希望自己能长时间保存这本书的读者，又或者是那些不愿意花

---

[1] 这不是逻辑上的必然，最迫切需要打印机的客户可能是那些最不关心速度的人（尽管可能性不大）。如果是这样的话，惠普的策略就失败了。

时间等待平装书出版的读者。[1]同样，最优策略是"如果你购买的意愿强烈，那就多付点钱"。近似的概念就是"如果你想要更结实耐用（或马上能得到）的产品，请支付更多的钱。"

一个成功的"价格歧视者"需要使用某种花招，无论是报纸上的优惠券、以旧换新计划，还是给自己的产品动动手脚，这使得折扣可以吸引那些不愿支付全价的顾客。但找到这个噱头只是成功的一半，另一半是防止折扣转让。如果当地的面包师为老年人提供苹果派的折扣活动，他有理由担心你会让你的祖母来为你买苹果派。更糟糕的是，你的祖母完全可以以8美元的老年人特惠价买下所有10美元的馅饼，然后在隔壁开个店，再以每个馅饼9美元的价格转售。

相比之下，理发师就没有这个问题。当一名理发师提供老年人优惠活动时，他不必担心你会让你的祖母去理发店代替你理发，这就是为什么我们通常认为理发店比面包店有更多的价格歧视。同样，让你的祖母去电影院看电影，然后她回家告诉你她的所见所闻通常比不上你亲自去看这场电影，这就是为什么电影院可以实行"价格歧视"。

在20世纪40年代，罗门哈斯化工公司开发了一种名为甲基丙烯酸甲酯（更多地被称为树脂玻璃）的物质。他们提供给牙医（牙医需要它来制作假牙）的定价为每磅22美元，而给工业用户的定价为每磅85美分，因为他们有许多好的替代品。果不其然，不久之后，工业用户买光了该产品，并将其转售给牙医。为了解决这个问题，罗门哈斯公司曾考虑过在每一批工业产品中添加少量的砷，使其不适合制作假牙（一份内部备忘录称这

---

[1] 国外出版社在新书出版时一般先推出精装本，大约在半年甚至一年后才会推出平装本。——译者注

是"控制盗版的一个非常好的方法")。考虑到公司要承担的责任,这一解决方案从未获得实施。但罗门哈斯公司做了一件退而求其次的事:他们积极支持说他们一直在产品中添加砷的谣言。

因此,如果你想制定"价格歧视"策略,你不仅需要一个针对折扣的噱头,还需要一个防止折扣转让的策略。你还需要一样东西:垄断的力量。否则,你的竞争对手就会抢走你所有愿意付高价的顾客,只留给你打折的买卖。

例如,种植小麦的农民完全缺乏垄断的力量,你从来没有听说过一个农民给老年人提供折扣的做法。事实上,假设农场主琼斯挂出一块牌子,上面写着:

小麦出售

普通价:4美元

老年人特惠价:3美元

几分钟后,我们可以预测,隔壁的农场主布朗也会挂出一块牌子,上面写着:

小麦出售

3.75美元

统一价格,童叟无欺

这样布朗就能抢走琼斯所有愿意支付高价的顾客。毕竟,我们知道琼斯生产每蒲式耳小麦的成本肯定低于3美元,否则他不会以这个价格将小麦卖给任何人,即使是老年人。这意味着他在所有这些每蒲式耳4美元的小麦交易中获得了大量的超额利润，如果我们知道存在超额利润，那一定会有竞争。

当然，故事还在继续。琼斯现在把他给普通大众的价格降到了3.5美元，他与布朗还会不断竞争，一直持续到价格差完全消失为止，即价格完全相等。

琼斯的价格歧视只有在布朗不能抢走他的顾客的情况下才能继续存在，这就等于说，只有琼斯拥有一定的垄断权力，它才能生存下去。但在小麦这个案例中，他显然没有垄断权力。

你可能会想，大多数干洗店也没有。毕竟，在我家附近有6家差不多的干洗店。然而，干洗店似乎也有价格歧视。他们挂出的牌子显示：

干洗价格
女式衬衫清洗、熨烫：5美元
男式衬衫清洗、熨烫：3美元

多年来，这个价格让我抓狂。我认为我所知道的关于经济学的一切——以及我教给学生的一切——都告诉我，竞争对手之间不能进行价格歧视。然而，每天我都会经过的这6家干洗店似乎都在证明我是错的。作为一名专业的经济学家，这不仅使我怀疑我自己的专业性，还让我羞于领取自己的薪水。

如果不是因为存在垄断因素，价格歧视的策略根本毫无意义。你不仅需要认为男人比女人对价格更敏感（也许是因为男人不太在乎自己的衣服是否干净），同时还要承认许多男人要么不能要么不愿把妻子的粉色印花衬衫从他们的衣服中分拣出来。我很愿意相信上述原因。

但垄断从何而来？当每家干洗店对男性收取3美元的单价，对女性收取5美元的单价时，有什么能阻止某个干洗店对每个人收取4.5美元，以此窃取所有的女性洗衣业务？

品牌忠诚度可以解释这一点。如果客户不愿意更换干洗店，那么每家干洗店都会成为小型垄断者，不用完全消除价格上的差距。我觉得这个解释有点牵强，令人难以置信，但也许我只是过度解读了自己的意愿，只要我看到有机会节省一块钱，我会毫不犹豫地换家干洗店。

另一种解释是，尽管表面上看起来像，但这毕竟不是价格歧视。也许男性得到更低的价格不是因为他们对价格更敏感，而是因为给他们提供的服务更便宜。

这听起来似乎很有道理，直到你开始思考为什么给男性提供服务更便宜。的确，男士衬衫通常是棉质的，而女士衬衫通常是丝绸的。但如果事实是这样的话，橱窗上的标牌应该写着："棉质衬衫3美元，丝绸衬衫5美元"，而不是"男士衬衫3美元，女性衬衫5美元"。

几个星期以来，我和我的同事在纽约罗切斯特的山坡餐厅（现已不幸停业）吃午餐时反复讨论这个难题。这到底是不是价格歧视？我们如此频繁地谈论这个话题，以至于餐厅经理邦妮·博诺莫听烦了我们的对话，于是做了一件我们都没想到的事：她给几家干洗店打电话。他们给了她以下三个答案：

第一家干洗店表示，清洗女士衬衫的费用更高，是因为女士衬衫往往吸附有香水。所有人都反对这一说辞。

第二家干洗店说，这是他们的经营策略，如果邦妮不喜欢，她完全可以把她的衬衫送到其他地方去洗。

三号、四号和五号干洗店都表示，服务男性更便宜，不是因为清洁环节，而是因为熨烫环节。第一，男士衬衫的形状几乎都一样，所以可以用机器熨烫，而女式衬衫通常需要单独处理；第二，男士衬衫通常穿在夹克里面，所以如果有一个小褶皱不小心被遗漏掉，也不是什么大事，而穿在外面的女式衬衫则需要更细致的护理。

我不知道这是否可以为关于干洗价格的问题下一个最终结论，但这个道理让我可以毫不内疚地回去领取我的薪水支票了（尽管我的妻子相当有力地指出，也许我应该把我的下一份薪水支票签给邦妮，因为是她打的这些电话）。

其他价格谜题似乎更难解释。边境附近的加拿大餐馆有时会以高于市场的汇率接受美元。美国人可以从这类价格歧视中获益吗？如果可以的话，那些可能离家很远的美国人为什么比那些能在自家厨房里做饭的加拿大人对价格更敏感？但如果不是这样，另一种解释是什么？美国人在餐桌上花的时间比加拿大人少吗？他们要求的服务更少吗？

在许多城市，出租车会对一对一起出行的夫妇收取相同的费用，而对前往同一目的地的两个陌生人收取更高的费用。这算是价格歧视吗？如果是的话，为什么结伴出行的夫妇可以享受优惠？是因为他们可能会说服对方尝试一起乘坐地铁吗？

有些谜题相对容易解释。如果你点了一道主菜，用于沙拉的费用往往会更低。这是价格歧视吗？更有可能的原因是，因为点主菜的人很少会再去点沙拉。在冰激凌店，买两勺冰激凌会比买一勺的单价收费更低，这是价格歧视吗？更有可能的原因是，无论是准备蛋筒、打开冰柜，还是收银机结账，所有这些需要时间的做法，都不需要因为你的第二勺冰激凌而重复一遍。

那么超市的优惠券呢？通常的情况是，使用优惠券的顾客可以获得价格折扣，因为他们有很多空闲时间去货比三家。当我把这个例子写进我正在准备的大学教科书时，一位评论家提出了一个有趣的解释：使用优惠券的人因为有更多的空闲时间，往往会在中午商店不拥挤、收银员不那么忙的时候购物，这其实是为他们提供了更便宜的服务，这才是他们获得折扣的原因，而这与价格歧视的观点恰恰相反。

我非常欣赏他提出上述解释的质疑精神，但我对此持怀疑态度。如果商店想要给选择在闲暇时间购物的人们优惠，他们大可以简单地宣布对在这些时间购物的人提供10%的折扣，而不是以优惠券的方式提供折扣。除此之外，我认为一天中某个时间段打折扣的做法可能会成为一场物流噩梦，如果一位顾客抱怨说因为他在肉类柜台得到了慢吞吞的服务，所以结账时间本应该是2：59而不是3：01的时候，你该如何答复顾客？

亚马逊应该降低Kindle电子阅读器的价格来增加电子书的销量，还是应该降低电子书的价格来增加人们对Kindle的需求？吉列应该降低剃须刀的价格来增加顾客对剃须刀片的需求，还是应该降低剃须刀片的价格来增加剃须刀的销量？迪士尼乐园是否应该收取较低的入园门票费，同时再卖给顾客昂贵的项目游玩票，或者应该卖便宜的项目游玩票，使迪士尼乐园更具吸引力，这样他们就可以收取更高的入园门票？如果客户是相同的，解决方案就会很简单。以成本价出售电子书、剃须刀片或项目游玩票，这样人们就会大量购买，这能增强客户的购买体验，并提高他们的总体支付意愿，而商家可以预先对此加以利用。

如果所有消费者都大同小异，解决方案将非常类似。但是，如果消费者的差异很大，解决方案就会行不通。因为迪士尼出售低价的项目游玩票，所以爱丽丝愿意在门口支付100美元，但是高达100美元的门票价格会赶走鲍勃、查理和多丽丝。为了维持生意，迪士尼将门票价格降至25美元。现在，我们该想办法如何让爱丽丝买到便宜的项目游玩票？

当消费者多种多样时，很难在门票上"做手脚"，因为吸引一部分人的门票价格，同时会"吓跑"另一部分人。但没关系，因为当消费者的偏好大相径庭时，你应该考虑另外一件事情：价格歧视的最佳方式是什么？

答案当然是给像鲍勃、查理和多丽丝这样对价格敏感的消费者打折，同时使爱丽丝为她的"迪士尼狂热"支付高昂的价格。要实现这一点，一种方法是出售昂贵的项目游玩票，让每个人都免费（或几乎免费）入园。那样的话，鲍勃、查理和多丽丝可以买两张或三张项目游玩票后回家，在迪士尼里度过不怎么花钱的一天，而爱丽丝要乘坐每一项游乐设施，所以会在迪士尼内一直消费。[1]

迪士尼的管理摘要：在客户相似的情况下，将游乐设施的价格定得低一些，门票的价格定得高一些。如果客户不同的话，

---

[1] 这里假设大多数客户要么是像爱丽丝这样的爱好者，他们会乘坐很多游乐设施，并愿意为体验支付高昂的费用；要么是像鲍勃这样的休闲一日游游客，他们很少乘坐游乐设施，除非价格合适，否则不会去迪士尼乐园。原则上，也可能有很少购买门票的客户（如鲍勃），但愿意为体验慷慨地支付费用（如爱丽丝），或购买大量迪士尼门票的客户（如爱丽丝），但不愿意为体验支付太多费用（如鲍勃）。如果是这样，这将使分析变得相当复杂。这可能就是为什么迪士尼一直在尝试各种定价结构。

就做相反的事情。

吉列也是如此：对于大同小异的顾客，刀片定价低，剃须刀定价高。这样顾客会更频繁地刮胡子，吉列可以最大限度地提高顾客的支付意愿。对于大相径庭的顾客，刀片定价高，剃须刀定价低的方式可以有效地向最经常剃胡子的人收取全价，而向不常剃胡子的人打折，否则他们可能会寻找更便宜的产品。[1]

那么，究竟为什么电影院的爆米花这么贵？正如吉列、迪士尼一样，问题的关键在于消费者的多样性。但相比使用剃须刀的人或逛主题公园的游客，电影观众在多样化方面会更甚。吉列消费者的不同之处在于他们对剃须的重视程度，迪士尼消费者的不同在于他们对迪士尼之旅的重视程度，但电影观众之间的区别不仅在对电影的重视程度上，还在对爆米花的重视程度。

尽管如此，有一点不会变：如果消费者是同质化的（或几乎相同），最优策略当然是按成本价给爆米花定价，这样人们就会买很多，并把他们获得的价值加到电影票上。

随着消费者的多元化，问题变得更加棘手。如果老板想要执行价格歧视，理想情况下，策略应该是这样的：如果你是一个愿意支付高价的电影爱好者，那就向你收15美元；如果去不去电影院对你来说无所谓，就把价格定为9美元。电影院老板

---

[1] 刀片定价高实际上会对经常剃胡须的人收取更高的价格，因此构成了一种价格歧视。与其他价格歧视一样，这种策略只有在存在某种垄断的情况下才能存在。在这种情况下，垄断部分来自对吉列的品牌忠诚度，部分来自吉列持有的专利。

大概会制定的策略是，如果你会买爆米花，你总共需要付15美元，不买爆米花的话就付9美元。或者换一种说法：电影票9美元，爆米花6美元。

电影院原本的目标是吸引喜欢看电影的人，实际上吸引的却是愿意买爆米花的人。当且仅当喜欢看电影的人和喜欢买爆米花的人恰好是同一类人的时候，这种策略才奏效。

然而，当喜欢看电影的人和讨厌爆米花的人碰巧是同一类人的时候，这种策略就毫无意义。在这种情况下，老板会想办法向讨厌爆米花的人收取更多的费用，比如提供免费的爆米花、如果买三袋爆米花，电影票就可以便宜5美元等等。只有这样，讨厌爆米花但是又喜欢看电影的人才会支付全价。

那么，为什么爆米花的定价是这样的？根据经济学理论，当顾客对爆米花的喜爱与对电影的喜爱正向关联度高的时候，电影院的定价应该高，而当关联度不高的时候，电影院的定价就应该低。可是在现实中，我们可以看到爆米花的定价在哪个电影院都很高，而且一贯如此。显然，在我们生活的世界里，喜欢爆米花的人和喜欢看电影的人碰巧无处不在，而且总是同一批人（至少总的来说是这样）。换句话说，在这样的世界里，给爆米花定高价是有道理的。也许，这就是整个故事。但我本能地对任何使用"碰巧"这类词汇的解释感到不满意，我更喜欢一些更有说服力的东西。但是，作为经济学家，我们一向明白，你不能总是事事如愿。

十七　求爱和合谋：约会博弈

公元前10世纪，示巴女王（位于现在的也门附近）垄断了向地中海运送香料、没药[1]和乳香的航道。当以色列的所罗门王威胁要入侵她的市场时，据《列王纪》中的描述，"女王一行浩浩荡荡来到耶路撒冷，骆驼车队满载香料、黄金和宝石"，作为与所罗门王达成交易的前奏。28个世纪后，第一位现代经济学家亚当·斯密观察到，"从事类似交易的人很少聚在一起，即使是为了取乐和消遣，但他们最终会在针对公众的阴谋或某种哄抬价格的诡计上达成一致"，或者在示巴女王的故事中，她与所罗门王合计的正是继续维持高价。

合谋，就像性爱一样，是既古老又普遍的存在。毫不奇怪，实力强劲的双方会互相追逐并合谋。

在性爱与婚姻的市场上，男人之间为女人而竞争，女人之

---

[1] 没药是一味具有活血化瘀作用的中药，属于一种树脂，常与乳香联合使用，对于血瘀导致的疼痛，治疗效果较好。——译者注

间为男人而竞争。[1]但男人与女人的竞争方式完全不同,部分原因是男人更倾于寻求多个伴侣。造成这种情况可能部分源于生物学的原因（如果你的种子每天都在再生,那么广泛播撒你的种子可能是一种很好的再生策略;如果你每年至多只有一次孕育生命的能力,那么把你的注意力集中在一个伴侣身上同样是一种很好的再生策略）,部分原因可能源于社会条件。当然,有许多男女都不符合这一模式,但这至少符合部分现实,即女人寻求一个男人来满足她的所有需求,而男人寻求多个女人来满足他的一个需求。

在允许一夫多妻制的国家中,都是一位男性娶了多个妻子,而不是一位女性嫁给多位男性。被睾丸素弄昏头的男性可能会想象,在这样的社会中,他们的生活会更好,但如果幻想成真,大多数幻想者都会失望。如果有一位男性拥有四个妻子,就意味着有另外三个男性打了光棍。你可以改变婚姻法则,但不能废除算术法则。

在现代美国,如果每位男性都被允许可以自由寻找四位女性,那么争夺女性的竞争将会非常激烈。即使是那些取得胜利的人,也会为他们的胜利付出很大代价。而女性则会加倍幸运:她们会有更多的追求者,而她们的追求者都试图脱颖而出,因此会对她们更加殷勤和恭敬。在约会中,女性更有可能选择餐厅,而男性更有可能买单。已婚男性由于担心妻子会获得更多的机会,会承担更多的家务。[2]

---

[1] 并非所有的两性竞争都是如此,我将这个讨论限定在异性恋伴侣上。异性恋的基数最为庞大,非常值得关注。

[2] 在一些原始的一夫多妻制社会和一些宗教团体中,情况大不相同。在那里,女性在选择婚姻伴侣时几乎没有发言权,因此无法从竞争中获益。

如果一夫多妻制合法，大多数甚至所有女性仍然会坚持一夫一妻制，我们的婚姻组合也会和今天差不多。即便如此，这也将是一个完全不同的世界。今天，当我和妻子争论谁应该刷盘洗碗的时候，我们差不多是平等的。如果一夫多妻制是合法的，我的妻子可能会暗示她想离开我，嫁给街区另一头的迈克尔或者其他人——于是我最终会默默地洗碗。妻子将有更大的权力来决定婚姻中出现的大大小小的冲突：生几个孩子、住在哪个城市、谁来做饭，以及在安静的夜晚坐在电视机前时谁来操作遥控器。[1]

一夫多妻制社会中的男人就像香料商人，永远在抵制竞争对手的侵犯。商人的解决方案是同意划分势力范围。在某段历史上，男性也采取过类似的策略。根据习俗和法律，男人串通后共同达成一项协议，将他们的注意力限制在一个女人身上。尽管约定如此，但偷腥的事情屡见不鲜，从经济学的角度看，这丝毫不令人意外。

事实上，禁止一夫多妻制的法律是卡特尔理论[2]的典型例子。生产商最初是竞争对手，他们聚集在一起密谋针对公众，或者更具体地说，勾结在一起针对他们的消费者。他们一致认为，为了维持产品的高价，每家公司都应限制自己的产量。但高价格会招来作弊，因为每个公司都想扩大自己的产量，超出协议允许的范围。除非通过法律制裁强制执行，否则卡特尔最

---

[1] 在非一夫多妻制的情况下，无论性别如何，都会出现同样的现象。对那些没有婚外情的已婚男性来说，单身女性人口的增加似乎是一件无关紧要的事。相反，它允许这些男人发出的威胁更可信，他们会为另一桩婚姻而去解除一桩婚姻，来让自己在家庭中拥有更大的权力。当有更多单身女性时，所有男性都会受益。

[2] 卡特尔即垄断利益集团、垄断联盟，是垄断组织形式之一。——编者注

终会土崩瓦解，即使是这样，违规行为也比比皆是。[1]

在每一本经济学教科书中都讲述着类似的故事，它十分合理地解释了在爱情这个产业中，男性作为生产者的故事。起初，男性之间竞争激烈，他们聚集在一起针对他们的"客户"，即他们的求婚对象——女性进行密谋。他们勾结在一起达成某项协议，根据该协议，为增加所有男性的谈判地位，男性要把他们的浪漫努力限制在一个女性身上，不要到处拈花惹草。但男性地位的提高会导致欺骗行为高发，因为男性会试图追求比协议允许的更多的女性。卡特尔之所以存在，只是因为它受到法律的限制，即便如此，违法行为也比比皆是。

卡特尔在过去3000年里几乎没有什么变化，但他们在公共关系方面变得更加巧妙。当由麻省理工学院和常春藤联盟大学组成的"大学联合体"被发现合谋维持高学费和低助学金时，至少他们的辩护是有创意的：他们说，其目的是防止学生在选择大学时受到经济因素的过度影响。如果汽车制造商被发现合谋以保持高价格，他们可能不会想到争辩，说他们的目的很崇高，即防止消费者在选择汽车时受到财务因素的过度影响。

男人们坚持认为，反一夫多妻制的法律是为了在某种程度上保护妇女，而同样的厚颜无耻产生了"大学联合体"，坚持认为它的存在仅仅是对受害者的一种恩惠。但是，禁止任何男子与一名以上女子结婚的法律与禁止任何公司雇用一名以上工人的法律在原则上并无不同。我想，如果这样的法律得以颁布，企业辩称它是为了保护工人，谁又会相信呢？

---

[1] 请注意，这与第八章中天堂鸟之间协议的破裂完全相似。

理论告诉我们，当存在制裁机制时，任何竞争对手都会试图串通合谋。这一观察并不局限于特定性别的竞争者。男人合谋对付女人，女人也合谋对付男人。当公司发现了一种创新但昂贵的方法来改进他们的产品时，他们可能会合谋阻止市场上的创新。这样的合谋通常会摧毁那些想脱颖而出的公司的野心，这些公司看到了成为市场唯一创新者的巨大利润机会。卡特尔生存的最大希望是制定一项禁止创新的法律，并投入大量资源为此类法律进行游说。

现代科技为女性提供了各种创新但昂贵的方式来吸引男性。其中一项是硅胶乳房植入物（隆胸）。[1]女性的成本不仅包括看得见的各种费用，还包括各种健康风险。

对女性来说，防止将这类产品推向市场是有利的。这种行为与大型汽车公司共同达成协议，扼杀一项能很好地服务于客户的新技术的做法如出一辙。通常而言，每个汽车制造商都会想知道谁会首先违反协议。但如果他们能合法地禁止这种创新，汽车业高管们晚上就能睡得更香了。

同样，女性之间也不能简单地就不做整容手术达成一致。除了几乎不可能让1亿名女性逐一签署协议，隐瞒也是无法控制的。因此，最好的方式就是禁止出售这类产品。

美国食品药品监督管理局曾经在1992年发布禁令，禁止将硅胶植入女性体内隆胸和美容，这一禁令主要是来自女权主义团体施加的政治压力，该禁令一直延续到2006年。[2]乍一看，

---

[1] 我很清楚，并不是所有男人都觉得隆胸有吸引力。你大概觉得，很多男人都是这样想的。

[2] 注射狄波—普维拉可以在三个月内防止怀孕，但有严重的副作用。它在2004年之前一直被禁止，部分原因是同一女权主义团体的敦促。鉴于有效的避孕措施对男性很有吸引力，这里的论点适用于狄波—普维拉注射和隆胸。

一个致力于女性堕胎绝对权力的政治游说团体似乎不可能剥夺同一名女性选择胸罩尺寸的权利。如果女性是理性、聪明的，她们能够权衡终止妊娠的健康风险（更不用说其他重大问题），那么人们应该会认为她们能够权衡硅胶植入的健康风险。

卡特尔理论表明，女权主义者是正确的，而我刚才提出的貌似有理的反对意见是错误的。限制创新的法律可以让生产者过得更好。福特汽车公司有能力自行决定是否采用一项新的汽车技术，但可能仍希望禁止该技术——不是为了保护技术本身，而是为了避免竞争。如果福特汽车能成为市场上唯一的创新者，它会很高兴。但考虑到竞争无处不在的现实，它更希望看到创新消失，也就是继续维持现状。

对女性而言，同样如此。任何想要隆胸并且确信她会是美国唯一隆胸的女性都会非常高兴，但考虑到现实——如果隆胸是合法的，她的竞争对手也可以隆胸——她可能会更倾向于让法庭颁布禁止隆胸的禁令。

新技术应该获得合法化的最好理由不是它们有利于生产者，而是它们将有利于消费者。类似的，支持隆胸合法化的最好理由不是它确保了女性的自由，而是它满足了男性。经济上正确的论点是可以想象到的政治上最不正确的论点。

对隆胸合法化的成本效益分析可能会得出这样的结论：最近，隆胸合法化是一件好事，因为男性获得的好处超过了女性为之付出的成本[1]。如果你要严肃对待成本效益的问题，还会

---

[1] 我不是根据对成本或效益的任何直接估计来推断这一点，而是根据这样一个事实，即一些女性愿意承担植入的成本，来增加被男性关注而获得部分效益。

有其他几个需要考虑的因素。首先，一些女性想要隆胸的原因不是出于取悦男性，这是有利的一面，并加强了合法化的论点；其次，隆胸可能会让一些偶然碰到的路人觉得赏心悦目，但这些隆胸的女性是很难知道的，这也会为合法化加分。相反，男性可能并不关心乳房本身的大小，而是关心乳房的相对大小。也就是说，他们才不在乎伴侣的胸部有多大，只要它们是这个房间里最大的就行。如果是这样的话，人工隆胸就相当于一场浪费社会资源的军备竞赛（就像天堂鸟精心制作的尾羽一样），因此应该对隆胸进行征税甚至严令禁止。

类固醇也是如此。如果女性喜欢拥有大块头的伴侣，或者如果体育迷喜欢看到很多本垒打，这就是允许使用类固醇的一个很好的理由。如果男人为了取悦自己而变壮，或者想让路人觉得赏心悦目，这都可以为类固醇的合法化加分。相反，如果女性或体育迷只是想让他们的伴侣或他们的偶像比其他男人更强壮或打出更多本垒打，那么对每个人来说，结束这类"军备竞赛"可能是最好的做法。尽管如此，我们仍然可以预料到大量的作弊行为——正如体育迷们所知道的，我们早晚会明白这一点。

当芝加哥地区的屠夫晚上想和家人待在一起时，他们会说服市议会立法禁止在下午6点后卖肉（该法律目前已被废除）。屠夫之间达成的这个简单的提前关门的协议会引发作弊行为，即某位屠夫可能会抵抗不了诱惑，成为镇上唯一在夜间营业的屠夫。

一个天真的观察者可能会认为，屠夫不可能从限制他们自由选择时间的法律中受益——正如他可能会认为，男人不可能从限制他们追求多个婚姻伴侣自由的法律中受益，或者女性无法从限制她们进行整形手术自由的法律中获益。但相关协议需要强制执行，即使它能够实现互惠互利。

在一个世纪前的中国，货物是由六人一组的驳船运送的，如果他们准时到达目的地，就会得到很多奖励。因为每个人都认为，成功在很大程度上取决于其他五个人的努力，所以团队长期受到逃避和懈怠的困扰。如果其他人都在努力，团队无论如何都会成功，那么我为什么还要努力呢？如果没有任何人努力，团队无论如何都不会成功，那么我为什么还要努力？每个人都做出了同样的推断，那么每个人都在推托，导致货物无法准时到达目的地，因此也没有人会获得奖励。

驳船团队很快设计出一种机制避免这种不幸的结果：六名团队成员集体雇用了第七个人来监督他们划桨。

迫使政府扮演强制措施执行者的角色，与雇用一个拿着鞭子的执法者没有太大的区别。（然而，船夫和屠夫之间有一个显著的区别：当船夫合谋更努力工作时，他们不会伤害到任何人。但当屠夫合谋缩短营业时间时，公众的利益其实是受损的。）

约会博弈也可以人人共赢。即便如此，在如何瓜分战利品的问题上仍时有冲突。面对如此多的利害关系，联盟的形成、分裂，以及呼吁政府恢复联盟也就不足为奇了。博弈孕育了应对的策略行为，而且不管使用哪种策略，总有人会认为它是公平的。

十八 "赢家的诅咒"和"输家的郁闷":为什么生活充满了失望

经济学理论显示,你并不像你想象的那样喜欢这本书。这是一个普遍命题的具体案例:生活中的大多数事情并不像你想象的那样美好。虽然心理学家、诗人和哲学家经常评论这一现象,但很少有人认识到这是通盘考虑与理性决策的必然结果。

选书是一个充满风险和不确定性的过程。幸运的是,作为一个读者,你过往的阅读经验是一个宝贵的指南。它指导你对每本书的质量形成一些预判,你的预判有时大错特错,但总体上,还是比随机盲猜要好得多。

有些书比你想象的要好,有些书比你想象的要差,但这不同于总在同一个问题上犯错误。如果你总是高估或低估书的质量,最终你会发现自己的偏见并加以纠正。因此,我们可以合理地假设:你的期望值过低和过高的概率是一样的。

这意味着,如果你从书架上随机挑选了这本书,它很可能超出你的预期,也可能达不到你的预期。然而,你不是从货架上随机选择的。你是一个理性的消费者,你选择它是因为它可能是少数几本你觉得最好的书之一。不幸的是,这同时也使它成为少数几本你最有可能高估其质量的书之一。在这种情况下,阅读它会让你感到失望。

只要我们做出选择,这种可能失望的逻辑困扰着我们生活的方方面面。即使你的判断总体上没有偏见,你对自己选择从事的活动的判断通常也过于乐观。平均而言,你对潜在婚姻伴侣的评估可能是完全正确的,但看起来能够与你完美匹配的那个人,却是你最有可能忽视缺点的那个人。

当你在拍卖会上买下一件物品时,情况就会变得更糟。当你是最高出价者时,你可以肯定一件事:你是这间房子里认为这件物品最值钱的人。这种观察本身就意味着你可能高估了拍品的真实价值。一向悲观的经济学家将这种现象称为"赢家的诅咒"。

想象一下,你是一位知识渊博的房地产开发商,正在对一块土地进行密封投标。你的专业判断告诉你,如果你能以5万美元的价格获得这片土地,你将获得可观的利润。在这种情况下,你可能会认为在拍卖会上以5万美元的价格赢得土地是非常值得的。但如果你真的以这个价格赢得了拍卖,你就会知道,竞标的其他同行所依据的专业判断让他们的评估都不如你乐观。除非你很确定自己掌握了别人不知道的信息,否则你可能会开始怀疑5万美元到底值不值得。

当你决定出价来购买一块土地时,正确的提问方式不是"鉴于我现在所知道的,我乐意支付5万美元来购买这块土地吗"?相反,正确的提问方式是"鉴于我现在所知道的,并且假设没有其他开发商愿意出价5万美元的情况下，我还会乐意出价5万美元买下它吗"？这两种提问方式截然不同。那些经常在拍卖会上竞拍的人必须学会理解这种差异，并相应地调整自己的出价。

另一方面，在有些情况下，"赢家的诅咒"不是问题。一些参加拍卖的人很确定他们愿意为一件物品支付多少钱，而不考虑其他人怎么想或可能知道些什么内幕消息。如果你正在竞拍一个古董黄铜烛台，并且你已经仔细检查过它，你确切地知道你打算如何使用它，而且不在乎它是否对别人也有吸引力，你确信你永远不会把它转卖。那么，不管其他竞拍人怎么想，以1000美元的价格买下这个烛台对你来说是一笔不错的交易。在这种情况下，不存在"赢家的诅咒"，但失望的可能性仍然存在——烛台在你的壁炉台上可能不像你想象的那么好看，不过失望的可能性并不构成真正的"赢家的诅咒"。毕竟，结果也可能是壁炉台上的烛台看起来棒极了，比想象的要好，你赢得拍卖的事实并不会减少这种可能性。

"赢家的诅咒"的存在与否是买方直接关心的问题，买方必须在其出价策略中考虑到这一点。因此，这也是卖方间接关心的问题，因为卖方非常关心买方的行为。但卖方的角色并不局限于希望买家出价高。卖方也是拍卖活动中的战略参与者，他只有一个任务，同时也是最重要的任务——制定规则。

拍卖的种类很多。最常见的是常见的英式拍卖，即竞拍人不断提出更高的价格，然后依据价格竞争，直到剩下最后一个出价最高的人。还有荷兰式拍卖，拍卖师喊出一个非常高的价格，然后竞拍人逐次压低价格，直到有人买下为止。[1]还有第一价格密封投标拍卖，即每个买家将自己的报价密封在一个信封中，拍卖时同时打开所有人的报价，出价最高的人以其出价获得拍品。还有第二价格密封投标拍卖，最高出价者得到拍品，但只需要支付第二高出价者给出的金额。与之类似的还有第三、第四和第五价格的密封投标拍卖。除此之外，还有更多奇特的拍卖种类。在"郁闷的输家"拍卖中，出价最高的人免费获得拍品，而其他所有竞拍人都要支付自己的出价。

卖家可以在这些规则或他设法制定的其他规则中进行选择。理想情况下，他的目标是最大化成交价格。实际上，他很少有足够的信息来实现这一目标。如果两个竞拍人都愿意出高价，英式拍卖可以迫使他们相互竞争，将价格尽可能地推高。如果只有一个出价人愿意出高价，英式拍卖对卖家来说就是灾难性的：其他所有人都提前退出，而潜在的最高出价人将以一个很低的价格成交。因为竞拍者不太可能在拍卖前透露他们的出价策略，卖家永远不可能确定任何一晚的拍卖用英式拍卖好，还是用荷兰式拍卖更好一些。

卖方甚至很难决定是选择第一价格还是第二价格密封投标拍卖。一方面，在第一价格密封投标拍卖中，他获得是最高的出价，而在第二价格密封投标拍卖中，他只能获得第二高的出价；另一方面，拍卖人通常会在第二价格密封投标拍卖中提交更高的出价，他们在第三价格密封投标拍卖中提交的出价甚至更高。哪种方式对卖家而言最有利？同样，答案取决于谁来竞拍，以及竞拍者的策略是什么。

---

[1] 这至少是荷兰式拍卖的传统定义。易贝和其他在线拍卖网站通过使用"荷兰式拍卖"这个词来表示几种完全不同的事情，从而混淆了定义。

鉴于卖方掌握的信息有限，难以选择在任意一次拍卖中使销售价格最大化的规则。但卖方可以基于经验选择在多次拍卖中使平均成交价格最大化的方式。在一些拍卖会上，用英式规则拍出了最高价格，而在其他一些情况下，荷兰式拍卖拍出了最高价格。平均而言，哪些规则引起的成交价格最高呢？

在这一点上，经济学理论宣布了一个惊人的事实：基于某些合理的假设（关于这一点，我很快就会在后文提及），作为一个数学事实，我提到的所有拍卖规则在许多拍卖中平均来说给卖家带来了相同的收入。如果我经常在英式拍卖会上出售拍品，而你在荷兰式拍卖会上出售拍品，你的兄弟在第一价格的密封投标拍卖会上出售拍品，你的妹妹在第二价格的密封投标拍卖中出售拍品，而你疯狂的叔叔法斯特在"郁闷的输家"拍卖会中出售拍品，如果我们出售的拍品质量一样，那么从长远来看，我们的效益肯定大同小异。

这一结果也同样适用于大量其他拍卖的规则——事实上，不考虑拍卖大厅入场券或其他相关因素的话，适用于你能想象到的任何规则。

我还没有告诉你我是如何得知"即使卖家使用不同规则，总体上效益将大同小异"的，因为这个论点的论证过程是技术性的，我还没有想出如何用简单的语言将它"翻译"出来（这可能意味着我对它的理解还不够透彻）。但毫无疑问，这个论点是正确的。

对理论家来说，这样的结果令人欣喜。它令人惊讶，又足够简洁并富有说服力，它不需要拐弯抹角、扭扭捏捏的表达方式，也不需要什么资格条件。我们不需要制作冗长而碍眼的分类方法（"英式拍卖在以下七种情况下都是最佳的，而荷兰式拍卖在以下其他六种情况下都是最佳的")。我们可以用不超过七个字来陈述结论——所有规则都一样——并且我们可以毫无争议地向任何一个拥有本科高等微积分知识的人证明这一点。最有趣的是,几乎没有人会猜到答案竟然如此。如果理论只能证实我们已经知道的东西,那就没有必要谈理论了。

然而,现实世界中的情况是拍卖商对某些规则表现出明显的偏好。拍卖牲口时总是采用英式拍卖的方式;拍卖郁金香时总是采用荷兰式拍卖;石油钻探权总是采用密封投标拍卖的方式。如果对卖家而言,所有的规则都一样,那卖家为什么坚持用这种规则而不是其他规则?

经济学家可能会忍不住回应说,拍卖商不是经济学家,因此很可能对最新的信息一无所知。许多拍卖商不仅没有订阅《经济理论杂志》(*Journal of Economic Theory*),而且他们的高级演算能力往往已经大幅退化。即使他们真心努力,也很难跟上该领域的发展了。但是,在给出上述回应之前,经济学家最好三思而后行。我们假设,以经营拍卖为生的人知道他们在做什么,如果他们的行为与经济学家的理论之间存在一些差异,那一定是因为经济学家错过了某些事实。作为经济学家,我们的工作不是告诉拍卖商如何经营他们的生意,而是假设他们知道如何经营,并弄清楚为什么他们采用的战略是正确的。

一方面,我们知道在"某些假设"下,拍卖规则的选择是无关紧要的;另一方面,我们观察到拍卖商的做法并非总是如此。由此,我们推断拍卖规则的选择是一个值得关注的问题。不可避免的结论是,那些"某些假设"并不适用所有的情况。因此,是时候弄清楚究竟什么是例外情况了。

最重要的假设是没有"赢家的诅咒"。更确切地说,这一论点假设，当一名竞拍人得知另一名竞拍人不同意他的观点时，他也不会改变自己对物品价值的看法。如果你正在竞拍一幅梵高的作品，想把它挂在你家墙上，不管别人怎么想，你可能都愿意支付5000万美元。如果你竞拍同一幅作品，目的是预期在转售时获得巨大的差价，当你得知房间里的其他竞拍人出价都没有超过1000万美元时，你可能会感到懊恼。拍卖规则的等价性在第一种情况下成立，但在第二种情况下不成立。

事实上，当竞拍人在意彼此的意见时，卖方最好选择英式拍卖。在拍卖中，可能只有一个竞拍人愿意支付1000万美元以上的价格。当其他人观察到他愿意支付的价格走高时，他们可能会认为他知道一些内幕，并决定与他竞争。密封投标拍卖试图避免的就是这种情况，荷兰式拍卖也是如此——最高出价者一旦流露出他对拍品的热情时，拍卖也就结束了。

到目前为止，英式拍卖是最常见的拍卖形式，同时也是最受拍卖商青睐的形式。这一理论表明，拍卖商之所以会有这样的偏好，是因为竞拍人会对竞价者流露出的信息做出反应。这尤其意味着竞标者会受到"赢家的诅咒"。因此，虽然"诅咒"最初只是一种理论上的可能性，但英式拍卖的盛行表明它其实是一种普遍现象。

尽管对拍卖规则等效性的争论消除了"赢家的诅咒"，但这并不是它可能偏离现实的唯一方向。另一个关键假设是，买家不会花大部分财富来竞拍。这个假设很重要，因为在没有这个假设的情况下，买家的出价会更保守，这会直接影响到整个分析。在这种情况下，卖方应该选择第一价格密封投标拍卖，而不是英式拍卖。因为买家不愿冒损失的风险，而且密封出价只给他们一次获胜的机会，所以他们倾向于抬高出价，使卖家获利。

在标准理论中，还存在另一个可疑的假设：当规则改变时，竞标人的数量不会改变。在现实中，荷兰式拍卖可能会比英式拍卖吸引更多完全不同的人群。一些未来的理论家将通过弄清楚如何将这种效应纳入分析来为自己赢得声誉。

与其冒险进入这种未知的领域，不如让我们先绕开它，探讨卖方面临的另一个问题。卖家通常比买家掌握更多的拍品信息，并且可以通过透露他们所知道的一切，无论是好的还是坏的，来获得诚实的声誉。但诚实真的可以换来回报吗？

诚实的约翰定期举办二手车拍卖会。他总是把他所知道的关于他所销售的汽车的一切信息都公布出来。如果汽车费油或者发生过事故，诚实的约翰也会告诉你。当约翰宣布这辆车是次品时，人们出价较低，但在其他正常的时候，人们愿意出高价。因为他们知道，诚实的约翰不会隐瞒竞拍人，约翰发现任何问题都会告诉他们。

在拍卖有瑕疵的车时，如果约翰不告知竞拍人，他赚的钱会更多，但现在诚实的做法让他在好车拍卖上赚的钱更多。这两种效应可以相互抵消，使约翰的处境并不比他在邻镇的对手"沉默的山姆"更好或更差，后者什么也不会透露。到目前为止，我们还没有为"诚实的约翰"的诚实找到好的理由。但与山姆相比，约翰还有一个额外的优势：他的拍卖习惯在一定程度上减轻了"赢家的诅咒"的威胁，因此给了买家出更高价格的额外理由。从长远来看，约翰肯定会比山姆做得更好。

换句话说，"赢家的诅咒"最初是买方的问题，但也会变成卖方的问题，因为买方会通过向下调整他们的出价来抵御它。因此，对卖家来说，帮助买家避开诅咒是一个好主意。诚信交易的好名声可以成为有效的护身符。

  诚实才是上上策，这个发现不会让你的祖母感到惊讶，就像生活中总是会有失望这个发现不会让她感到惊讶一样。像拍卖师、老一辈的人，他们有很多源于本能的知识，经济学家却要通过努力才能解开其中的谜团。

十九　随机漫步和股价：投资者入门

我年轻时第一次听说股价遵循随机漫步理论，觉得很不可思议。这是否意味着谷歌可以用一名贫苦的八岁孩子替代公司高管？这个问题暴露了我的天真和无知。后来我学习了很多经济学知识，其中之一是随机漫步不是价格理论，而是价格变化理论，两者天差地别。

以轮盘游戏为例，我一开始（完全错误地）认为，如果有一天小球落在10，那么股票价格就是10美元；第二天小球落在8，那么股价就会下跌到8美元，或者小球落在20，那股东就会变得富有。在这种错误的蒙蔽下，我无法理解为什么谷歌不可以找一个更关心纸娃娃而不是资产负债表的总裁。如果运气能决定股价为20美元，那么不管有什么外力，股价都是20美元。

借助轮盘游戏，也可以对随机漫步理论进行正确解释，不过方式截然不同。这个轮盘上标注了正负数。每天，轮盘都会被转动，小球掉落的位置决定的不是今天的价格，而是昨天和今天的价格之间的差额。如果现在的价格是10美元，小球掉落到了-2，那么股价就会降到8美元；如果小球掉落在了5，那么股价会上涨到15美元。[1]

根据随机漫步理论，每个变化都是永久的。今天的价格是所有出现过的（正负）变化的总和，且每次变化都是由轮盘独立转动决定的。如果今天轮盘转动的结果为0，那么未来价格降低0，如果轮盘转动结果为-15，那么未来价格将降低15。这种影响完全不会随着时间的流逝而减弱。

如果谷歌请格朗迪太太三年级的学生担任董事会成员，轮盘转出-20的结果，它们的股价会从25美元跌至5美元。但未来价格变化会根据他们原始的宿命继续。如果轮盘上1/4的位置是+0.25，那么股价在未来1/4的时间会上涨25美分；如果轮盘上3/8的位置标记为-0.20，则股票价格会在3/8的时间下跌20美分。这些数字不会改变，唯一会变的是股价本身永久性地比原来降低了20美元。

你可能会反驳，20美元的下降并无先例，明显不是常规的轮盘游戏。关于这点，我的答复是，这个轮盘很大，有很多位置，只有一个被标记了-20，这也是为什么它不会常常出现。但这不代表它不存在，因为谷歌同样会有很小的概率做一些非常愚蠢的事情。

这也让我想到了我年轻时的另一个误解。我错误地理解了"随机"这个词，我以为它的意思是"与世界上其他事物无

---

[1] 一个更准确的说法是，轮盘决定的不是实际的价格变化，而是价格变化的百分比；当小球落在-2时，股价下跌2%，而当小球落在5时，股价上涨5%。我在文中采用的例子更容易思考，而且足够接近真实情况，并不会减少讨论的趣味性。

关"，这就是为什么我认为根据随机漫步理论，谷歌的行为不会影响其股价。但一个随机事件可以与另一个随机事件完全相关，企业的巨大失误是随机发生的，相应的股价变化也随之而来。

经济学家相信股价大多数时候类似于随机漫步。这就是说，我们相信价格变化（而不是价格）通常具有与轮盘游戏相同的统计特征。如果价格是随机的，那么今天的股价就无法预测明天的股价；如果价格变化是随机的，那么今天的股价将是明天股价的最佳预测。明天的股价是今天的股价加上一个（通常很小）随机调整。

想象一个简单的轮盘游戏。如果你有100美元，然后重复转动轮盘，这个轮盘也有正负数值。如果你转到5，那么就能得到5美元；如果转到-2，就要支付2美元。你的余额遵循随机漫步原理。像任何随机漫步一样，现在是未来的一个很好的预测器。如果在轮盘游戏旋转10次后你的余额变得很低，那么在11次后它很可能仍然很低。

虽然随机漫步的现值可以很好地预测未来，但它的过去值没有任何额外的用途。只要让我看到轮盘上的数字和你当前的余额，我就能预测你可能的命运。你可能会说五分钟前你有多富有（或潦倒），但这并不会影响我预测的准确性。

股票市场也是如此。谷歌当前的股价是其未来价格的预测器，但是其过往股价无关紧要。

评论员报道，因为某支股票或整个市场最近下跌了，所以很可能在未来出现上行"修正"；或者由于近期下跌了，近期的一段时间内都会持续下跌；或者由于近期上涨，很可能会下跌或进一步上涨。但如果股价像经济学家认为的那样是随机漫步的,那么未来的价格变化与过去的历史是完全独立的。实际上,当前价格才是未来价格的预测器。不管评论员说什么,过去的价格变化无法预测未来。

我年轻的时候,有过很多误解(并不是所有都和金融相关)。另一个误解是,在随机漫步存在的情况下,投资策略没有作用。我不知道这个想法是从哪里来的,也许只是因为我知道在随机购买彩票时,策略没有用,于是我将它归因于随机这个词的某些神秘属性。但我错了。

首先,不同的股票与不同的轮盘相对应。有些股票的增长是可预测的(轮盘上每个落点的数字可能都相同),有些股票波动很大(轮盘上有许多不同的数字,数值不论正负,相差很大)。选择正确的轮盘全靠品味和判断。

其次,更有趣的是,同一个轮盘可以控制多只股票。每日天气就像轮盘的旋转,有时球会落在标有"雨天"的地方,于是联合伞业的股价会上涨5个点,而大众野餐篮公司的股价会下跌5个点。有时球会落在标有"晴天"的地方,于是联合伞业的股价将下跌10个点,而大众野餐篮公司的股价会上涨10个点。精明的投资者会同时购买这两只股票以规避股价波动,因为一种资产的损失可以被另一种资产的收益所抵消。谨慎的分散投资可以创建一个低风险的投资组合,其平均收益率比任何单一低风险资产都要高。

但通常来说,最佳分散投资也不完美。轮盘上有一个位置标有"地震",当球落在那里时,联合伞业和大众野餐篮公司的股价都会下跌。不过,也正是在这些时候,美国家庭建筑服务公司的股价会上涨,因此,战略性投资者可能希望在投资组合中添加其份额以防"地震"发生。

如果资产价格表现符合经济学家的预期，大多数投资者应该关注的不是选择正确的资产，而是构建正确的投资组合。联合伞业是否值得买入？这个问题只有在投资组合背景下才有意义。联合伞业和大众野餐篮公司这个投资组合存在诸多不必要的风险。一旦出现晴天，这个投资组合就会招致灾难。

要获得高额回报，就必须接受风险（这是一个广泛适用的道德准则，不仅适用于大规模的金融交易）。诀窍在于接受不必要的风险，方法是仔细评估各种资产，并明智地应用这些资产的信息实现分散投资。这与传统的"选赢家"非常不同，在经济学家看来，"选赢家"几乎不可能实现。但分散投资同样需要智慧，无论是否存在随机漫步，金融市场依然鼓励努力、才华和偶然的运气。

策略很重要。不幸的是，金融顾问并不总是会区分策略和迷信。例如，他们迷信定期定额投资，这种投资方式的离谱程度堪比塞勒姆女巫审判案[1]。

定期定额投资是以固定的金额定期购买资产，例如持续1年，每月购买价值1000美元的通用汽车股票。当股价较高的时候，购买的股票份额较少（股价为20美元时购买50股）；当股价较低的时候，购买的份额较多（股价为10美元时购买100股）。

---

[1] 塞勒姆女巫审判案是指1692年至1693年间在美国马萨诸塞州塞勒姆镇发生的一系列审判和处决被指控为女巫的人的事件，这些审判导致了20人（大多数为女性）的死亡和许多其他人的监禁。审判始于塞勒姆的一群年轻女孩声称自己被魔鬼附身，并指控几名当地妇女为女巫。指控很快传开，越来越多的人被指控并遭到审判。这些审判充满了迷信和不公，很多被告根本没有得到公正的审判和辩护，而是基于无根据的指控和虚假的证词被判有罪并处以死刑。这个事件对美国历史产生了深远的影响，并成为对司法系统和人权的警示。——译者注

"价格低时购买更多"听起来很有吸引力，但这也意味着我们需要考虑一个问题：与什么相比价格低？价格吸引人并不意味着与过去相比较低，而是与预期未来相比较低。不幸的是，与预期未来相比，随机漫步从来不会特别低。不管开局时是10美元还是100美元，价格都有可能会下降1美元。一个明智的人会相信他的运气在余额不多时会有所改善吗？

现行股价低预示着未来股价低。今天股价低意味着有理由多买入股票（因为便宜），但同时也有理由少买入股票（因为它可能会一直廉价）。这两个理由相互抵消，使得在"价格低时购买更多"并不比在"价格高时购买更多"更有吸引力。

就随机漫步理论而言，定期定额投资是非常差的投资策略。想象一下，走进有10个相同轮盘的房间，你可以选择在第一个轮盘投入1000美元，在第二个轮盘投入2000美元，在第三个轮盘投入3000美元，依此类推（总额共55000美元）。这种做法会让你承担不必要的风险，因为超过1/3的金额都放在了第九和第十个轮盘。低风险策略是在每个轮盘上投入5500美元，在这种情况下，每次旋转轮盘的风险都差不多。

在股市中投资10个月就像在转动10个轮盘一样。如果你定期定额投资，每个月投资1000美元，那么你就在第一个轮盘投入了1000美元，在第二个轮盘投入了2000美元，在第三个轮盘投入了3000美元，依此类推。[1]但我们都知道这是一个很大的错误。聪明的人会在每个轮盘上投入5500美元。换句话说，在投资策略上，这意味着你应该在第一个月投资5500美元，然后根据需要调整你的持股数量，以便你的股票价值永远是5500美

---

[1] 这种情况接近事实：第二个转盘上，你不一定会投入2000美元，因为到了第二个月，你的初始投资的价值可能就不是1000美元了。

元。（如果股票价值下降到5000美元，就再投资500美元；如果上升到6000美元，就卖出价值500美元的股票。）

不管是哪种策略，平均每个月的风险都是5500美元。两种策略的预期效益相同，但定期定额投资存在不必要的额外风险。如果股票在10个月中的6个月上涨，其他4个月下跌相同的数量，持有5500美元的投资者肯定是赢家。但对于采取定期定额投资策略的人来说，他们前期投资的少，后期投资的多，就会担心哪6个月行情好，哪4个月行情差。如果前几个月行情好的话，那么定期定额投资人就会是输家。[1]

每个投资人都会焦虑股票是否会上涨。相反，对股票何时上涨的焦虑通常可以轻松避免。定期定额投资的人焦虑得更多。

直到现在，我反对定期定额投资的理由都基于随机漫步理论。但即使当股票价格未能遵循随机漫步时，我也不知道哪种关于价格的理论可以证明定期定额投资的合理性。假设你的看法和我年轻时一样幼稚，认为股票价格（而不是价格变动）会按照想象中的轮盘旋转结果随机波动，那么你的目标不应该是低价时增加股票数量和高价时减少股票数量，而应该是在低价时大量购买股票，在高价时不买任何股票。

下次如果有人建议你进行定期定额投资，问问他对股票价格的看法。如果他回答"价格会波动"，千万不要接受这种无意义的答案，而是要刨根问底：这些价格遵循随机漫步假设吗？价格变化每天都是随机的吗？还是说价格每天都是随

---

[1] 这个建议忽略了一些附带因素，如税收和经纪人的费用，这往往会阻碍大量的购买和销售。在现实生活中，最好在开始时投资小于5500美元，但完美的策略肯定更接近于保持稳定的投资，而不是定期定额投资。

机的？这些价格有趋势吗？趋势的偏移是随机的吗？它们是每天选择不同的轮盘投资吗？如果是，怎么挑选当天的轮盘？很可能他将第一次听到这样的问题，如果他此前没有对此加以思索，那么千万不要听信这个人的投资建议。如果他确实有答案，那几乎可以肯定，这些答案与定期定额投资的建议不一致。

在过去的25年中，电台《金钱世界》（*Money talk*）的主持人鲍勃·布林克一直是定期定额投资专家，是这个领域高级牧师般的存在。这档节目可谓提供了无穷无尽的未经审查的陈词滥调。如果打电话给布林克先生寻求建议，他会让你进行定期定额投资。我倾向于以末日论的观点来看待这个问题，这是西方文明已经堕落到无法复兴的明确迹象。这档节目的建议在批判性的检验之下甚至不能坚持五分钟，然而它每周却如同神谕一般地传播。如果布林克先生曾花一丁点儿时间将这些建议与一些简单的数字例子比较，他就会知道这些建议是错误的。大概是他对听众毫无尊重，因此不想费心去做这件事。

随机漫步理论意味着你永远不能依靠过去的价格改善你的投资前景。然而，随机漫步理论并没有说明研究中的其他变量。

原则上，一个"轮盘"可以同时确定天气和联合伞业的股价，但可能存在时间上的滞后。天空变暗，24小时后联合伞业的股价就会对此做出反应。精明的投资者一旦注意到这个规律，就可以从中赚取一笔财富。通过观察过去价格以外的变量，你可能会打破随机漫步的规律。

我很抱歉地告诉你，大多数经济学家认为这种情况不太可能发生。可以预期，不止一个投资者会注意到天气和联合伞业股价之间的关系。一旦天气变化，这些投资者就会争相购买股票,而在相互竞争中,他们几乎立即推高了股价。预测中未来的股价上涨现在就已发生,而普通的投资者虽然意识到存在利润,但已经无法购买任何股票了。

这并不是所有或大多数投资者都知道的秘密。只要少数投资者足够警觉,发现利润机会并对此充分利用,就会出现这样的情况。

认为市场行为以这种方式发生的假设被称为有效市场假说。根据这一假说,基于公开信息的任何投资策略都无法成功地击败市场。

有效市场假说和随机漫步理论密切相关。它们经常被混淆,但两者完全不同。随机漫步理论只是认为你不能通过观察历史价格致富,有效市场假说则认为你不能通过观察任何公开信息致富。

大量经验证据表明,随机漫步理论对大多数股价的描述,大部分时间都是正确的。例外很少,更重要的是,也没人能找到方法借此获利。绝大多数经济学家认为这个证据是有说服力的,而在这个绝大多数经济学家中,至少有几个是聪明、持怀疑态度且不容易被愚弄的。

相比之下,有效市场假说因为断言了所有公开信息,所以更难以测试。支持它的最好证据是,专业投资者始终未能跑赢市场(除了一小部分类似于随机机会的例外情况)。对比指数型基金和管理型基金,前者购买并持有了不同股票组合,后者试图选择股价表现不错的股票。通常,两者的表现都很好,但是指数型基金收取的费用更低。[1]

金融学教授已经识别出了许多所谓的股票价格异常现象，比如说股票价格更可能在一月份或周一上涨。但是如果有足够的数据，就会发现一两个虚假的模式。事实上，这些异常现象一旦被发现就会消失。经济学家和投资组合经理理查德·罗尔总结道：

> 我个人尝试过用客户还有自己的钱实践学者们设想的异常现象与预测机制，但我并未从中赚到一分钱。如果投资者无法系统性地从市场获利……只能说股价已经体现了所有信息。

令人惊讶的是，财经新闻报道很少提及此事。当股价在上涨后开始下跌，评论员会说下跌是由于"获利回吐"。当道琼斯指数接近先前的高点时，评论员会说它正在努力突破"阻力区"，并预测如果成功突破，那么它将继续在"平静航行"的期间上升——除非出现获利回吐。

经济学家对许多金融报道的感受与许多人对于星座专栏的感受相同。他们觉得金融报道很有趣并告诉自己这只是为了娱乐。但在内心深处，他们还是想知道有多少读者会认真对待它，并觉得担忧。

---

[1] 如果你计算所有现有基金的平均回报率，那么所有基金的平均回报率预计会上升，这种偏差的成因是平均值不包括表现不佳并被关闭的基金。在比较指数型基金和管理型基金的表现时，纠正这种偏差非常重要。

二十　关于利率的想法：扶手椅上的预测

每种职业都有其缺点：医生会在三更半夜接到紧急电话；数学家要在"死胡同"里困上数月；诗人需要担心他们的下一笔稿费从何而来；经济学家则被要求预测利率的变化。

我有一位同事在应对这个最棘手的问题时，会像很多聪明人那样，以一种深思熟虑的态度，停顿一下，然后说："我认为它们会波动。"

虽然我不能准确预测明年（甚至明天）的利率，但我知道这些利率将如何波动。事实上，利率远比股市价格更容易预测。理论和实践表明，股市价格遵循随机漫步，因此过去的价格没有预测价值。相比之下，利率往往会反弹至历史水平，因此，如果今天的利率较低，那明天则可能会上升；如果今天的利率较高，明天则可能会下降。我将在本章中分享一些重要见解，让我们来深入探讨一下。

首先，我们必须意识到存在多种利率，这取决于谁在借钱，借了谁的钱，以及偿还贷款的预计时间。但这些利率往往是上下联动的，所以如果我们能预测其中一个，那我们就能预测出大部分利率的波动。具体而言，当我谈到利率时，你可以将其理解为三个月国库券利率（即美国政府在三个月内偿还借款时支付的利率）。

接下来，让我们澄清一个模棱两可的问题：当经济学家谈论利率时，他们经常会调整通货膨胀的影响。如果你在通货膨胀率为3%的时代，以8%的利率放贷，你的购买力每年仅增长5%，因为你在每1美元上赚的前3分钱只是用来维持你本金的实际价值。8%的利率称为名义利率，经通货膨胀影响后的5%的利率称为实际利率。

为了避免引起误解，我宣布只有实际利率才是真正的利率。在通货膨胀率为7%，投资效益为10%的情况下；与在通货膨胀率为5%，投资效益为8%的情况下；或在通货膨胀率为0%，投资效益为3%的情况下，投资回报都大同小异。因为在每种情况下，实际利率都是3%。实际利率是名义利率减去通货膨胀率。[1]

在下文中，我所说的利率都是指实际利率。只要消除这个令人困惑的误解之后，我们就可以回到如何预测利率的问题上。

无论你曾经听说过什么，（实际）利率是"货币价格"的说法没有任何实用意义。没有人会为了存钱而去借钱。人们借钱是为了扩大业务、购买汽车或房子、缴纳大学的学费，或者享受奢侈的生活方式。银行贷款最初以美元支付，但这些美元

---

[1] 在现代总统中，最不懂经济的乔治·沃克·布什曾在一次全国电视辩论中自豪地宣称，他无法领会这一区别。

通常在几个小时内就会通过消费重新进入银行系统。我们支付利息不是为了占有金钱，而是为了拥有汽车或者房产。说得更确切一点，我们付钱是为了现在就能拥有汽车和房子，而不是等到以后。因此，你应该把利率看作衡量当前商品（相对于未来商品）价值的一种比率。[1]

这种看似简单的观点说明了一个重要的结论。因为利率是当前商品的价格，它最终一定是由当前商品的供给和需求决定的。

阅读金融版块时，你可能会有这样的想法，利率是由控制狭义货币供应量的中央银行决定的。但中央银行不能决定汽车和房产的供给和需求。既要对市场价格产生持久的影响，又不能影响供给或需求，需要一种人类无法理解的力量。

然而，他们还是可以尽力一试。假设中央银行（在美国称为美联储）想要将利率从3%下调至2%，他们可以宣称将放贷利率下调至2%，从而迫使其他借贷方效仿这一行为。

这可以在一段时间内发挥作用，但不可能永远高枕无忧。原因如下：当中央银行宣布2%的优惠利率时，一大批急切的借款人就会涌上来。为了满足他们的需求，中央银行必须不停地印钱，在整个经济体系中，这往往会推高物价。然后，因为人们借钱不是为了持有货币而是为了购买商品，而这些商品又涨价了，他们就会想要借更多的钱，中央银行则必须印更多的钱，从而进一步推高价格……这样我们就陷入了一个恶性循环，这个恶性循环会导致恶性通货膨胀，没有哪个国家的中央银行愿

---

[1] 更准确地说，当前商品以未来商品计价的价格等于1加上利率。当年利率为5%（即0.05）时，那么今年为了多买价值1美元的商品，明年你必须放弃价值1.05美元的商品。

意效仿津巴布韦的恶性通货膨胀。因此，在某个时候，中央银行必须投降，允许利率上调。[1]

中央银行能够在很长一段时间内坚持的唯一原因是，价格需要一段时间才能适应狭义货币供应量的改变。调整期的长短及其原因目前正处于研究阶段且存较大争议。

重大事件将影响到利率，最终影响到普通公民的选择。好消息是作为普通公民，你拥有一些本能的洞察力，可以预感到重大事件产生的影响。

假设总统和国会同意今年启动一项为期一年的计划，该计划将花费240亿美元来开发一种武装直升机，但不会投入实战。这里重要的不是数百亿美元，而是这些美元所代表的资源——钢铁、劳动力和工程投入。这些真金白银的资源会被用来制造直升机，而无法再用于制造汽车、厨房用具和个人电脑。因此，这些（和其他的）东西肯定会减少，减少的价值约为240亿美元。

随着供给商品的减少，普通消费者最终购买到的商品也会减少。这里不涉及经济学理论，只是算术问题。在拥有60亿人口的世界[2]，供给的商品价值下降240亿美元，那么平均每人必须少消费约4美元。当然，有些人的消费会比其他人下降得更多。如果你是美国公民，你的财富大约是地球上其他普通人的8倍，你的消费可能会下跌约32美元。如果你家里有四口人，你

---

[1] 中央银行不是以2%的利率向所有人发放贷款，而是可以——而且经常这样做——只向银行发放贷款，银行再转贷这些资金，但根本问题依然存在。

[2] 作者写作本书时为2010年左右。——编者注

的家庭消费将下降大约125美元。[1]

当然，一开始没有人会因为总统这个愚蠢的决定放弃购买垃圾处理器。和之前一样，我们的需求没有发生改变，尽管供给已经减少。由此导致的结果就是，当前商品的价格——也就是利率——会被抬高，直到一个普通的家庭选择将今年的开支削减125美元。

如果我想知道价值240亿美元的武装直升机将如何影响利率，我会问自己这个问题：利率要达到多高，我的家庭才会将今年的支出削减125美元？如果我的回答足够真实，而且我家足够具有代表性，我至少可以做出一个大概的预测。

如果总统和国会宣布一项每年浪费240亿美元的决议，情况就会大不相同。在这种情况下，我预计我的税务负担将大幅增加，这让我觉得自己更穷了，这足以让我放弃购买垃圾处理器，根本不需要通过上调利率。[2]

中心思想如下：无论如何，利率会影响到每个家庭消费的商品的平均份额。如果商品的供应量下降，比如政府随意浪费资源，利率就会上升；如果商品的供应量增加，比如当年获得了大丰收，或者政府提供了价值高于成本的有用服务，那么利

---

[1] 与本案例中的其他数字一样，这是一个大胆的预测。我不知道8倍的财富是否意味着你要做出8倍的牺牲，但这里的重点不在于做出精确的预测，而在于说明一种思维方式。此外，为了简单起见，我略过了几个重要因素。首先，利率上升会抑制投资项目，从而释放出一些资源用于即时消费，原本用来建造工厂的钢铁会被用来制造汽车；其次，利率上升可以促进劳动（当你可以把收入存入高息储蓄账户时，你会更有动力提高收入），从而生产更多的商品；第三，能让失业的人恢复工作来增加产出。由于这三个原因，世界消费的下降就不是240亿美元，而会更少，一个大胆的预测是可能都不至于下降125美元，可能只下降80美元。

[2] 一次性的浪费项目也会让我变穷，但杀伤力远不及永久持续的浪费项目。

率就会下降。

正如供给可以改变，需求也可以改变。例如普通家庭找到了对未来更乐观的理由：也许是技术创新预示着生产力的提高；也许是气候变化预示着更好的收成；也许是新政府上台时承诺的政策让人们普遍认为这些政策将确保一个繁荣的时代。

一般而言，相信自己在未来会更富有的人会增加当下消费。如果你今天得知下个月可以大幅涨薪，你可能不会等到下个月才开始庆祝。在大学生中，经济学和哲学专业的学生目前收入差不多，但开车的是经济学专业的学生，因为经济学专业的学生有望在未来的某一天找到一份好工作。

因此，当未来一片光明时，每个人都会决定增加当前消费，但问题在于当前并没有额外的商品供给。在短期内，我们有一定数量的汽车、一定数量的房子、一定数量的奶油冰激凌、剧院里有一定数量的座位。如果每个人都想消费得更多，这是不可能的。事实上，一般家庭只能消费一个平均配额。

那么，是什么说服了人们放弃新的消费计划呢？答案是，当大家都需要通过借款实现消费时，他们就会共同推高利率。利率会上升，直到普通家庭恢复原来的消费计划。

每当一项新的技术获得突破时，我都希望它能提高生产力，让我们的前途更加光明。人们由于相信自己会变得更富有，从而购买更多的商品，继而导致利率上升。利率会上涨多少？像往常一样，我试图通过我家的例子来回答这个问题。首先，我会考虑我们的未来收入会增加多少；其次，在我消化了以上信息之后，我愿意在目前的消费基础上增加多少？如果答案是100美元，我会继续问自己利率要上升到多高才能让我削减100

美元的支出，保持原状。[1]

所有问题的答案都具有高度推测性，其相关性在很大程度上取决于我的家庭到底有多典型。我的推测肯定不准确，但是把一个费解且抽象的问题（即技术如何影响利率？）转化为一个关于像我这样的人的行为的问题，会让人感到极大的安慰。

当然，也有经济学家不满足于这种形式的自省，他们希望更进一步，通过仔细统计人们对过去类似事态的反应，找到一些复杂的方法，把对过去的观察转化为对未来的预测。这些经济学家得出的结果肯定比我坐在扶手椅上想出来的精准得多，我总是坐在那里想象我在各种假设出来的情况下会采取什么样的行动。他们的答案无疑更有力，但我更喜欢在我的扶手椅上沉思。

一位著名的金融学教授曾经给一群成功的投资者讲授市场是如何运作的。他的演讲描绘了世界如何运转的深刻图景，但几乎没有提供实用的投资建议，前来讨要财富而非智慧的听众变得焦躁不安。当教授让大家自由提问时，第一个问题明显充满敌意，但也在预料之中："如果你这么聪明，为什么你没有家财万贯呢？"教授（事实上他是房间里最富有的人，但那是另一个故事了）回答说："你这么富有，为什么你不是一个聪明人呢？"

经济学家之所以研究利率，是因为利率是一种普遍的社会现象，经济学家渴望了解人类社会的一切。我希望这本书中的一些内容能让你感受到这种纯粹由理解而产生的乐趣。当然，

---

[1] 如前面脚注所述，这些计算应考虑投资和劳动力的供应。如果电脑生产商将资源从消费品的生产中转移出来，普通家庭的消费可能会被迫低于最初的计划。

肯定会有一些读者困惑，这种分析是否能带来智慧和财富，现在就让我试着回答这个问题。

哈里·杜鲁门曾经说过，他的政府需要一位"独臂"经济学家，因为他周围的经济学家很难在不加上"另一方面"的情况下说完一句话，杜鲁门不喜欢这类讨论的走向。另一方面，他很欣赏经济学家的坦诚，我也会尽我所能，坦诚地谈一谈这个问题。

单凭我上面提到的理论，你已经可以预测丰收或自然灾害、浪费或开明的政府政策，未来的好消息或坏消息将如何影响利率。

但知识本身并不能让你变得富有。经济学家的共识是，利率会根据新闻进行调整，这两者之间没有时间差。当总统宣布新的导弹项目时，你会开始分析："让我们走着瞧，这意味着消费品将会减少，所以……"但当你停顿时，利率已经完成了向上的调整。当新闻已经播报，想再利用新闻中的信息就已经太晚了。

不过，你可能具备一些知识、天赋或直觉，让你比普通人更聪明一些，你能预测总统将在明天的新闻发布会上宣布的内容；或者飓风是否会在登陆前消散；库比蒂诺的某个人何时会宣布一项将计算设备直接连接到你大脑的技术。如果你幸运地具备这样的能力，且具备利率变化的基本知识，那么你就可以据此作出预测，而且可能靠此致富。

如果你真的发财了，我会很乐意听到这个消息，请一定记得告诉我。而我依旧会坐在我那破旧的扶手椅上，继续沉思。

二十一 爱荷华州的"汽车作物"

美好的事物永远能为人带来乐趣，没有什么比简洁无瑕的论证更美妙的了，几行论证就能改变我们看待世界的方式。

我在浏览我的朋友戴维·弗里德曼编写的教科书时，发现了一个美妙的论证。虽然这个论点可能不是他的原创，但他的版本足够清晰、简洁，且无可争议，又令人惊喜，以至于我情不自禁，一有机会就要把他的论证跟学生、亲戚和鸡尾酒会上的熟人分享。这是一个和国际贸易有关的论证，但它的魅力不仅限于这个主题，而在于其不可抗拒的力量。

戴维观察到，美国有两种生产汽车的技术。一种是在底特律生产，另一种是在爱荷华州"种植"。第一种技术大家都耳熟能详，让我来解释一下第二种方式。首先，你种下小麦种子，这是制造汽车的"原材料"。然后等上几个月，直到小麦成熟，收割小麦，用卡车将小麦运到加利福尼亚，把小麦装上船，然后向西驶进太平洋。几个月后，这些船返航，上面就装满了丰田汽车。

国际贸易是一种技术形式。有一个叫日本的地方，那里有人和工厂，这与美国人的福祉毫不相干。为了分析贸易政策，我们不妨假设日本是一台巨大的机器，有着将小麦转化为汽车的神秘内部运作机制。

任何旨在支持第一种美国技术而不是第二种技术的政策，都是在将底特律的汽车生产商置于爱荷华州的农民之上；任何针对进口汽车的征税政策或禁令都是针对爱荷华州农民的征税政策或禁令。如果你保护了底特律汽车制造商免受竞争，就必定伤害了爱荷华州的农民，因为爱荷华州的农民是底特律汽车制造商的竞争对手。

制造汽车的一系列任务，可以通过不同方式分配给底特律和爱荷华州。具有竞争性的价格体系将在总生产成本最小化的情况下选择具体分配方式。[1]如果所有汽车都在底特律或者爱荷华州生产，必定会产生没有必要的成本，生产过程应服从竞争产生的自然分配，否则就会产生没有必要的成本。

这意味保护底特律的后果不仅将使农民的收入转移到汽车制造商，还增加了为美国人提供汽车的成本。失去的效率没有获得效益的补偿，反而让整个国家都变得贫穷。

关于提高美国汽车制造业效率的讨论有很多，在你有两种制造汽车的方法时，提高效率的方法就是以最佳比例使用这两种方法，最不应该做的事情就是人为地阻碍生产技术。认为爱

---

[1] 这一论断是正确的，但并不是显而易见。个体生产者关心的是他们的个体利润，而不是整体经济的成本。个人的自利行为促进了集体的效率，这是一种奇迹。在"为什么价格是好的"这一章中，指出了经济学家是如何知道这一奇迹发生了。在本章中，我将着重探讨其结果。

荷华州生产的普锐斯没有底特律生产的沃蓝达具有美国性，纯粹是一种迷信，植根于迷信的政策往往不会结出效率的果实。

1817年，大卫·李嘉图是第一位用纯数学的精确性（而不是纯数学语言）进行思考的经济学家，他为未来所有关于国际贸易的思想奠定了基础。150年以来，他的理论得到了更详尽的阐述，但其基础仍然像经济学中的其他原理一样坚不可摧。贸易理论预测，首先，如果你保护一个行业的美国生产商免受外国竞争，那么你一定会损害其他行业的美国生产商；其次，如果你保护一个行业的美国生产商免受外国竞争，那么经济效率肯定会出现净损失。通常，教科书都是通过图表、方程和复杂的推理来建立这些命题，但我从戴维·弗里德曼那里学到的故事，只用一个简单的比喻，就让同样的命题变得一目了然，这正是经济学的精髓所在。

第五部分
科学的陷阱

二十二　爱因斯坦可信吗：科学方法经济学

1915年，阿尔伯特·爱因斯坦发表了他的广义相对论及它的一些显著影响。该理论"预测"了一个长期以来被观察到却从未得到解释的水星轨道的畸变，它还预测了一些新的、意想不到的关于光被太阳引力场弯曲的方式。1919年，一支由阿瑟·爱丁顿爵士领导的探险队证实了光线弯曲的预言，并使爱因斯坦名声大噪。

无论是对水星轨道的解释，还是对光线弯曲的成功预测，都是对爱因斯坦理论的惊人证实。但只有光线弯曲——因为它是出乎意料的——成为头条新闻。

暂时想象一下，爱丁顿是在1900年而不是1919年进行的探险。那么，光线弯曲的事实会像同样神秘的水星轨道一样已经得到了证实，远远早于爱因斯坦的发现。爱因斯坦就会因此失去预测意料之外的事情所带来的影响，他可能永远也不会在公众的想象以及一代物理学家的仪容习惯上建立起自己非凡的影响力。但抛开爱因斯坦的个人荣耀问题，我们可以问的是，相对论本身的命运又会如何呢？

科学界会不会花更多时间接受它？如果是这样，这种反应是否合理呢？相反，我们可以想象，水星轨道的畸变在爱因斯坦预测之前一直没有引起注意，而随后的观测证实了这一预测。第二次意外预测的影响是否会使相对论的建立更加稳固？那么这又合理吗？当然，无论是对旧事实的新解释（如水星的轨道）还是对新事实的成功预测（如光的弯曲）都应该有利于理论。成功的新预测往往会给人们的心理带来更大的震撼，有时这被当作该理论的创新证据。问题是：是否有利于理论的创新证据应该比非创新证据更为重要？或者更简洁地说：创新重要吗？早在13世纪，罗杰·培根就提出了后来被称为科学方法的早期版本：首先进行理论化（使用经验和现有证据作为指导），然后根据实验和其他观察来检验理论。到了16世纪，科学方法得到了几位杰出哲学家和科学家的认可，其中最著名的是弗朗西斯·培根和勒内·笛卡尔。今天，学习理科的学生都把它当作福音。

科学方法我们可以概括为：理论先行，稍后观察，核心为对创新的检验。但是还有另外一种方法，先进行所有的观察，做所有的实验，然后设计一个与结果一致的理论：观察先行，稍后理论化，后面的替代方法完全省去了对创新的证实。[1]

如果有此情况的话，为什么我们应该更喜欢前一种方法而

---

[1] 当然，在这两个极端之间存在着巨大的差异。科学家在理论化之前和之后都会进行观察，但有些人会比其他人提前进行更多观察。通过假设一些科学家在理论化之前不进行任何观察，而另一些科学家为了突出主要问题，在理论化之前就进行了所有观察。

不是另外一种？几年前，当我和我的同事詹姆斯·卡恩和艾伦·斯托克曼对这个问题产生兴趣时，我们在科学教科书中所能找到的只是一条遵循罗杰和弗朗西斯·培根理论的指令，而没有任何明确的原因。然后我们转向了哲学期刊，在这些期刊中，创新证据的作用仍然备受争论，我们在这些期刊中发现的论点并不能令我们十分满意。

所以我们决定从头开始解决这个问题。我们认为，作为经济学家，我们可能会做出一些新的贡献。毕竟，科学的工作是面对不完整的信息时得出（试探性的）结论，经济学家对此并不陌生。

最终，我们确实提出了一些思考这个问题的新方法，这些方法发表在《经济理论杂志》和《英国科学哲学杂志》(*British Journal for the Philosophy of Science*)上。我们当然不会自己对这个问题有最后的发言权，但我们确实声称，我们的观点与过去400年来几乎任何人在此问题上的观点都不相同，我们已经阐明了假设以及从这些假设中得出的逻辑。我们希望并期待其他有着不同假设的人也会如此。

我将从一个高度程式化的例子开始。鲍里斯和娜塔莎是沃萨莫塔大学的松鼠科学家。有一天，他们从新闻中得知，在经历一段寒冷潮湿的天气后，许多松鼠被发现私域附近的莫西瓦尼亚岛。他们回到各自的实验室，希望能解开松鼠死亡的谜团。

鲍里斯首先进行了一系列的尸体解剖。他给出的尸体解剖报告显示，这些松鼠死于心力衰竭。但是为什么呢？鲍里斯沉思了一会儿，利用他对松鼠生物学所掌握的一般知识最终得出推论，由于原因A、B和C，寒冷的天气很可能导致松鼠心力衰竭。

相比之下，娜塔莎并没有进行尸体解剖。相反，她立即开始构建一个理论。在对情况进行了沉思之后，并利用她对松鼠生物学掌握的一般知识，最终她得出推论：由于原因D、E和F，潮湿的天气可能会导致松鼠心力衰竭，从而导致死亡。接下来，由于娜塔莎接受的是科学方法的教育，她开始检验她的理论。她指出，如果她的理论是正确的，那么一系列的尸体解剖报告应该会揭示这些松鼠死于心力衰竭。她进行了尸体解剖，她的预测得到了证实。

那么，罪魁祸首是鲍里斯所说的寒冷，还是娜塔莎所说的潮湿？最终，一些未经善待动物保护组织批准的实验可能会解决这个问题，但在此期间，我们应该相信谁？如果我们想拯救剩下的松鼠，我们应该努力让它们保持温暖还是干燥？

只有娜塔莎遵循了教科书般的科学方法。她首先提出了理论，然后用她的理论做出创新预测，即尸体解剖报告将显示心力衰竭是死亡原因，然后通过一些观察来验证这一预测。鲍里斯并没有这样做，他在提出理论之前就做了所有的观察。这是偏爱一种理论而非另一种理论的理由吗？这里我们有两种理论，每种理论都与所有观察结果一致，这些理论以及支持和反对它们的论据都是独立存在的。为什么理论是如何构建的很重要？[1]

如果鲍里斯和娜塔莎同样擅长他们所做的事情，如果你也知道他们同样擅长，也就是说，我们（卡恩、斯托克曼和我）

---

[1] 当然，我们的模型过于简化了科学过程。但它确实捕捉到了现实世界的重要特征。在他们构建自己理论的时候，一些科学家会比另外一些科学家意识到更多相关事实。

想不出任何理由，应该对一种理论而非另一种理论更有信心。[1] 换句话说，创新并不重要。

尽管这种反对创新论点似乎简单而无懈可击，但根据我们的经验，它被绝大多数在职科学家所否定。科学家认为任何人都可以利用现有的事实，编造出某种理论来"解释"它们，因此创新的预测是科学成就一个真正的标志。他们有一种强烈的直觉，即创新确实很重要，而挑战则在于如何充分全面地说明原因。

答案是这样的：与鲍里斯不同，娜塔莎证明了她有能力用更少的观察来指导她构建一个理论。（当然，娜塔莎和鲍里斯都在一定程度上受到了他们和其他人在过去所做的无数观察的指导，但娜塔莎仍然比鲍里斯少了一次观察，而且是一次至关重要的观察。）也许这意味着娜塔莎比鲍里斯更聪明，或者至少对这一类问题有更深入的了解，也许这就是更信任她的理由。事实上，更信任她可能有两个原因：首先，她在了解所有事实之前，就设法构建了一个符合事实的理论；其次，她愿意投入时间和精力来构建这一理论，这表明她有一定程度的自信，进而增强我们对她的信心，至少如果我们相信自信通常可以反映一个人的实际能力的话。

为了评估该论点——确定娜塔莎的研究策略是否反映了真正的自信——我们需要更多地了解她当初为什么选择这种特殊的研究策略。换句话说，我们需要更多地了解她的激励动机。

以下是许多可能的场景之一（再次高度程式化）：假设我

---

[1] 假设有10种潜在的理论与关于松鼠死亡的已知事实相符，它们都同样可信，也同样容易找到。假设这10个理论中有一个是正确的，那么鲍里斯找到正确理论的概率是1/10，娜塔莎也同是如此。因此，没有理由倾向其中一个理论而非另一个。即使提出的假设之间有着微妙的差异，使一些理论比其他理论更简单，或上述说法同样成立，毕竟相同的假设可以有不同的表达方法。

们了解到，在沃萨莫塔大学，那些首先进行理论化并做出成功的创新预测的科学家每年可获得10万美元的报酬；那些做出不成功创新预测的科学家每年可获得2万美元的报酬；假设那些经常将他们的理论与现有的观察结果相匹配，而从不尝试创新预测的科学家可获得5万美元的报酬。那么，娜塔莎，创新预测的预言家，则会将她的收入置于危机之中。因为她愿意用自己的才华来赌一把，所以其他人通过接受她的理论，和她一起赌一把可能是理性的。相比之下，鲍里斯选择了装有5万美元的"保险箱"，这就让我们想知道我们是否比他自己更有信心？

使用不同的薪酬结构会得出不同的结论，现在才真正来到经济学家的领域。我们不想只是假设薪酬结构，而是希望预测薪酬结构，以及科学家如何响应该薪酬结构，还有观察者可以从这些反应中得出的推论。

这是一个难题，因为所有这些现象都是相互关联的。薪酬结构影响激励机制，激励机制影响研究策略，研究策略会影响管理者得出关于谁尤为聪明的推断，那些推断会影响不同研究风格的感知价值，这种感知价值会影响薪酬结构。所有这些事情都是由科学家、研究机构以及科学的资助人和受益者之间的竞争共同决定的。问题是要理解这种连锁反应，并预测它们将如何相互作用。斯托克曼、卡恩和我不知道该如何解决这个问题，所以我们退回到了一个更容易的问题上。我们没有问会发生什么，而是问应该发生什么。也就是说，我们设想了一个国家科学局长，他负责设计一个系统引导科学家高效行事。我们问的是，什么样的系统是局长应该设计的？这两个问题并非没有关联。我们知道经济学中的许多例子，其中实际的市场结果（确实会发生的事情），与有效的结果（即应该会发生的事情）相符合。也许科学市场就是其中的一个例子。如果是这样，简单问题的解决方案会自动告诉我们困难问题的解决方案。这是我们的希望，或者至少是某种与之近似的希望。即使这个希望破灭，我们的努力也不会完全白费。我们总是可以进入商业领域，为未来的局长提供建议。因此，让我们想象一位局长，他可以命令科学家要么像鲍里斯那样先观察，要么像娜塔莎那样先建立理论。

先进行理论化的缺点是它可能会造成浪费。科学家会把太多的时间和资源投入到死胡同里。碰巧的是，娜塔莎的同事皮博迪先生是另一位理论先行者。经过一周的努力，他提出了一个理论，即由于G、H和I原因，寒冷潮湿的天气会导致松鼠死于动脉瘤。如果皮博迪先生像鲍里斯那样先观察，他就会知道松鼠实际死于心力衰竭，也就不会浪费这一周的时间了。

但先理论化的好处是，虽然像皮博迪先生这样的理论会被证据所否定，但那些幸存下来的理论，比如娜塔莎的理论，已经通过了一项测试，表明他们的支持者可能比一般人更聪明。局长有理由对这些理论有额外的信心。相反，如果每个人都先观察，那么任何理论都不会被否定（至少在未来某个时刻出现更多可用的事实之前不会），所以局长不知道该相信哪些理论。[1]

那么，这就是权衡：在理论化优先的情况下，有更少幸存的理论，但我们可能对它们更有信心；在先观察的情况下，所

---

[1] 当然，现实世界的局长很可能有大量的外部证据来证明谁是最聪明的科学家，以及应该相信谁的理论。额外的证据总是有价值的。当然，局长的信念只是暂时的，直到未来的研究人员带来新的见解。但有时，你真的需要知道该临时相信谁是有远见的。如果你想拯救松鼠，你需要对什么才可能是杀死它们的原因有一些信念。

有的理论都能幸存，但我们不确定该相信哪个。

现在让我们把问题变得再复杂一些：假设科学家知道自己有多聪明，[1]局长则希望自己知道这个信息。事实上，他想让科学家透露这个信息有两个原因：首先，这将帮助他决定相信谁的理论；其次，相比愚蠢的科学家，他会为聪明的科学家支付更多的费用，以此鼓励更多聪明的人首先成为科学家，同时阻止那些才华在其他方面的人走向科学家的道路。

区分聪明人和愚蠢人的最佳方法是什么？最简单的方法是询问。不幸的是，科学家通常不愿透露他们是愚蠢的，尤其是当他们的薪水岌岌可危的时候。因此，需要的是激励机制让科学家说出真相。

这里有一个解决方案，按照我已经暗示过的思路：局长建立了两个独立的研究机构——"观察先行"研究所和"理论先行"研究所。在"观察先行"研究所，所有的科学家总是先观察，所有人每年都可以获得5万美元的报酬。在"理论先行"研究所，所有的科学家总是先进行理论化。那些理论随后被证实的科学家每年将获得10万美元的报酬；而那些理论随后被否定的科学家将获得2万美元的报酬。

如果科学家正确地选择自己的薪水，那么聪明的科学家，即那些相信自己有能力做出成功的创新预测的科学家将会在"理论优先"研究所工作，在那里他们可以期待更高的回报。

---

[1] 我们用"聪明"这个词来表示科学家有高于平均水平的机会提出既符合已知事实又被证明有用的理论。我们用"愚蠢"这个词来表示相反的意思。如果一个科学家对手头的问题有特别的洞察力，或者有特别强烈的解决问题的动机，那么他可能会被归为聪明的科学家。当然，根据这些定义，同一位科学家在处理一个问题时可能被看作是聪明的，而在处理另一个问题时可能被看作是愚蠢的。

愚蠢的科学家知道他们的创新预测经常失败，因此会接受"观察先行"研究所有保证的5万美元报酬。[1]这里很棒的做法是，科学家自愿透露对局长有用的信息，即使他们最初并没有理由这样做。当然，可能有一些聪明的科学家在这个计划中运气不佳，最终每年只能赚到2万美元。但平均来看，聪明的科学家还是比愚蠢的科学家赚得更多，而且他们中相对来说会有更多的人会被吸引到科学事业中。同时，局长也能知道当他想启动一个项目来拯救松鼠的生命时，谁的理论值得信赖。"观察先行"研究所的科学家们做出的贡献得到了礼貌的认可，但却从未付诸行动。

这个解决方案有几个显著的特点。首先，聪明的科学家会由于先理论化浪费大量的时间和精力。如果他们先观察，就会避开死胡同。（因此，如果任由他们自己决定，他们都会选择先观察。）不幸的是，如果我们允许他们先观察，他们职业生涯的风险就会降低，于是愚蠢的科学家会开始渗透到他们的队伍中。（毕竟，这只是一个被否定的理论的前景，它会吓跑愚蠢的科学家不敢申请"理论先行"研究所的工作。）通过要求聪明的科学家冒着浪费时间的风险，局长可以发现谁是聪明的、谁是愚蠢的。这些信息值得这些浪费。

其次，愚蠢的科学家被雇来做事之前可能就知道他们的研

---

[1] 本段的薪资仅供说明之用。为了合理地设定工资，局长必须权衡几个考虑因素。首先，局长必须以这样一种方式设置，让科学家能够适当地对自己进行分类，以便聪明的科学家会去"理论先行"研究所，而愚蠢的科学家则会去"观察先行"研究所；其次，局长必须着眼于每个类型中有多少科学家可能会被吸引到科学领域。

究毫无价值。[1]然而尽管如此，他们还是会加入"观察先行"研究所，因为有保证的薪水也很重要，这样他们就不会试图冒充聪明的科学家。作为一名资深学者，这听起来有些正确。

某一年，我的部门投入了大量资源来评估数百名求职者的资格。我们只需要筛选数百人而不是数千人的一个原因是，一些不太合格的申请者接受了沃萨莫托大学薪酬相当不错的工作[2]（也许我们为哈佛提供的服务与沃萨莫托为我们提供的服务是一样的）。同样，最高质量研究期刊的编辑也会收到大量的投稿。保持工作量可控的一种方法是只考虑理论先行者的手稿，如果局长设定了正确的薪酬结构，那么这些人就是相对聪明的。

值得注意的是，如果将科学研究留给私营部门，没有公司会愿意扮演雇用那些提出无用理论的愚蠢科学家的角色。然而，为了防止愚蠢的科学家伪装自己很聪明，拥有这样的公司可能具有重要的社会意义。因此，该理论表明，政府应该在组织科学活动中发挥重要作用——因为只有政府才会愿意资助没有任何社会价值的研究。

最后，局长得到的信息可能是不完善和的，并且他的标准还很严格，相对于一个能力完全可以观察到的世界，这个世界上聪明的科学家总是太少，愚蠢的科学家太多。这一点在生活中正确吗？熟悉现代科学结构的读者可以自己判断。

聪明/愚蠢的科学家模式肯定不是讨论创新预测是否有价值

---

[1] 请记住，我们的模型是高度程式化的。因此，这里模型预测的完全没有价值的研究，现实世界的相关性可能也不是太有价值的研究。

[2] 如果可以将更有用的任务，比如给本科生上课等分配给愚蠢的科学家，就更好了。

的唯一可能，甚至可能不是最好的理由。然而，我怀疑这是唯一一个被如此详细阐述的论点。对替代理论进行同等详细的阐述将会是一件好事，这样我们就可以认真讨论他们的优点。不知何故，关于创新的辩论已经持续了几个世纪，却没有任何参与者感到有义务指定一种科学行为模型，当心那些宣传他们的结论却不透露他们的假设的伟大思想家。我喜欢经济学，因为它坚持更高的标准。

二十三　新改进的橄榄球：经济学家是如何出错的

曾几何时，在离我们并不遥远的一个世纪里，有一位经济学家想要了解橄榄球。因此，他决定观察那些伟大的教练并向他们学习。

每次观看比赛时，这位经济学家都会煞费苦心地记录比赛解说，以及周围一切有可能相关的情况。每天晚上，他都会进行复杂的统计测试，以揭示数据中隐藏的模型。最终，他的研究开始获得回报。他发现，四分卫经常把球扔向接球手的方向，持球手通常跑向对方球队的球门柱方向，而最后一分钟的场上得分通常是由落后一分或两分的球队尝试取得的。

有一天，美国国家橄榄球联盟委员开始关注踢凌空球的问题。他开始相信球队踢凌空球太过于频繁了，他们的行为对比赛是有害的。他这样认为的确切原因从未明确，但他对自己很有把握。这位委员开始痴迷于阻止踢凌空球，并召集他的助手就如何处理这一问题征求建议。

其中一位刚获得工商管理硕士（MBA）学位的助理气喘吁吁地宣布：他已经从一位经济学家那里学习了相关课程，这位经济学家是橄榄球比赛的专家，他开发了详细的统计模型来预测球队的行为。他提议聘请这位经济学家来研究是什么原因导致球员踢凌空球。

于是，这位委员召见了经济学家，经济学家获得一大笔雇佣费用并受命找出凌空踢球的原因。

很多个小时之后（他按小时计费），答案就出来了。统计分析已毫无疑问地表明：凌空踢球几乎总是发生在第四次进攻时。

但经济学家受过科学方法的培训，所以他知道描述过去不如预测未来更令人印象深刻。因此，在联系这位委员之前，他对模型进行了严苛的测试。他观看了几场橄榄球比赛，并提前预测所有的凌空踢球都将在第四次进攻时发生。当他的预测被证明是准确的时，他知道他做出了一个真正的科学发现。

然而，这位委员并非要为纯科学买单。知识本身可能会让哲学家满意，但这位委员有一个实际问题需要解决：他的目标不是为了凌空踢球，而是根除它。

因此，这位委员让这位经济学家回到他的电脑前，制定一项具体的政策建议。在几次错误的开始之后，这位经济学家进行了一次头脑风暴。如果球队只被允许进攻三次呢？为了验证他的想法，这位经济学家编写了一个计算机程序模拟球队在一场有三局比赛中的行为。该程序的编写完全纳入了经济学家所知道的关于球队踢凌空球的一切。一次又一次的模拟证实了他的预期：因为踢凌空球的情况只发生在第四局，所以没有人会在不存在的第四局踢凌空球。

这位委员对经济学家提供的证据印象深刻，并举行了新闻发布会，宣布修改橄榄球的规则。从现在开始，橄榄球赛只允许进攻三次。这位委员宣布：他相信，过度踢凌空球的日子已经过去了。但事实并非如此。球队开始在第三次进攻时踢凌空球，而这位委员则不再听经济学家的话。

这位经济学家"英雄"完全属于20世纪中期的政策分析流。第二次世界大战之后的几年里，经济学家学习了统计学。于是，新的学科——计量经济学揭示了经济数据深层的模式，并且可以测试这些模式是否有重复性。经济学家审视了消费行为、投资决策、农业产出、劳动力供给、金融资产的出售，以及他们所能想到的其他一切。这项事业的成功超出了他们的预期，数据揭示了惊人的一致性，被用来以非凡的准确性预测未来。

当代美国人可能很难想象宏观经济预测经常正确的时代，但那个短暂的黄金时代确实存在。半个世纪后，人们自然会问：哪里出了问题？问题似乎出在政府开始认真对待经济学家，而这种发展破坏了一切。让我们跟随一位特别的经济学家的足迹，他以前是美国国家橄榄球联盟的顾问，现在受雇于美国政府，帮助制定经济政策。

在几位农业州参议员的敦促下，他的目标是增加玉米片的消费。第一项任务是明确现实情况。经过数月仔细地数据研究，这位经济学家发现了他正在寻找的统计规律：平均每个家庭每月在玉米片上的花销为10美元，这种消费行为有明显的连续性。例如，税后收入的微小变化对玉米片的销售几乎没有影响。

作为具有质疑精神的科学家，他不愿意完全依赖历史数据。相反，他让自己的理论经历了预测的严峻考验。他预测，在接下来的几个月里，平均每个家庭每月在玉米片上的花费将继续保持在10美元左右。他的预测一再得到证实。胜利的感觉让他想起了年轻时的辉煌日子，那时他刚刚发现了第四次进攻与踢凌空球之间的联系。

这位经济学家的上级对他的发现很满意，当他将其作为一项政策建议的基础时，他的上级更加高兴——政府每月为每个美国家庭额外提供价值5美元的玉米片。这应该会使玉米片的消费量增加50%。为该计划提供资金将需要小幅增税，但我们知道，小幅增税不会影响玉米片的销售。

但是奇怪的事情发生了。当政府开始发放玉米片时，消费者的反应就像橄榄球运动员在只被给予的三次进攻机会推进10码的距离一样，他们改变了策略。一旦人们意识到政府正在把玉米片运送到他们的家门口，他们就会把杂货店的采购量减少一半。

我们的经济学家"英雄"不是夸张的虚构，而是他那一代人的真实代表。20世纪50年代和60年代是他的黄金时代。不到40年前，小罗伯特·E.卢卡斯发布了第一个被广泛认可的警告，即人类会对政策变化做出反应，而这个简单的观察结果使传统的政策分析完全无效。即使在今天，上第一堂经济学课程的大学生也会被教导，假设当政府提供玉米片时，人们会像以前一样继续购买玉米片。（当然，教科书用代数而不是玉米片来表达这一假设，以确保学生不会理解它意味着什么。）不幸的是，对于政策分析师来说，人并不是简单的自动机器人。他们是一群复杂游戏中的战略玩家,而政府政策设定了其中的一些规则。经济学家可以观察到的行为——买车或买房的决定;辞掉一份工作或换一份新工作的决定;雇用额外的工人或建造一个新工厂的决定——都是策略的一部分。只要规则保持不变,我们就可以合理地预期策略不会发生太大的变化,并且我们可以根据过去的观察进行准确的推断。而当规则改变时,所有的结果都不确定了。

我们的经济学家会被建议在他的统计上少花费一点精力,而在纯理论上多花点精力。在正确的橄榄球理论指导下,即每支球队都试图比另一支球队得分更多,他本可以准确地预测球员会对一套新规则如何反应。在正确的玉米片理论的指导下,即家庭购买玉米片是为了吃这些玉米片,因此不会购买吃不完的玉米片——他可能已经意识到,让政府为大家购物不会增加他们的饥饿感。

当然,有些理论是错误的,而赞同那些理论的经济学家并不能做出准确的预测。但是,一个有理论的经济学家至少有可能证明他的理论是正确的。一个仅仅依赖统计推断的经济学家在固定的政策制度下,可能会做得还不错,但当预测政策变化带来的影响时,他根本没有机会得到正确的答案。宏观经济学家最失败的领域是就业与通货膨胀之间的关系。早在20世纪50年代和60年代的黄金时代,经济学家就观察到了一种强大的相关性:高通货膨胀时期是低失业率时期,反之亦然。到20世纪60年代后期,这一观察结果经受住了严格的统计检验,并被普遍接受为一个经济学真理。政客接受这个事实,并且其作为政策制定的基础,试图操纵通货膨胀率控制失业。结果导致了10年的滞胀:高通货膨胀加上高失业率。然后在20世纪80年代,通货膨胀急剧下降，在最初的严重衰退之后，就业机会以前所未有的速度扩大。旧的统计规律似乎已经被彻底颠覆了。

这中间发生了什么变化？政府根据经济学家的建议，采取了改变经济游戏规则的新政策。结果，参与者——企业和个人——都采取了经济学家未能预见的新策略。1971年（因此对20世纪80年代的事件具有相当的远见），罗伯特·卢卡斯详细描述了当局操纵通货膨胀率时，人们如何以及为什么会有不同的行为。卢卡斯的故事是这样开始的：威利·沃克目前失业并不是因为他没有工作机会，而是因为这些机会太没有吸引力，以至于他宁愿失业。这些工作最高的年薪是1.5万美元，这几乎无法支付他去上班的费用。任何低于2万美元年薪的工作威利都不会接受。

一天晚上，当威利睡觉时，发生了大规模的通货膨胀，导致所有价格和工资都翻了一番，昨天出价1.5万美元的雇主今天出价3万美元。不过，这仍然不够好。在一个物价翻倍的世界里，威利不想以低于4万美元的年薪工作，他仍然失业。现在让我稍微改变一下这个故事。大通货膨胀之夜的第二天早上，威利被一位雇主打来的电话吵醒，对方出价3万美元。此时，威利还没有看过晨报，也不知道价格已经发生了变化，他高高兴兴地去上班了。只有他在回家的路上，停下来在超市花他第一笔薪水时，威利才发现了残酷的事实，并开始写辞职信。这个高度程式化的寓言捕捉到了现实的一个潜在的重要方面，通货膨胀可以增加就业的一种方式是欺骗，它使工作机会看起来比实际更具吸引力，并吸引工人接受如果他们对经济环境有更多了解就会拒绝的工作。

我们可以从雇主的角度讲述几乎相同的故事。假设你拥有一家冰激凌店，以每个1美元的价格出售冰激凌甜筒。如果你能以每个2美元的价格出售它们，你就可以扩大业务，但你已经通过实验了解到，2美元超过了客流所愿意承受的价格。

如果所有的价格和工资——包括所有的成本——都翻一倍，那么你就可以以2美元的价格出售甜筒，但这2美元的价值不会超过昨天1美元的价值。你会像以前一样继续。但是假设价格和工资在你没有注意到的情况下翻了一番。你只注意到你的顾客突然似乎愿意为他们的冰激凌甜筒支付更多的费用。（也许你是在客流量增加时最先发现这一点，因为你的1美元甜筒对那些工资翻倍的顾客来说已经开始变得相当便宜了。）你扩大了业务，还雇用了很多新工人。即使在你发现了自己的错误之后，部分的扩张也是不可撤销的：新的冰柜已经到位，新的停车位正在建设，并且你可能希望至少保留其中一些新员工。卢卡斯的故事意味着，并不是通货膨胀使人们有了工作，而是意料之外的通货膨胀使人们有了工作。在这个故事中，完全预期中的通货膨胀不会影响任何人的行为。如果这是正确的故事，那么（高度程式化的）现代宏观经济学的历史应该是这样的：通货膨胀欺骗工人接受更多的工作，雇主雇用更多的工人。政府注意到，通货膨胀始终伴随着高就业率，并决定通过系统性地操纵通货膨胀率来利用这种关系。工人和雇主很快就会注意到政府的所作所为，不再被欺骗。通货膨胀和失业之间的相关性之所以被打破，恰恰是因为政府企图利用这一点。在第二次世界大战后的20年里，通货膨胀率的波动在很大程度上是出乎意料的，没有通货膨胀和预料外的通货膨胀之间的区别。如果经济学家A主张通货膨胀使人们有了工作，而经济学家B主张预料外的通货膨胀使人们有了工作，那么历史数据中没有任何内容可以区分他们的假设。任何证实经济学家A的理论都会证实经济学家B的理论，反之亦然。直到规则发生改变，这两种理论都将同样准确地预测。但在规则改变后，当政府开始以可预见的方式系统性地操纵通货膨胀率时，一种理论将继续是正确的，而另一种理论则会大错特错。

许多经济学家对这个故事非常不满意，并提出了一些令人尴尬的问题，例如"为什么冰激凌店老板不能在他开始大规模扩张计划之前，从《华尔街日报》上了解通货膨胀率呢？"。作为回应，卢卡斯和其他人构建了越来越复杂的原始故事版本，以及许多相互冲突的故事。

今天，有许多不同的宏观经济学模型。有些融合了卢卡斯原始故事的一部分，其他则把它完全省去了。但它们都有这样的共同之处：他们讲述个人在不断变化和不确定的条件下做出决定的精确故事，而且他们运用大量的数学跟踪每个人的决定是如何影响其他人的决定的。这些模型通常被称为动态随机一般均衡模型（简称DSGE）。[1]DSGE模型在每个故事和做出的预测方面差异很大，但它提供了一种通用的语言，使宏观经济学家能够准确地指出为什么他们会得出不同的结论。因为DSGE模型关注的不仅仅是行为还有动机，所以DSGE模型看起来一点都不像50年前的宏观经济学。

一位了解球队为什么会凌空踢球的经济学家知道，如果改变规则会发生什么；一位了解人们为什么会购买玉米片的经济学家，知道如果发放免费的玉米片会发生什么；一位了解人们

---

[1] "动态"一词意味着今天所做的决定会影响明天的结果，故事中的人物必须说明这一点。"随机"这个词意味着故事中的人物面临着不确定性。"一般均衡"这个词意味着我们会追踪所有决策者之间的所有互动。

为什么会接受某些工作机会的经济学家,知道如果操纵通货膨胀率会发生什么。这就是为什么我们需要故事——理想情况下,故事要足够简单易懂,但又要足够复杂以承载与我们所生存的世界中真实故事的某种联系。

几乎所有的现代宏观经济学都在试图讲述更好的故事,并开发新的数学模型,这让我们可以在故事变得复杂时仍然能跟踪正在发生的事情。作为一门预测科学,宏观经济学还有很长的路要走。但是,在其第五个十年之初,它已经从前辈的错误中吸取了教训,并找到了一条新的、有希望的道路。

第六部分
信仰的迷思

二十四　我为什么不是环保主义者：经济学的理性与生态学的信仰

这篇内容写于20年前，首次发表在本书第一版。自那时起，它就被广泛引用，至今没有听到太多不认同的声音。此次再版，我只做了几处很小的改动，使其中的理论保持最新的"进行时"。

尽管标题看起来颇具有挑衅性，但我本人当然是一名环保主义者，在许多方面皆是如此。和你一样，我也关心身边的环境质量。我希望我接触的空气和水都是干净的，我所处的自然环境是美丽的。但与此同时，我也希望我的电脑运行速度很快，我的乘车环境可以更舒适，我的淋浴喷头出水强劲，所有这些都是我周围环境的一部分。作为一名经济学家，我当然知道拥有一样东西越多往往意味着拥有另一样东西越少，但这并不能阻碍我什么都想要。

和你一样，我认为我们应该关心（或者至少表现得好像我们关心）自己对地球上其他人造成的影响。在通常情况下，这意味着不要乱扔垃圾，将自家草坪修整得赏心悦目，也许还要关心自己的碳足迹。和你一样，我也认识到，人们并不总是能做到这些。但如果政府的政策足够明智，就可以改善人们的行为——当然，在具体案例上难免存在很大的分歧空间。

在以上提到的所有情况中，我都是一名环保主义者。但我绝不是那种只关心清洁空气但对追求汽车速度嗤之以鼻的环保主义者。不同的人对事物优先级的考虑也会不同，有时我们的优先顺序会发生冲突。这意味着我们的排序出现了问题，需要解决。但是，将优先顺序的冲突转而扩大为善与恶之间的斗争并没有什么用。当然，它应该属于经济学中的一课，这也是为什么它适合出现在这本书中。

当我在这一章中谈到"环保主义者"时，我指的是那些没有学习过这一课的环保主义者。也许应该将他们称为"过于理想化的环保主义者"，并将这一章命名为"为什么我不是一名过于理想化的环保主义者"。但是，由于这篇文章最初的标题（更吸引眼球）已经广为人知，我还是选择使用原来的标题，相信细心的读者不会误解我的本意。

我女儿4岁时，获得了她的第二张毕业证书。当她2岁时，她以最高荣誉毕业于科罗拉多州幼儿园的托班。2年后，她随我们回到纽约州，从犹太社区中心开设的幼儿园毕业。

毕业典礼上，我在一个名为"地球之友"的环节中，听一群四五岁的孩子给我上了一堂关于安全能源、公共交通和回收利用重要性的课。孩子们反复提到"有特权就要承担相应的责任"，又或者"有特权生活在这个星球上，就要去承担照顾它的责任"。当然，托马斯·杰斐逊[1]认为在这个星球上生存是一种不可被剥夺的权利，而不是一种特权，而他从未上过幼儿园。

我以前从我女儿那里听到过这样一些话，并且已经习惯了时不时要对她"洗洗脑"。但是，当我听到那些还不具备阅读能力的孩子们死记硬背地重复带有政治色彩的宣传话术时，我决定是时候该和老师谈谈了。那位老师想知道具体是哪些观点引起了我的反感，对此我拒绝作答。随着环保主义变得越来越像一种带有侵入性的信仰，很多人对我们这种反常说法的态度变得越来越不能理解。

在我女儿的幼儿园里，环保主义的教育非常幼稚，是被强行灌输的既有神话、迷信又有某些仪式的大杂烩，这些仪式与一些声名狼藉的极端学说拥有许多共同之处。邪恶信仰的解药是科学正义，占星术的解药是科学方法，创世主义学说[2]的解药是进化生物学，幼稚的环保主义的解药就是经济学。

经济学是一门关于竞争和偏好的科学。环保主义一旦将偏好问题上升到道德层面，它就不再是科学了。一项在荒野地区修建停车场的提议将会在那些喜欢荒野的人和那些喜欢便捷停车的人之间引发冲突，在随后的拉锯战中，每一方都试图通过操纵政治和经济制度来强加自己的偏好。因为一方获胜，另一

---

[1] 托马斯·杰斐逊是美国第三任总统（1801—1809年），同时也是美国《独立宣言》的主要起草人，美国开国元勋之一。在他的政治哲学中，权利是每个人天生就拥有的，个人权利是至高无上的。——译者注

[2] 创世主义学说是一种对创造的极端了解，可以用下列三条公式描述：1. 万物，一如现在所存在的，都是全能的造物主所创造，不是逐渐进化或发展而成的；2. 创造宇宙的故事一如《圣经》，特别是在《创世记》第一章中所叙述的；3. 为每一个要出生的人，天主会立刻从无中创造一个新人灵。——译者注

方必定失败，所以这场战斗是艰苦的，有时甚至是非常不愉快的。这一切都在意料之中。

然而，自第一个世界地球日以来的40年里，出现了一种新的恶劣因素，即一方坚信自己的偏好是正确的，而另一方的偏好是错误的。经济学刻意回避这种道德姿态，而环保主义的信仰者则欣然拥抱了它。

经济学要求我们保持基本的对称性。冲突的出现是因为每一方都想以不同的方式配置同一种资源。杰克想要森林，却牺牲了吉尔的便捷停车位；吉尔想要她的停车位，却牺牲了杰克想要的森林。这一表述在道德上是中立的，这应该作为一种警告，避免我们将杰克或吉尔推上道德高地。

对称性还具有更深刻的含义。环保主义者声称，应该选择保留荒野的原样，因为一旦选择修建停车场，对荒野的破坏是不可逆的。这种说法当然没错，但他们忽略了一个事实，即不修建停车场的决定同样是不可逆的。除非我们今天就修建，否则明天我就会无可挽回地失去停车的机会，就像明天过完不可追一样。在更遥远的未来，将车停在更远的地方可能不足以弥补现在失去的这个机会。

环保主义者的理念存在一种变形，声称我们选择维持荒野的原样不是为了我们自己，而是为了子孙后代。但是，我们有什么理由认为后代更愿意继承荒野，而不是从停车场获得的好处？这是在任何诚实的科学调查中都会提出的首要问题之一。[1]

无论如何，如果环保主义者像他们声称的那样热衷于为子

---

[1] 与此相关的一点是，人们似乎普遍认为，将收入从相对富裕的人转移到相对贫穷的人手中比相反的做法更好。因此，要求当今的美国人为了几乎肯定会比我们更富有的后代的利益而做出牺牲，似乎有些奇怪。

孙后代保护资源，我更希望看到他们反对向资本效益征税、反对社会保障制度，并鼓励当前过度消费的其他政策。环保主义者的议题中没有这些问题，这表明他们对所谓的后代的立场不是出于原则，而是出于便利。

环保主义理念的另一个变形是，声称停车场开发商的动机是因为利润，而不是偏好。对此我有两条回应：首先，开发商的利润是由客户的偏好产生的，最终的冲突不来自开发商，而是那些喜欢便捷停车的人们；其次，这一论点暗含了追求利润在某种程度上不如保护荒野更重要，而这正是该论点力图避免的一种姿态。

在我看来，"不可逆""为了后代"和"利润并非优先选项"等论点都基于错误的区分，而这些区分在坦诚的审视面前不堪一击。那么，为什么一些环保主义者还要重复这些论点呢？也许坦诚地审视根本不曾是他们议程的一部分。在许多情况下，他们一开始就假定自己占据了道德高地，并想当然地得出结论，认为自己有权散布在知识上不够坦诚的宣传术语，只要它服务于更崇高的目标，人们就应该为这项事业前赴后继。

通过论证获得符合逻辑的结论是科学研究的显著特征。某些信仰的显著特征是狡猾地利用逻辑，如果它指向一个不合他们心意的方向，他们就会匆忙撤退。环保主义者总是引用大量统计数据说明树木的重要性，然后得出回收纸张是一个好主意的结论。但相反的结论同样也有道理。我相信，如果我们可以找到一种回收牛肉的方法，牛群的数量将会下降，而不是上升。如果你想让牧场主饲养很多牛，你就应该多吃牛肉。回收纸张消除了造纸公司种植更多树木的动力，并可能导致森林面积萎缩。如果你想要大片的森林，最好的策略可能是尽可能浪费纸张，或者游说为伐木业提供补贴。如果告诉环保主义者这些结论，我自己的经验是，你会遇到一些类似于充满祝福的微笑，就如同挨家挨户传福音的人突然被问到棘手的难题，他们只是报以微笑，用神的旨意作为自己的掩护。

这表明环保主义者——至少是我见过的那些——对维持树木种群并没有真正的兴趣。如果他们关心，他们就会认真调查回收纸张造成的长期影响。我怀疑他们不想这样做，因为他们真正关心的是"回收"这个仪式本身，而不是它的后果。因此，他们口中所说的牺牲，以及说服他人也要如此牺牲，不过是一种来自信仰的冲动。

环保人士呼吁我们禁止使用致癌的杀虫剂。他们选择忽视的后果是，杀虫剂一旦被禁，水果和蔬菜将会变得更贵，人们将被迫吃得更少，癌症发病率反而会因此上升。[1]如果他们真的想降低癌症发病率，他们应该权衡这种影响。

环保主义有其胡乱猜测的一面。我们经常听到这种观点：物种灭绝的后果是完全不可预测的，这太危险了，我们不能为此冒险。但不可预测是双向的，因此这说法并不可靠。经济学的教训之一是，我们知道得越少，实验就越有用。如果我们对物种灭绝的影响一无所知，我们可以通过有预谋地灭绝几个物种来获得许多有价值的宝贵知识，看看究竟会发生什么。我怀疑科学家在这方面真的一无所知。让我感兴趣的是，环保主义者愿意以完全无知当作自己的借口，只要它符合他们的目的。然而，在面对由此所带来的意想不到的后果时，他们又会选择

---

[1] 感谢杰出的生物学家布鲁斯·艾姆斯的这一发现。

临阵退缩。

2009年6月，野生动物保护协会宣布在亚马孙的热带雨林中发现了一个新物种———种体形小巧的猴子，并将其作为研究为什么必须保护热带雨林的绝佳案例。我自己的反应却恰恰相反。事实上，我活了大半辈子都不知道这些猴子的存在，如果哪天告诉我它们灭绝了，我应该也不太会想念它们。猴子的确非常可爱，我喜欢在视频网站上看到它们，但除此之外，它们对我的生活没有太大影响。

当然，无论是现在还是未来，这些猴子可能会给这个世界带来很多我不知道的好处。它们当然也可能会对世界造成很多我不知道的伤害。也有些物种如果没有我们会过得更好，比如引发疟疾的疟原虫。

我更关心一些其他物种，比如狮子，也许是因为我在动物园游玩或童年故事书中对它们有着美好的回忆。我很不想看到狮子灭绝，我愿意为此支付大约50美元来保护它们。我不认为我会付更多的钱,你会吗？如果狮子对你的意义不如对我这么重要，我接受我们的差异，不会谴责你为罪人。如果它们对你的重要性高过对我的重要性，我希望你能给予同样的好意。

在当前的政治氛围中，美国政府应该首先关心美国人民的福利，这常常被视为一条定律。空气污染在任何时候、任何地方都是一件坏事，这常常也被视为一条定律。那么，当世界银行首席经济学家建议将高污染工业转移到第三世界国家可能是一件好事时，你可能已经预料到会得到普遍的赞同。对大多数经济学家来说，这种反应毫不意外，因为它不仅可以让美国人民过得更好，而且可以让所有人过得更好。富裕国家的人们可以牺牲一些收入换取更清洁的空气，而较贫穷国家的人们乐于用清洁空气换取提高收入的机会。但是，当这一观察被泄露给媒体时，部分环保界人士勃然大怒。对他们来说，污染是一种罪恶。他们寻求的不是改善我们的福利，而是拯救我们的灵魂。

这里存在一种模式。除非你的解决方案恰好满足了环保主义者的道德优越感，否则你提出的解决环境问题的实际方案并不能给他留下什么印象。补贴伐木业、使用杀虫剂、有预谋的灭绝物种，以及向墨西哥输出污染都不在环保主义者的教义范围内。对公共交通的补贴、使用催化式排气净化器（用以净化机动车废气）、规划燃油节能标准、向太平洋西北地区进行产业输出，都是绝对可靠教义的一部分。解决方案似乎不是根据其实际效用，而是根据其与环保主义者教义是否一致而分为合适或不合适。

老布什在连任总统竞选的最后几周里，以较少干涉政府行事风格的候选人身份，大张旗鼓地签署了一项法案，旨在对消费者可以购买哪种淋浴喷头做出了限制。美国公民自由联盟（ACLU）在这个问题上没有做出表态。我猜想，如果该法案规定的是信徒应该购买的祈祷书，而不是淋浴喷头，那么即使老练如老布什，签署前他也可能会犹豫再三——如果他不这样做，我们就会从美国公民自由联盟那里听到一些声音。但在经济学中，对公祷书[1]的偏好和对强力淋浴喷头的偏好之间没有任何本质区别。恰恰相反，经济学的思维方式迫使我们认识到两者之间不存在根本区别。

---

[1] 公祷书，即圣公会的祈祷用书。——译者注

淋浴喷头法案的支持者认为，禁止强力淋浴喷头的立法更像是禁止乱扔垃圾，不同于禁止信奉少数宗教的法律，它旨在防止自私的个人将实际成本强加给他人。如果正是这一点打动了老布什，那么——这不是他政治生涯中的第一次——他已经落入糟糕的经济学陷阱。

我们有充分的经济学理由禁止乱扔垃圾和其他强加行为（尽管这样可能有些过头，走进一家拥挤的超市对所有购物者来说都是一种负担，但我们中几乎没有人认为这种行为应该被禁止）。在美国的大部分地区，用水并不会被视为一种负担，原因很简单：你付了水费。的确，你的强力淋浴喷头通过抬高水价（用水过度导致水价上涨）伤害了其他消费者的利益，但同样真实的是，你的淋浴喷头也有助于卖家销售。而且，利润与损失完全相等。只有当你更关心买家而不是卖家时，你才会希望限制用水。这个例子可以用来很好地解释所有限制消费的行为，包括节能淋浴喷头。

与其他的强制性意识形态者一样，极端的环保主义者喜欢将儿童作为他们的目标。在我女儿从幼儿园托班正式升入幼儿园后，她的老师教她通过冲洗纸杯而不是丢弃纸杯来节约资源。我向她解释说，时间也是一种宝贵的资源，扔掉一些杯子来节省一些时间可能是值得的；她的老师告诉她，选乘公共交通是好的，因为它节省了能源。我向她解释说，牺牲一些能源换取乘坐一辆舒适的私家车可能体验更棒；她的老师教她回收纸张，这样大自然就不会变成垃圾填埋场。我向她解释说，牺牲一些绿地换取不用分类垃圾的奢侈可能是值得的。无论哪一种情况，她5岁的大脑都能毫无困难地理解这一点。但我担心，再经过几年的灌输，她会像她的老师一样变得不能理解、顽固不化。

在对儿童思想的侵蚀中，极端环保主义者最应受到谴责的策略是，将对他们认为的所谓正统信仰的每一次挑战都定义为善与恶之间的斗争。周六早上的动画片里描摹了邪恶的污染分子，他们为了污染而污染，而不指出污染可能是某种有益活动产生的不可避免的副产品，使该死的谎言永久化。美国的政治传统不会善待那些通过抹黑竞争对手人格来推进自己进程的人，当目标受众是儿童时，这一传统应该同样适用，甚至更为需要。退一万步讲，环保主义者难道没有体面的吗？

狭义上讲，经济学是一门避谈价值观的科学，但经济学也是一种思维方式，对参与其中的人的影响超越了形式逻辑。经济学以人们多种多样的利益的为主题，是包容开放和多元主义等价值观成长的沃土。

根据我的经验，经济学家对不同偏好、多种生活方式和观点都抱有非同寻常的开放态度，像"职业道德"和"节俭美德"这样的陈词滥调与经济学术语完全无关。我们的工作是理解人类的行为，而理解本身就是一种尊重。

在毕业典礼那天的冲突之后，我给我女儿的老师写了一封信，解释了为什么我拒绝与她进行更像是神学上的辩论邀请。这封信中的一些内容更多是我的个人观点，谈不上专业，但这封信本身是对包容性的一种请求。而包容正是经济学家通常给予别人并期望得到的回报，因此，我将这封信的内容列在这里，将它作为阐释经济学思维方式如何塑造经济学家思想的例子。

亲爱的丽贝卡：

我们住在科罗拉多州时，凯莉是班上唯一的犹太孩子，班里也有一些穆斯林孩子。偶尔，尤其是在圣诞节期间，老师们会忘记这种多样性，发表只适合基督教儿童听的言论。这些话平时很少出现，因此在家中只需要简单解释几句"不同的人有着不同的信仰"，孩子就会明白，所以一开始我们选择了沉默。当我们无意中听到一位老师对一群孩子说，"如果圣诞老人不来你家，那就意味着你是一个非常坏的孩子"时，我们改变了主意。当时，穆斯林孩子肯定也听到了这些话，但圣诞老人肯定不会光顾他家。在那一刻，我们决定与老师们分享我们的担忧。那位老师立马真诚地表示歉意，从而没有酿成更多的事端。我毫不怀疑老师的人品，那位老师也是诚实的人，无意对孩子们灌输教条的思想，只是一直以来都在采取颇为天真的教育方式。

也许我们今年在犹太社区中心遇到的问题背后也存着同样的诚实和天真。正如凯莉在科罗拉多州的老师确实忘记了信仰存在多样性这一事实一样，凯莉在犹太社区中心的老师也可能忘记了政治存在多样性的事实。

那么，现在让我谈论一下这种多样性。我不是环保主义者，或者说不是那种极端环保主义者，我甚至有些反对某些环保主义者。我认为极端环保主义是一种类似于恐怖主义或毒品战争的集体疯狂。我自己平时不回收垃圾，也教育女儿不要回收。我告诉她，那些试图说服她回收垃圾的人，或者那些试图强迫她回收垃圾的人，都是在侵犯她的权利。

在我之前的论述中，我的目的与向凯莉在科罗拉多州的老师宣布我们不是基督徒的目的相同。他们中的一些人从来没有意识到有些学生不是基督徒，但他们很快就理解这一点并做出相应的调整。

一旦科罗拉多的老师明白我们和一些其他家庭与他们所宣传的信仰不同，他们会立即道歉并停止此类说法。没有人问过我，基督教中到底有什么是我不赞同的？他们只是认识到，不太可能改变也没有理由试图改变我们的信仰，当然，也没有理由向我们的孩子灌输不同信仰。

这和你在幼儿园毕业典礼上的反应形成了对比。你想知道那些你教我孩子说的话，我到底是不同意哪些观点。我的确拒绝回答这个问题。环保主义对我来说，就像基督教的教义一样陌生。我不打算与凯莉在科罗拉多州的老师就神学话题展开详尽的辩论，他们也不会咄咄逼人地质问我其中的原因。我只是要求他们完全放下这个话题，他们承认了我的要求是合理的，这个话题就此结束。

我认为目前的情况比我们在科罗拉多州遇到的情况要严重得多，原因有以下几个。第一，在科罗拉多州，我们处理的只是一小部分单独零星的言论。而在犹太社区中，我们一直在处理一种系统性灌输某种教义的做法，而现阶段的孩子只会人云亦云；第二，我没有感觉到你承认世界上可能有人并不同意你的观点；第三，坦率地说，我更担心我的女儿成为一名极端的环保主义者，而不是一个基督徒；第四，我们目前没有面临暴君将基督教强加于我们的威胁，但环保主义不是这样的。当地政府从来没有试图给我邮寄《新约圣经》，但确实给我邮寄过可回收的垃圾箱。

尽管我发誓不会就这些问题进行讨论，但请允许让我回答一个你似乎认为在我们的讨论中非常重要的问题：我是否认同拥有特权就必须承担责任？答案是：不。我认为，只有当一个人自愿承担责任时，责任才会存在。我还认为，在缺乏明确契约的情况下，以"对他人负责"进行说教的人几乎都是不怀好意的。我告诉我的女儿要警惕这样的人，即使他们是幼儿园老师，即使他们已经赢得了很多人的爱戴。

真诚的，
史蒂夫·兰兹伯格

附录

关于资料来源的说明

这本书包含了许多我从别人那里学来的、听来的或偷来的观点和论据。我的记忆力没有那么好,所以有些内容的出处分辨得不那么清楚。在附录中,我将尽力而为。

说到这,我还将补充一些额外的想法,这些想法太微妙了,不足以纳入正文。

一 激励的力量:"安全带"如何成了"致命带"

从2007年8月到2008年8月,汽油的平均价格上涨了35%(从每加仑2.77美元上涨至3.74美元),与此同时,燃油消耗下降了约8.5%。用经济学术语来说,就是需求弹性为8.5/0.35或0.25。4年前,菲尔·古德温、乔伊斯·达盖和马克·汉利在《交通评论》(*Transport Reviews*)杂志上发表文章,指出了经济学家一致估计这种需求弹性可能在0.25上下。因此,文中评论说，8.5%的跌幅"正好与此前经济学家的预测一致"。

萨姆·佩尔茨曼的研究最早发表在1975年的《政治经济学期刊》（Journal of Political Economy）上。据我所知，加州大学洛杉矶分校的阿门·阿尔钦教授首先提出了对安装在方向盘上的长矛的功效进行了观察。

索贝尔和内斯比特对NASCAR安全方面的研究发表在2007年的《南方经济杂志》（Southern Economic Journal）上。波普和托利森关于汉斯装置的论文发表在2010年的《公共选择》（Public Choice）杂志上。

1975年，艾萨克·埃利希开创性工作结果也发表于《美国经济评论》（American Economic Review）。1983年，《美国经济评论》刊登了埃德·利默的一篇文章《别再将计量经济学视作众矢之的》（"Let's Take the Con out of Econometrics"）。

二 理性的谜题：为什么U2乐队的演唱会门票总是一票难求

在本章内我曾问，为什么人们如此频繁地选择押注他们喜欢的同一支运动队，而不是押注最有可能赢的球队，以确保无论如何都能取得好的结果。我对此提供了一种可能的解释：也许球迷是在确保自己在球队获胜时不会有昂贵的庆祝冲动。来自中国台湾的学生姚川豪[1]提出了一个有趣的微妙见解：从某种程度说，球迷并不在乎比赛结果本身。所以正确的问题不是"你为什么要赌东道主球队赢？"，正确的问题应该是"在你决定观看的那些比赛中，为什么要在东道主队比赛时下

---

[1] 原文是Chuan-hau Yau，翻译为音译。——译者注

注？"。反过来讲，这些比赛让你获得特别的期望和享受，所以它们绝不是比赛的随机样本——这就让问题变得更复杂了。他还提到了人们从自己和自己最喜欢的球队同甘共苦的感觉中获得了快乐。

戴尔德丽·麦克洛斯基的思想散见于（涉及多个主题）的著作，可以在爱德华埃尔加出版社（2001年版）的《经济学中的测量和意义：戴尔德丽·麦克洛斯基的思想本质》（*Measurement and Meaning in Economics: The EssentialDeirdre McCloskey*）一书中找到。安德烈·韦伊关于投票的评论摘自他的自传《一位数学家的学徒生涯》（*The Apprenticeship of a Mathematician*，Birkhauser出版社，1992年版）。

三 真相还是推论：如何拆分账单或挑选电影

吸烟案例来自艾瑞克·邦德和基思·克罗克于1991年发表在《政治经济学期刊》上的一篇论文。

关于雇主为什么会提供补偿性福利的讨论是受到保罗·雅科博斯基和肯·麦克劳林的著作启发。关于我们为什么不断自己工作（以及如何分开付账）的讨论受到了肯·麦克劳林著作的启发。

引用约瑟夫·康拉德的故事来说明真理揭示机制的想法是源自吉恩·穆米。

对高管薪酬的系统研究始于詹森和墨菲于1990年发表在《政治经济学期刊》和《哈佛商业评论》（*Harvard Business Review*）上的研究。关于目前最前沿的研究，请参考美国国家经济研究局（NBER）编号为#16585的工作文件《首席执行官的薪酬》（"CEO Compensation"），作者分别是麻省理工学院的卡洛琳·弗里德曼和斯坦福大学的德克·詹特（发布时间为2010年11月）。

四 无差别原则：谁在乎空气是否干净

哈南·雅各比为我指出，性丑闻对政客来说不一定是坏事。

《清洁空气法案》的预估成本和收益来自美国国家环境保护局于2011年3月发布的"1990—2020年第二次前瞻性研究"。

当我问马克·比尔斯为什么农民可以获得补贴而杂货店老板不行时，他反问我"为什么没有人补贴汽车旅馆的老板，从而让房间空置呢？"戴维·弗里德曼给出了答案。

六 明辨是非：民主的误区

当我的哲学顾问本杰明·谢尔曼阅读这本书的手稿时，他不禁为我的午餐会同伴辩护。他认为，他可以在现实世界中认识到公平，但不能在杰克和吉尔的简化世界中认识到公平。我们也许能够在简单的案例中指出公平性，却不知道如何指出一些更棘手案例中的公平性，这可能性很大。许多理论家认为，我们的直觉在更熟悉的情况下更加可靠。一些道德认识论者甚至认为，我们对情况的直觉总是比抽象原则更加可靠。此外，谢尔曼还观察到，我的午餐会同伴未能找到杰克和吉尔故事中的答案，可能是因为我未能充分说明他们所生活的环境。

公平性迫使我承认他的观点是有道理的。在不久的将来，在www.The Big Questions.com的博客中我将致力于解决这一点(以及其他悬而未决的问题)。

七 税收的两难选择：效率的逻辑

为了表达得更直观，我刻意简化了对艾克森与矿产激进分子的故事，但它在一个重要的方面存在缺陷。我假设"坚定反对者"愿意支付3000美元来达到阻止开采的目的。我们称这个数字为他的支付意愿（简称WTP）。因此，我给了他3000张反对开采的票。

但还有另一种可以衡量坚定反对者对结果的关心程度的方法，即如果决定权在他手中，他会有一个接受允许开采的最低金额，这个数字被称为他的接受意愿（简称WTA）。有时采用前一个数字更合适，有时用后一个数字更合适。这里有很多微妙的差异。（所有这些都已经由经济学家进行了充分和彻底的研究）。幸运的是，差异通常是可以避免的：对于大多数人来说，在大多数时候，WTA和WTP非常接近，所以你使用哪一个都不会出现太大差异。（这在一般假设下是可以证明的。）不幸的是，也存在极少数例外。（当人们对手头的问题特别热衷时，一般的假设更有可能失败。）

本章内丢失美钞的故事是虚构的，但的确可以发生在现实中。当我给戴维·弗里德曼展示这一章末尾的机票价格故事时，他立即回应说，如果我相信效率标准可以应用到个人操守上，我就有义务不去取回我掉落的下一张美元钞票。

九 药品与糖果，火车与火花：法庭上的经济学

罗纳德·科斯这一具有历史性意义的论文首次出现在《法律与经济学期刊》（*Journal of Law and Economics*）上，并被广泛转载。

十 在毒品战争中选择立场：《大西洋月刊》是怎样站错队的

丹尼斯先生的成本效益分析发表在1990年11月的《大西洋月刊》上。最近有很多成本效益分析的错误例子，但没有一个能如此彻底地犯下每一个可以想象的错误。因此，我将它保留下来，作为这一章的主要案例。

十一 赤字迷思

在第5个迷思的讨论中，我观察到，你总是可以让政府一次性偿还债务，方法是将赎回的钱存入计息账户，从此假装它不见了，并用获得的利息来支付债务负担产生的超额税收。有时，读者会有反对意见，认为这不会起作用，因为你的储蓄账户的利息是要交税的。他们的错误在于忽视了这样一个事实，即每个人的储蓄账户的利息都是要征税的，这会给政府带来收益，从而减少政府需要从你那里收取的税额——减少的金额正好抵消了你储蓄账户的税款。如果你觉得这个结论下得过于仓促，你可以相信我的保证，这真的不是一个问题。

十二　喧哗与骚动：媒体的伪智慧

詹姆斯·卡恩向我指出了阿尔·戈尔在辩论时机上的讽刺之处。2007年12月9日，安德鲁·马丁在《纽约时报》上发表了一篇关于本地食品运动的文章。斯蒂芬·布迪安斯基的这篇更具思想性的文章发表于2010年8月19日。

十三　统计数据如何撒谎：失业也有好处

关于星星超市的误导性广告的观察要归功于华特·欧伊。

关于收入流动性的数据，见杰拉德·奥腾和杰弗里·吉发表在《国家税收杂志》（*National Tax Journal*，2009年6月）的论文《美国的收入流动性：来自所得税数据中的新证据》（"Income Mobility in the United States: New Evidence from Income Tax Data"）。自本书第一版问世以来，流动性中的五分之一区间几乎没有发生改变。

十四　政策钳制：我们需要更多的文盲吗

美国广播公司世界新闻系列节目《生活在阴影中：美国的文盲》（*Living in the Shadow: Illiteracy in America*）于2008年2月播出，在近20年后某个周日的早上，又进行了再次报道。大卫·布林克利的报告在第一版的此书中占据了显著位置。我曾因为年代久远，计划在修订第二版时删除这一材料，但随着《生活在阴影中：美国的文盲》节目的再次播出，美国广播公司让这个过时的案例再次活力重生。

通过征税或补贴原创者可以鼓励创新的想法来自马文·古德弗兰德。

我那担心包装材料的同事是布鲁斯·汉森，他现在在威斯康星大学工作。

十五　一些温和的建议：两党合作的终结

开篇的引语来自米尔顿·弗里德曼的《资本主义与自由》（*Capitalism and Freedom*），该书于1962年首次出版，至今仍在重印。

亚当·斯密的《国富论》（*The Wealth of Nations*）首次出版于1776年，至今仍在热销，书中有这样一句话：从事相同交易的人很少往来，除非为了在价格上串通一气。

我相信，但我不确定，允许人们出售他们惩罚权的想法源于与艾伦·斯托克曼的一次谈话。

十六　为什么爆米花在电影院卖得更贵？为什么显而易见的答案总是错的

我的同事华特·欧伊提出了价格具有双重性（例如，买剃须刀收费一次，买刀片再收费一次，或者迪斯尼乐园门票收费一次，游玩项目会再次收费），该理论发表于1971年的《经济学季刊》（*Quarterly Journal of Economics*）上。

加州州立大学富尔顿分校的罗伯特·迈克尔斯向我指出，家具免费送货其实是一种价格歧视。

对戴尔电脑价格的引用来自2001年6月8日的《华尔街日报》的报道。之后，安德鲁·欧德里兹科在一篇名为《互联网上的隐私、经济学和价格歧视》（"Privacy, Economics and Price Discrimination on the Internet"）的论文中再次引用了这组数据。（这篇论文似乎从未正式发表过，尽管在网上很容易找到它。）欧德里兹科还引用了E型激光打印机和法国火车车厢的例子。

普雷斯顿·麦卡菲告诉我，美国航空公司调整价格的频率。

关于罗门哈斯化学公司及其试图营销甲基丙烯酸甲酯的完整故事，请参见乔治·斯托金和迈伦·沃特金斯的《卡特尔在行动》（"Cartels in Action"，二十世纪基金，1946年），以及汤姆·纳格的《定价的战略和战术》（*The Strategy and Tactics of Pricing*）第5版（普伦蒂斯·霍尔出版社，2010年）。

这一章解决的问题是"电影院老板如何利用价格歧视进行定价？"。它首先回避了为什么电影院老板可以进行价格歧视的问题，即垄断权力从何而来？当然，一些垄断力量来自于地理优势，尤其是当电影首映是在有限的影院上映时。但经济学家路易斯·洛凯和阿尔瓦罗·罗德里格斯提出了另一种说法，我认为这听起来很有道理：人们成群结队地去看电影。爱吃爆米花的人和不吃爆米花的同伴一起前往。通常的说法是，在竞争中，你不能对吃爆米花的人进行价格歧视，否则他们就会被另一家影院抢走。洛凯和罗德里格斯的回应是，吃爆米花的人为了自己的同伴考虑通常都不会临时换电影院。如果另一家剧院提供廉价的爆米花和高昂的票价，那么不爱吃爆米花的同伴将会选择留在这个低票价的电影院。洛凯和罗德里格斯构建了一个完整的论证，证明在关于群体决策方式的合理假设下，电影院老板对与爆米花非爱好者一起看电影的爆米花爱好者拥有一定程度的垄断权力，并且可以通过将爆米花定价过高来合理地利用这种权力。

我喜欢那个故事，但它确实留下了一个悬念。它没有告诉我为什么这位爆米花爱好者没有给他的朋友们提供一个交易：让我们坚持去有低价爆米花的电影院，我偶尔会为你的电影票买单。

十七　求爱和合谋：约会博弈

对一夫多妻制的分析源自加里·贝克尔的著作。

第218页的脚注是马克·比尔斯写的。

关于女权主义团体在狄波-普维拉禁令中的作用，见《避孕技术最新进展》（Contraceptive Technology Update）杂志（1995年1月）的专栏"临床医生与消费者团体就狄波禁令发生冲突"。

我从华特·欧伊那里了解到中国船夫的情况。

十八　"赢家的诅咒"和"输家的郁闷"：为什么生活充满了失望

失望的理论源于杰克·赫什莱弗。我从艾伦·斯托克曼那里学到了这一点。

1987年，R.P.麦卡菲和J.麦克米兰在《经济文献》（Journal of Economic Literature）杂志上对拍卖理论进行了极好的阐述。

十九　随机漫步和股价：投资者入门

在过去的四十年里，数以百计的实证研究证实了随机漫步假说的本质真理。麻省理工学院的安德鲁·罗和宾夕法尼亚大学的阿奇·克雷格·麦金利写了一本"抗议"书，名叫《华尔街的非随机漫步》（A Non-Radom Walk Down Wall Street）。从中，可以找到对这种正统观念最有力的挑战。罗和麦金利断言，与随机游走假说相反，股票市场价格过去的变化确实具有预测近期未来变化的能力。然而，即使罗和麦金利的统计分析是正确的，没有人（或者至少没有人在谈论）找到了从中赚钱的方法——随机漫步的偏差太小，而利用它们所产生的交易成本太大。因此，即使随机漫步假说被证明并不完全正确，有效市场假说——实际上是说，你不能从公开信息中赚钱——仍然可以存在。

理查德·罗尔在与经济学家罗伯特·希勒交流时发表了上述言论，并发表在1992年春季的《应用企业金融杂志》（*Journal of Applied Corporate Finance*）上。

有关证据的详细调查，请参阅伯顿·麦基尔于2003年冬季在《经济展望杂志》（*Journal of Economic Perspectives*）上发表的论文。

二十三 新改进的橄榄球：经济学家是如何出错的

橄榄球故事的类比来自查克·怀特曼。我相信（但不确定）它最初源于汤姆·萨金特。

诺贝尔经济学奖得主米尔顿·弗里德曼和埃德蒙·费尔普斯（分别但同时）首次提出，通货膨胀可以通过迷幻人们工资的实际价值来影响失业。这两篇论文都发表于1968年，弗里德曼的论文发表在《美国经济评论》上，费尔普斯的论文发表在《政治经济学期刊》上。

1972年，罗伯特·卢卡斯以弗里德曼-费尔普斯研究为基础，在《经济理论杂志》上发表了突破性的研究成果。卢卡斯对计量经济学在政策评估中的批评发表在1976年的《卡内基罗切斯特公共政策系列会议论文集》（*Carnegie Rochester*

Conference Series on Public Policy）。

二十四　为什么我不是环保主义者：经济学的理性与生态学的信仰

据我所知，迈克尔·达比于1973年在《政治经济学期刊》上撰文称，回收利用可能会导致森林减少，他是第一个在公开出版物中提到这一点的人。大卫·塔图特朝普和杰拉德·高德特（两人都来自蒙特利尔大学）在2009年的一篇题为《回收对植被储量的长期影响》（"The Impact of Recycling on the Long-Run Stock of Trees"）的研究论文中给出了更详细的分析。此外，亦可参考密歇根大学理查德·波特的《浪费中的经济学》（The Economics of Waste）一书。